普通高等学校应用型教材 · 国际贸易

国际贸易实务

（第三版）

主　编　赵慧娥
副主编　张立英　金明玉　岳　文　刘晓光

中国人民大学出版社
· 北京 ·

前言

自本书第二版出版以来，国际国内贸易各方面的情况发生了较大的变化。《国际贸易术语解释通则 2020》《联合国国际货物销售合同公约》《跟单信用证统一惯例》(UCP600)，以及《中华人民共和国民法典》《中华人民共和国电子商务法》等国际贸易惯例和我国涉外经贸法规、条例的发展和变化，使得国际贸易不断涌现新模式与新业态，为国际贸易发展提供了新的动力，推动新一轮贸易方式创新变革。党的二十大报告指出：中国坚持对外开放的基本国策，坚定奉行互利共赢的开放战略，不断以中国新发展为世界提供新机遇，推动建设开放型世界经济，更好惠及各国人民。必须完整、准确、全面贯彻新发展理念，坚持社会主义市场经济改革方向，坚持高水平对外开放，加快构建以国内大循环为主体、国内国际双循环相互促进的新发展格局。

在此背景下，为帮助广大读者及时了解与认识国际贸易最新发展情况，领会并掌握国际货物贸易进出口技能与实务，编者在第二版框架结构保持不变的基础上，遵循理论联系实际的基本原则，以国际贸易业务为主线，对第二、三、四、五、八、十章有关国际贸易术语、商品的价格、国际货物运输方式及保险、交易磋商和合同订立、国际贸易方式等内容进行了修订和补充，对部分章节的案例分析和实训模块进行了更为详细的阐述与补充，更新完善了课后习题与知识链接，体现了规范性、专业性和实用性，以此更好地适应与满足教学和外贸岗位的需要。

与此同时，本书第三版保持了第二版时效性、实用性、逻辑性和全面性相结合的特点，立足于全球经济发展的前沿，借鉴国际贸易领域最新研究成果，紧跟时代发展的步伐，深入浅出，实践性强、操作性强，既可供国际经济与贸易及相关专业的本科生和研究生使用，也可供各类有志于从事国际贸易的企业管理人员和业务人员使用。

本书第三版修订工作由赵慧娥教授总纂定稿。参编人员的具体分工如下：

绪论：赵慧娥（沈阳师范大学），聂颖（沈阳师范大学），董运来（沈阳师范大学）

第一章：岳文（沈阳师范大学），金明玉（沈阳师范大学），刘向丽（辽宁大学）

第二章：赵慧娥，张立富（沈阳农业大学），贺壮（中共中央党校）

第三章：赵慧娥，岳文，李涛［沈阳飞机工业（集团）有限公司］

第四章：刘晓光（沈阳农业大学），李茹雪（辽宁经济职业技术学院）

第五章：刘晓光，赵慧娥，李茹雪

第六章：张立英（沈阳师范大学），赵慧娥，李涛

第七章：张立英，赵慧娥，贺壮

第八章：岳文，李茹雪，李涛

第九章：孙莉莉（沈阳师范大学），赵慧娥

第十章：金明玉，孙莉莉，王志丹（辽宁省农村经济研究所）

本书的修订借鉴了国内外众多专家学者和外贸业务人员的研究成果，并得到了中国人民大学出版社的大力支持和热情帮助，编者在此一并对为本书的出版做出贡献的各界人士表示衷心的感谢！

同时，由于知识水平的限制，再加上时间仓促，本书还存在不足乃至疏漏之处，全体编者恳请读者批评指正。

赵慧娥

目录

绪论 …… 1

第一章 国际贸易的标的物 …… 8

第一节 商品的名称 …… 8
第二节 商品的品质 …… 10
第三节 商品的数量 …… 19
第四节 商品的包装 …… 24

第二章 国际贸易术语 …… 39

第一节 贸易术语的含义及相关的国际惯例 …… 39
第二节 适用单一或多种运输方式的贸易术语 …… 42
第三节 适合海运及内河运输的贸易术语 …… 48
第四节 贸易术语的选择和应用 …… 55

第三章 商品的价格 …… 60

第一节 货物的作价原则和作价方法 …… 60
第二节 计价货币的选择 …… 63
第三节 出口商品成本核算 …… 66
第四节 佣金和折扣的运用 …… 70
第五节 合同中的价格条款 …… 73

第四章 国际货物运输 …… 79

第一节 海洋运输方式 …… 80
第二节 铁路运输方式 …… 92
第三节 航空运输方式 …… 95

第四节　其他运输方式 …… 98
第五节　合同中的装运条款 …… 102

第五章　国际货物运输保险 …… 109

第一节　保险的基本原则 …… 110
第二节　海洋货物运输保险保障的范围 …… 112
第三节　中国海洋货物运输保险条款 …… 115
第四节　我国其他货运保险险别与条款 …… 120
第五节　伦敦保险协会海运货物保险条款 …… 123
第六节　国际货物运输保险实务与合同中的保险条款 …… 125

第六章　国际贸易结算 …… 135

第一节　结算工具 …… 135
第二节　汇付与托收 …… 142
第三节　信用证 …… 147
第四节　国际保理 …… 155
第五节　银行保函 …… 158
第六节　各种结算方式的选择使用 …… 160
第七节　合同中的支付条款 …… 162

第七章　贸易争端的预防与处理 …… 168

第一节　进出口商品的检验 …… 168
第二节　索　赔 …… 173
第三节　不可抗力 …… 174
第四节　仲　裁 …… 176

第八章　交易磋商和合同订立 …… 182

第一节　交易前的准备工作 …… 182
第二节　交易磋商的步骤 …… 186
第三节　国际货物买卖合同的订立 …… 191

第九章　进出口合同的履行 …… 205

第一节　出口合同的履行 …… 205
第二节　进口合同的履行 …… 216

第十章 国际贸易方式 …… 229
第一节 经销和代理 …… 229
第二节 招投标和拍卖 …… 234
第三节 寄售和展卖 …… 239
第四节 对销贸易 …… 242
第五节 加工贸易 …… 246
第六节 期货交易 …… 250
第七节 国际电子商务 …… 254

附录 常用外贸英语词汇表 …… 263

主要参考文献 …… 267

绪论

/ 本章重点 /

1. 了解国际贸易的特点和国际贸易活动中适用的惯例和法律规定；
2. 掌握进出口交易的基本业务流程；
3. 熟悉本课程的主要内容及学习方法。

国际贸易是指世界各国（地区）之间货物（商品）和服务的交换活动，是世界各国在国际分工的基础上相互联系的主要形式，又称为世界贸易或全球贸易。20 世纪 70 年代以来，随着服务贸易和技术贸易的迅猛发展，国际贸易呈现出货物贸易、服务贸易和技术贸易三位一体、并驾齐驱的发展趋势。直到现在，货物贸易仍是国际贸易最主要的组成部分。国际贸易实务是一门以介绍国际货物买卖的有关理论和实际业务知识为内容的课程，具有很强的涉外性和实践性，它是高等院校国际贸易专业必修的一门专业基础课程。通过对本课程的学习，学生能够初步掌握国际货物买卖的基本理论、基本知识和基本技能，在今后工作时，能结合我国实际情况，有效地展开国际商务活动，实现自身的经营意图，取得良好的经济效果。

一、国际贸易的特点

国际贸易与国内贸易虽然都属于商品交换活动，但由于国际贸易涉及的交易双方分属两个不同的国家，其面临的交易环境、交易条件、交易过程等都与国内贸易有很大的差别。国际贸易与国内贸易相比具有以下一些特点：

（一）国际贸易活动具有涉外性质

国际贸易不仅仅是一项商务活动，而且是涉外活动的一个组成部分。在对外贸易活动中，要充分贯彻国家的对外方针政策，谨防出现只顾经济利益而违反国家政策的现象。与外商交往时，要讲究礼仪，言谈举止得当，树立和保持良好的形象。

（二）国际贸易比国内贸易更具复杂性

国际贸易中的交易双方来自不同国家，交易过程势必要涉及各自国家的政策措施、法律体系等方面的问题。另外国际贸易还要面临语言文化、社会习俗等方面的差异，因此所涉及的问题远比国内贸易复杂。国际商品交易经历的中间环节多，涉及面广，除了交易双方外，还涉及运输、保险、银行、商检、海关等部门的协作和配合，过程较国内贸易要复杂得多。

（三）国际贸易活动面临更大的风险

国际贸易的交易数量和金额一般较大，运输距离较远，履行时间较长，因此交易双方承担的商业风险、商品风险、运输风险远比国内贸易要大。另外，国际贸易容易受到交易双方所在国家的政治、经济、双边关系等条件的影响，国际政治经济局势变化、贸易摩擦等因素都增加了国际贸易活动面临的不确定性和业务难度。

二、国际贸易适用的惯例和法律规定

国际贸易不仅是一种商务活动，而且是一种法律行为。买卖双方签订的合同必须得到相关法律的认可，当事人的权利才能得到保障。而国际贸易中交易双方来自不同国家和地区，不同国家和地区的法律体系、贸易惯例以及贸易习惯做法又不相同，如果国际贸易从业人员不能切实了解国际贸易适用的法律和国际惯例并遵照执行，就容易产生贸易纠纷，影响国际贸易正常有序地进行。下面对国际货物贸易适用的法律及国际惯例做一个简要介绍。

（一）适用合同当事人所在国的国内法律

国内法是由国家制定或认可并在本国主权管辖范围内生效的法律。世界上许多国家都制定了调整与管理对外贸易的法律法规，例如对外贸易法。对外贸易法是一个国家对外贸易总政策的集中体现，进出口企业都必须遵守本国的对外贸易法。此外，在国际货物贸易中，合同当事人还必须分别遵守各自所在国的合同法等有关法律。

但是，由于国际货物买卖合同的当事人所在的国家不同，他们各自又要遵守本国的国内法，而不同国家的法律制度不同，所以对同一问题的有关法律规定可能会出现不一致的情况。一旦发生争议提起诉讼，就会产生究竟应以哪国法律处理争议的问题。为了解决这种法律冲突，各国一般在国内法中规定了解决办法。例如根据《中华人民共和国民事诉讼法》第 272 条规定，因合同纠纷或者其他财产权益纠纷，对在中华人民共和国领域内没有住所的被告提起的诉讼，如果合同在中华人民共和国领域内签订或者履行，或者诉讼标的物在中华人民共和国领域内，或者被告在中华人民共和国领域内有可供扣押的财产，或者被告在中华人民共和国领域内设有代表机构，可以由合同签订地、合同履行地、诉讼标的物所在地、可供扣押财产所在地、侵权行为地或者代表机构住所地人民法院管辖。因此，除法律另有规定外，我国当事人只要与国外当事人达成协议，就可在合同中选择处理合同争议所适用的法律或国际条约。如果当事人没有选择，则发生争议时由受理争议的法院或仲裁机构依据其认定的“与合同有最密切联系的国家”的法律进行处理。

（二）适用有关的国际条约或公约

国际货物买卖合同的订立、履行和争议处理，还必须符合当事人所在国缔结或参加的有关国际贸易、运输、保险、支付、仲裁等方面的国际协定、条约或公约。目前与我国对外贸易有关的国际条约，主要是我国与其他国家缔结的双边或多边的贸易协定、支付协定，以及我国缔结或参加的有关国际贸易、运输、工业产权、仲裁等方面的协定或公约。目前我国已与巴基斯坦、智利、新西兰、新加坡等很多国家订立了双边自由贸易协定。《马拉喀什建立世界贸易组织协定》是一个非常重要的多边贸易协定，另外还有《中国—东盟全面经济合作框架协议货物贸易协议》和《中国—东盟全面经济合作框架协议争端解决机制协议》等多边协议。有关国际贸易的国际条约和公约很多，我国有选择地参加了一些。其中与我国进出口贸易关系最大的是《联合国国际货物销售合同公约》（以下简称《公约》）和《承认及执行外国仲裁裁决公约》。

（三）适用国际贸易惯例

国际贸易惯例是指在国际贸易实践中逐渐自发形成的，被普遍接受和遵守的一些有较为明确和固定内容的贸易惯例和一般做法。国际贸易惯例必须是国际组织编撰成文的规则，凡未成文的国际贸易中的某些习惯做法不能被称为国际贸易惯例。

国际贸易惯例本身并不是法律。贸易双方当事人有权在合同中达成不同于惯例规定的贸易条件。但许多国家在立法中明文规定了国际惯例的效力，特别是在《联合国国际货物销售合同公约》中，惯例的约束力得到了充分的肯定。在下列情况中，国际贸易惯例对当事人有约束力：第一，当事人在合同中明确表示选用某项国际惯例；第二，当事人没有排除对其已知道或应该知道的某项惯例的使用，而该惯例在国际贸易中为同类合同的当事人所广泛知道并经常遵守，则应视为当事人已默示同意采用该项惯例。

目前国际贸易中被绝大多数国家的贸易商和银行广泛使用的国际贸易惯例主要有：《国际贸易术语解释通则》、《跟单信用证统一惯例》（国际商会第600号出版物，简称UCP600）、《托收统一规则》和《国际商会见索即付保函统一规则》等，以上惯例均由国际商会制定。

三、国际贸易的基本流程

一个国家的对外贸易可以分为出口贸易和进口贸易，在实际业务中涉及的具体环节很多。尽管出口贸易与进口贸易的程序相反，业务运作的侧重点不同，而且具体交易条件不同导致其业务环节也不尽相同，但就它们的基本业务流程来看，都包括交易前的准备阶段、磋商和订立合同阶段及履行合同阶段三个部分。

（一）出口贸易的业务程序

1. 交易前的准备阶段

交易前的准备工作，主要包括以下各方面内容：

（1）对国际市场进行调研。国际市场调研就是系统地收集、记录和分析资料，以获得对市场经营决策有用的信息。这项工作是开展出口贸易前必须做好的工作。因为企业对外经营面临的国际销售环境错综复杂，只有做好国际市场调研，才能做到知己知彼，掌握主动，作出正确的经营决策。

（2）制定出口商品经营方案或价格方案。在对国际市场调研的基础上，出口企业应该制定出口商品经营方案或价格方案，以便在对外洽商交易时胸有成竹。经营方案的内容通常包括国内货源情况、国外市场与目标市场情况、历史经营情况、计划安排和实现计划的措施等。

（3）落实货源和做好备货工作。出口企业应根据其经营方案，与生产及供货部门落实货源收购、调运，或制订出口商品生产计划。

（4）开展多种形式的广告宣传和促销活动。外贸企业可利用报纸、期刊、专业印刷品、视听广告、户外广告、直接邮寄广告、商品陈列展览等各种方式对出口商品进行广告宣传和促销。

（5）选定客户和建立业务关系。在对交易对象调查的基础上选定资信良好、经营能力较强、态度友好的客户进行初步联系，与之建立业务关系，为正式磋商和订立合同做好准备。

2. 磋商和订立合同阶段

做好上述准备工作之后，即可通过电函或当面洽谈的方式就出口交易的具体内容与对方进行实质性的谈判，即交易磋商。交易磋商一般经过询盘、发盘、还盘、接受等环节，当一方发盘被另一方接受后，交易即告达成，合同就算订立了。但在实际业务中，为了明确责任、便于履行，通常还需当事人双方签署有一定格式的书面合同，例如出口销售合同或销售确认书。

3. 出口合同的履行阶段

出口合同订立后，交易双方本着重合同、守信用的原则，各自履行自己的义务。实际履行合同时，由于合同中使用的贸易术语和支付方式的不同，每笔交易的具体履约环节有一定区别。如果按成本加保险费加运费条件（即 CIF）和信用证付款方式达成交易，则卖方履行合同时主要包括以下几个环节：

（1）认真备货，按时、按质、按量交付约定的货物。

（2）落实信用证，做好催证、审证、改证工作。

（3）及时租船订舱，安排运输、保险，并办理出口报关手续。

（4）缮制、备妥有关单据，及时向银行交单结汇，收取货款。

（二）进口贸易的业务程序

1. 交易前的准备阶段

（1）制定进口商品经营方案或价格方案，以便在对外洽商交易和采购商品时，做到心中有数，避免盲目行事。

（2）在对国外市场和外商资信情况调查研究的基础上，货比三家，选择适当的采购市场和供货对象。

2. 磋商和订立合同阶段

进口交易的磋商和订立合同的做法与出口贸易基本相同。但特别应做好比价工作，以便在与外商谈判中争取到对我方最有利的条件。

3. 进口合同的履行

由于合同中使用的贸易术语和支付方式的不同，进口合同的具体履约环节有一定区别。如果按离岸价格（简称 FOB）条件和信用证付款方式达成交易，卖方履行合同时主要包括以下几个环节：

（1）按合同规定向银行申请开立信用证。

（2）及时派船接运货物，并催促卖方备货装船。

(3) 办理货运保险。

(4) 审核有关单据，在单证相符时付款赎单。

(5) 办理进口报关手续，并验收货物。

以上是进出口交易的一般业务程序的基本环节。如果合同订立后一方不能履行，或在履行合同的过程中出现违约情形，就会给对方造成损失。此时，受损方有权采取各种必要的救济方法，这就会产生索赔、理赔与处理纠纷的问题。对此，应本着实事求是的原则，依据法律和国际惯例，按照合同中的规定处理，以维护进出口企业的权益及对外声誉。

四、国际贸易实务课程的基本内容和学习方法

(一) 本课程的基本内容

本课程的基本内容，主要包括下列四个方面：

1. 国际贸易术语

国际贸易术语是用来表示买卖双方所承担的风险、费用和责任划分的专门用语。每种术语有特定的含义，不仅表示买卖双方各自承担不同的风险、费用和责任，而且影响成交商品的价格。从事国际贸易业务的工作人员必须对国际贸易中通用的各种贸易术语的含义及有关国际惯例进行深入了解，因此国际贸易术语成为本课程的一个重要内容。

2. 合同条款

进行国际货物买卖时要签订合同，国际货物买卖合同条款是买卖双方权利与义务的具体体现，也是调整双方经济关系的法律文件，因此合同条款是本课程的重要内容。国际货物买卖合同的主要条款有：品名条款、品质条款、数量条款、包装条款、价格条款、运输条款、保险条款、支付条款、检验条款、索赔条款、不可抗力条款、仲裁条款等。本书以较长篇幅介绍各项合同条款及相关内容。

3. 合同的商订和履行

本课程将具体介绍国际货物买卖合同的磋商、订立以及履行的全过程，包括交易磋商及合同订立、出口合同的履行、进口合同的履行。

4. 贸易方式

随着国际贸易的进一步发展，国际贸易方式、渠道日益多样化和综合化。除了传统的贸易方式外，还出现了经销、代理、招投标、拍卖、寄售、展卖、易货贸易、加工贸易、补偿贸易、期货交易等许多新型的贸易方式。本课程将对这些贸易方式的性质、特点、基本做法等内容加以介绍。

(二) 本课程的学习方法

国际贸易实务是一门方针政策与业务技术相结合、理论与实际相结合、实践性很强的综合性应用课程，要学好本门课程，需注意以下几点：

1. 要做到理论联系实际

学习本门课程时，要以国际贸易的基本理论和我国的对外贸易方针为指导，把一些先修课程中的基本理论、基本政策在本课程中加以运用，把理论政策和实务有效结合，提高分析问题与解决问题的能力。

2. 要注意业务同法律的联系

国际贸易与法律的关系特别密切，因为合同从订立到履行不仅是一种经济活动，也是一种法律行为。国际贸易业务中涉及的法律、法规、国际条约和国际贸易惯例非常多，因此在学习本门课程时一定要注重对相关法律的学习与研究。

3. 要与时俱进

随着国际政治、经济形势的变化以及我国改革开放的不断深入，国际贸易和我国对外贸易的做法也随之变化。因此在学习本门课程时，必须与时俱进，密切关注我国涉外经济方面的一些新变化、新发展，使我们所学的内容与当前我国对外贸易客观实际发展的需要相适应。

4. 要把“学”和“用”结合起来

国际贸易实务是一门实践性很强的学科，因此在教学过程中经常使用案例教学、模拟教学等方式，并结合参观、实习等方式增加学生的感性认识。学生在学习过程中要注重实践教学环节，把“学”和“用”有效结合起来，以取得更好的学习效果。

关键词

国际贸易；国际贸易实务；国际贸易惯例；国际贸易流程

知识链接

1.《中华人民共和国对外贸易法》

2.《中华人民共和国民法典》

3.《联合国国际货物销售合同公约》

复习与思考

1. 国际贸易与国内贸易相比有哪些特点?
2. 什么是国际贸易惯例?国际贸易实践中常用的国际贸易惯列有哪些?
3. 简述出口交易的流程。
4. 如何学好国际贸易实务课程?

案例分析

如果甲国的A公司在乙国设立了一个分公司B;乙国C公司与A公司签订了一份来料加工合同,合同规定乙国C公司从A公司购买机器设备,从B公司购买原材料并加工为成品,由B公司负责将加工后的成品回购再转卖给A公司,由A公司在国际市场上销售。这项涉外经贸活动中所包括的货物贸易是否具有国际性?

实训模块

实训主题: 进出口贸易的基本流程。

实训目的: 要求学生通过实训熟悉进出口贸易的基本流程。

背景材料:

环球资源:https://www.globalsources.com/

要求学生登录"环球资源"网站,以进口商身份自行选择一种商品进口。

实训要求: 请同学们分组模拟进口贸易业务程序,完成此项商品的进口贸易业务计划的制订,所需信息根据"环球资源"网站提供内容或自己拟定。

第一章 国际贸易的标的物

/ 本章重点 /

1. 了解和掌握国际货物买卖合同中品名、品质、数量、包装条款的主要内容；
2. 熟悉制定品名、品质、数量、包装条款时应注意的事项。

第一节 商品的名称

商品的名称（name of commodity）简称品名，是国际贸易的交易对象或交易客体，法律上称之为标的或标的物。品名是国际贸易合同不可缺少的内容，是进出口双方交接货物的基本依据，也是各类国际贸易单证必须载明的内容。品名以及随之而来的商品分类，是确定对外贸易中的运输费、仓储费、保险费、关税、商品检验费用的重要依据，对交易成本和商品价格有较为重要的影响。

一、商品的命名方法

随着科技进步和社会分工的发展，国际贸易中的商品越来越多，商品的命名方法也越来越多，常见的方法有如下几类：

1. 以商品的主要用途命名

这种命名方法直接反映商品的主要性能和功效，可加快人们对商品的认知，多用于日用工业品、化妆品和医药产品。比如“胃尔康颗粒”，一看便知是治疗胃病的药物；“洗洁精”，是清洗餐具和水果的洗涤剂；“欧莱雅保湿霜”和“小护士护手霜”，是护理皮肤的化妆品。这种命名方法开门见山，直接满足购买者追求商品实用价值的心理。

2. 以商品的主要成分命名

这种命名方法直接反映商品的主要原料或所含的化学成分，多用于食品、保健品、化学品和医药产品。比如“牛奶花生露”，这一品名可以看出是在牛奶中加入了花生；“树脂镜片”的主要成分是树脂；“六味地黄丸”是由六味中药材组成。这些商品名称或强调货真价实，或突出原料名贵，都起到了吸引购买者的作用。

3. 以商品的外观形态命名

这种命名方法直接反映商品的外在形象，多用于食品、工艺产品。比如“碧螺春茶叶”形象地描述了这种茶叶外形卷曲似螺的特点。有的首饰用“繁星满天”命名，突出商品造型新奇、优美的特点，引起购买者的注意和兴趣，并能加深对商品的印象和记忆。

4. 以商品的制作工艺或制作过程命名

这种命名方法直接反映商品的独特制作工艺或生产流程。比如“二锅头酒”在制作过程中要经过两次换水蒸酒，且只取第二锅酒液的中段，酒质纯正、醇厚。以此命名能使购买者了解该酒不同寻常的酿制工艺，从而提高商品声望。

5. 以商品的产地命名

这种命名方法直接反映商品的生产或制造地点。大多数情况下，这种产品的生产都具有悠久的历史，产地独特的土壤、水质、生产秘诀等自然或后天的因素使这一地区该种产品的质量优于其他地区的产品。例如“祁门红茶”是享誉世界的红茶，产地位于安徽祁门；法国的“梅多克红酒”是全世界顶级的葡萄酒，梅多克是波尔多红酒的代表产地。

6. 以企业名称或人名命名

这种命名方法直接反映商品的生产企业或该产品的发明者、有卓越贡献的生产者等。比如，“奔驰”“索尼”“爱迪生”“皮尔・卡丹”和“李宁”等。这些品名可以体现商品的历史或文化底蕴，并将商品与特定的企业或特定的人联系起来，使购买者产生丰富的联想、追忆和敬慕之情，从而留下深刻的印象。

7. 以外语音译名称命名

这种命名方法直接反映商品的外来音译名称，常见于进口商品。比如“Coca-Cola”的中文译名是“可口可乐”，“Intel”的中文译名是“英特尔”。这种命名方法可以满足购买者求新、求奇、求异的心理，还可以克服翻译（意译）上的困难。

8. 以美好事物命名

这种命名方法反映了商品生产者对于商品销售和企业经营前景的美好期待，为了迎合购买者期盼吉祥、顺利的想法，一般以大众喜欢的动物或花草命名，或以吉利话命名。比如“龙凤水饺”“熊猫电视机”“红梅味精”“吉利汽车”，能使人产生美好的联想，从而产生购买欲望。

9. 以朗朗上口的文字命名

这种命名方法通过合理安排字母、文字或其组合，巧妙安排平仄声，使品名好读，简洁易懂，难以忘记。比如，美国“EXXON”（埃克森）的原名是“ESSO”（埃索），该公司前后花费 6 年时间和数亿美元改为现在的名字，结果大为成功，其他如“Coca-Cola”（可口可乐）、“Marlboro”（万宝路）、“娃哈哈”和“同仁堂”都是以朗朗上口的文字为商品命名的典型代表。

二、买卖合同中的品名条款

1. 合同中品名条款的基本内容

国际货物买卖合同中的品名条款并无统一的格式，通常由交易双方酌情商定，一般是在“商品名称”或“品名”的标题下列出成交商品的名称，也可不加标题，只在合同的开头部分，列明交易双方同意买卖某种商品的文句。

国际贸易合同中品名条款的规定，还取决于成交商品的品种和特点。就一般商品来说，有时只要列明商品的名称即可，但有的商品，比如机器设备、化学产品、中间产品或零部件等，往往具有不同的品种、等级和型号，通常以文字、数字、字母或其组合表示，比如，DW2010-168A。因此，为了明确起见，也可以把相关具体品种、等级或型号的概括性描述包括进去，以对交易对象作进一步的限定。此外，有的合同甚至把商品的品质、规格也包括进去，这实际上是把品名条款与品质条款合并在一起。

2. 拟定品名条款的注意事项

国际贸易合同中的品名条款，是合同的主要条款，影响到合同履行期间单证的缮制，还影响到交易过程中的各项税费。因此，在规定此项条款时，应注意一些事项。

(1) 中外文互译应准确。国际贸易合同中的品名条款看似短小、简单，实则制定时难度很大，很容易出现错误和纰漏。在进行品名的中外文互译时，容易出现一词多义和多词一义的问题。为避免歧义，双方应多花时间，通过看货、样品、说明书、图片、照片或多媒体演示等各种方式明确品名，以减少争端。

(2) 品名必须明确、具体。品名必须能精确反映交易对象的特点，避免空泛、笼统的规定，以利于合同的履行。

(3) 应实事求是。进出口双方在合同中所列品名必须是卖方能够供应而买方实际需要的商品，凡做不到或不必要的描述性词句，都不应列入，以免给履行合同带来困难。

(4) 尽可能使用国际上通用的名称。有些商品的名称，在不同国家、不同地区称呼不一，为了避免误解，使双方当事人的意思表达真正一致，应尽量使用国际通行品名，比如，可以使用国际贸易标准分类（SITC）或《商品名称及编码协调制度的国际公约》（HS）的商品名称。若使用地方性的名称，交易双方应事先就其含义取得共识。对于某些新商品的定名及其译名，应力求准确、易懂，并符合国际上的习惯称呼。

(5) 注意选用合适的品名。有些商品具有不同的名称，各国采取的进出口限制不同，需办理的证件也不同，为了降低税费并方便进出口，在确定合同的品名时，应当选用合理有利的名称。

第二节 商品的品质

一、商品品质的含义和要求

商品品质是国际贸易合同的要件之一，有时与商品名称同时出现，有时单独出现。

（一）商品品质的含义

根据国际标准化组织（ISO）的定义，商品的品质（quality of commodity）指的是一组固有特性满足顾客和其他相关方面要求的能力，品质可用形容词“差”“好”或“优秀”来表示。根据上述定义可知，商品品质有狭义和广义之分，狭义的商品品质是指商品与规定的标准技术条件的符合程度，以国家或国际有关法规、商品标准或贸易合同中的有关规定作为最低技术条件，是商品品质的最低要求和合格的依据。广义的商品品质是指商品适合其用途所需的各种特性的综合及其满足顾客需求的程度，是市场商品质量的反映。它不仅是指商品自身的各种特性能够满足需要，而且包括价格合理、交货准时、服务周到、使用安全、符合环境标准等内容，概括起来说，就是要具备适用性、合理的使用寿命、可靠性、安全性和经济性。

（二）商品品质在国际贸易中的重要性

1. 商品品质决定商品的销售状况

商品品质在国际贸易中十分重要，因为品质的优劣直接影响商品的效用，它是决定商品价格的重要因素。在当前国际市场竞争空前激烈的条件下，许多国家都实施了“以质取胜”战略，把提高商品品质作为非价格竞争的一个主要组成部分，是加强出口竞销的重要手段之一。在出口贸易中，商品品质也直接决定其在国内市场的销售状况，在当前消费者自身权益保护意识不断提高的情况下更具有突出意义。因此，在出口贸易中，不断改进和提高出口商品的品质，不仅可以增强出口竞争能力，扩大销路，而且可以提高出口商品在国际市场的声誉。在进口贸易中，严格把好商品质量关，使进口商品适应国内经济建设、科学研究和消费者的需要，是维护国家和人民利益、确保企业正常生产经营、维护我国消费者合法权益的重要问题。

2. 商品品质决定商品价格

在国际贸易中，大多数商品市场都是买方市场，商品均须按质论价，即优质优价，低质低价。在某些情况下，如果商品品质优良，并具有消费者信赖的品牌，其售价提高的幅度要远远超过其品质提高的幅度。如果商品品质低劣，其不仅售价低，还会渐渐被市场所淘汰。因此，有远见的企业无不将商品质量视为生命，将其作为开拓国际市场并不断扩大市场占有率的利器。

3. 商品品质决定外贸合同能否顺利履行

合同中的品质条款是商品说明的重要组成部分，是买卖双方交接货物的重要依据。按照《联合国国际货物销售合同公约》的规定，如卖方交货不符合约定的品质条件，买方有权要求损害赔偿，也可要求修理或交付替代货物，甚至拒收货物和撤销合同。因此，商品品质决定外贸合同是否能够顺利履行。如果卖方交货与合同约定的质量不符，卖方不仅难以收回货款，而且还需向买方支付损害赔偿及相应的利息。为保证商品品质完好，在出口贸易中，应对商品的生产、运输、流通加工、存储和销售过程进行全面管理；在进口贸易中，在合同的磋商、签订、运输、商品检验和接受等环节，要切实把好质量关，力争将不合格产品拒于国门之外，切实维护我国国家利益、企业利益和个人利益。

（三）我国对进出口商品品质的基本要求

1. 对出口商品品质的要求

由于出口商品品质关系到国外进口商和最终消费者的经济利益，大多数国家都制定了与产品品质有关的产品责任法、消费者权益保护法、环境保护法等。根据这些法律，在国际市场上，进口方和最终消费者不仅要对商品本身的质量进行评价，还要对商品生产、储存乃至运输过程进行评价，甚至要对生产者履行社会责任的情况进行评价，对达不到相关标准的国家或者企业采取惩罚措施，比如 ISO 9000 系列标准、ISO 14000 系列标准、动物福利标准、SA 8000 标准等。这就要求我国与商品出口相关的政府部门、各类企业和个人严格执行法律法规的相关规定，坚持“质量第一”的原则，不断提高产品品质，以满足进口方和消费者的合理要求。

（1）尽量以国际标准和我国国家标准来确定出口商品品质。这样可以在出口交货时提高交易磋商的效率，减少交易双方在商品品质判定上的分歧。

国际标准包括 ISO 标准、国际电工委员会（IEC）标准及其他国际组织通过的标准。ISO 标准有 1 万多个，主要是除电工、电子以外的其他专业，如机械、冶金、化工、石油、土木、农业、轻工、食品、纺织、交通运输、卫生、环保、科学管理等方面的国际标准。IEC 标准有 2 000 多个，主要包括电工、电子方面的国际标准。ISO、IEC 是最大的两个国际标准化组织。其他国际组织通过的标准绝大多数涉及某一种或某一类产品的国际贸易，比如，国际化学纤维标准化局（BISFA）、国际食品法典委员会（CAC）、国际乳品联合会（IDF）、国际橄榄油理事会（IOOC）等通过的标准。

我国国家标准是指由国家标准化主管机构批准发布，对全国经济、技术发展有重大意义，且在全国范围内统一执行的标准。国家标准的年限一般为五年，超过年限后，就要被修订或重新制定。国家标准分为强制性标准（GB）和推荐性标准（GB/T）。强制性标准是保障人体健康、人身及财产安全的标准，及法律和行政法规规定强制执行的国家标准；推荐性标准是指在生产、交换、使用等方面，通过经济手段或市场调节而自愿采用的国家标准。但推荐性标准一经接受并采用，或各方商定同意纳入贸易合同，就成为各方必须共同遵守的技术依据，具有法律上的约束力。

（2）针对不同市场和不同消费者的需求来确定出口商品质量。我国出口产品销往世界 200 多个国家和地区，由于各国经济发展不平衡，各国的生产技术水平、生活习惯、消费结构、购买力和消费者偏好均有差异，因此，我们要从国外市场的实际需要出发，使出口商品的品质、规格、花色、式样等适应有关市场的消费水平和消费习惯。

（3）不断提升出口商品质量。凡质量不稳定或质量不过关的商品，不宜轻易出口，以免影响声誉。即使商品质量较好，也不能满足现状，要本着精益求精的精神不断提高出口商品品质，加速商品的更新换代，以赶上和影响世界的消费潮流，增强商品在国际市场上的竞争能力。出口商品质量的提升是永无止境的，随着技术进步而不断发展变化，没有最好，只有更好。

（4）适应进口国的法律法规和要求。各国对进口商品的质量都有某些法律规定和要求，凡质量不符合法律规定和要求的商品，一律不准进口，有的还要就地销毁，并由货主承担由此引起的各种费用。因此，我们必须充分了解各国对进口商品的法律规定和管理制度，使我国商品能顺利地进入国际市场。

(5) 适应国外的自然条件和需求变化。由于各国自然条件不同，商品销售有淡季、旺季之分，需要妥善调整出口节奏；各国的地理、气候条件各异，出口商品在运输、装卸、存储和销售过程中可能会发生某种品质上的变化，需要提前考虑商品生产、包装上的安排；各国消费者的需求并不总是一成不变的，会随着技术、检验、流行、风俗习惯的变化而变化，这也要求对商品品质进行调整；各国的经济是处于周期波动中的，在经济周期的不同阶段，会呈现不同的需求特点，应及时跟踪了解与品质有关的需求的动态变化。

2. 对进口商品品质的要求

进口商品的质量优劣，直接关系到国内用户和消费者的切身利益，凡品质、规格不符合要求的商品，不应进口。对于国内经济建设、科学研究和人民生活急需的商品，进口时要货比三家，切实把好质量关，使其品质、规格不低于国内的实际需要，以免影响实际的消费与使用。同时，也不应超越国内的实际需要，随意提高对进口商品品质、规格的要求，以免造成不应有的浪费。总之，对进口商品品质的要求，要从我国现阶段的实际需要出发，区分不同情况，实事求是地予以确定。我国各地海关和进出口商品检验检疫局应加大检查和执法力度，切实维护我国企业和个人的合法权益，进口企业和购买进口品的消费者应随时关注进口商品的质量，妥善保管进口商品的各种资料和单据，以摄像机、数码相机或手机等工具随时提取相关产品质量及其变化的证据，以备对外索赔之需。

二、商品品质的表示方法

在国际贸易中，由于交易的商品种类繁多，特点各异，所以表示品质的方法也不相同。概括起来，国际贸易中惯常用来表示商品品质的方法，包括以实物表示和以说明表示两类。

(一) 以实物表示商品品质的方法

以实物表示商品品质通常包括依据成交商品的实际品质（actual quality）和依据样品（sample）两种方法。前者为看货买卖，后者为凭样品买卖。

1. 看货买卖

如果进出口双方根据买卖商品的实际品质进行交易，通常先由进口方或其代理人在出口商所在地的工厂或仓库验看货物，达成交易后，出口商就应按现场验看过的商品交付货物。只要卖方交付的是经过进口方或其代理人验看的商品，买方就不得对品质提出异议。

看货买卖是一种古老的表示品质的方式。在现代国际贸易中，由于交易双方远隔两地，交易洽谈多靠传真、互联网进行，进口方到出口商所在地验看货物有诸多不便，即使出口商有现货在手，进口方有代理人代为验看货物，也无法逐件查验，所以看货成交的例子有限，多用于寄售、拍卖和展卖业务。

2. 凭样品买卖

样品通常是指从一批商品中抽出来的，或由生产、使用部门设计和加工出来的，足以反映和代表整批商品品质的少量实物。凡以样品表示商品品质并作为交货依据的，称为凭样品买卖（sale by sample）。

在国际贸易中，按样品提供者的不同，样品可分为下列几种：

（1）卖方样品（seller's sample）。由卖方提供的样品被称为“卖方样品”。凡凭卖方样品作为交货的品质依据的行为，被称为“凭卖方样品买卖”。在此情况下，在买卖合同中应订明：“品质以卖方样品为准”（quality as per seller's sample）。日后，卖方所交整批货的品质，必须与其提供的样品相同。

（2）买方样品（buyer's sample）。买方为了使其订购的商品符合自身要求，有时提供样品交由卖方依样生产或加工，如卖方同意按买方提供的样品成交，就称为“凭买方样品买卖”。在这种情况下，买卖合同中应订明：“品质以买方样品为准”（quality as per buyer's sample）。日后，卖方所交整批货的品质，必须与买方样品相符。

（3）对等样品（counter sample）。在国际贸易中，谨慎的卖方往往不愿意承接凭买方样品交货的交易，以免因交货品质与买方样品不符而招致买方索赔甚至退货的风险。在此情况下，卖方可根据买方提供的样品，加工复制出一个类似的样品交买方确认，这种经确认后的样品，被称为“对等样品”或“回样”，也被称为“确认样品”。当对等样品被买方确认后，日后卖方所交货物的品质，必须以对等样品为准。

此外，买卖双方为了发展贸易关系和增进彼此对对方商品的了解，往往采用互相寄送样品的做法。这种以介绍商品为目的而寄出的样品，最好标明“仅供参考”（for reference only）字样，以免与标准样品混淆。在寄送“参考样品”的情况下，如买卖合同中未订明交货品质以该项样品为准，而是约定了其他方法来表示品质，这就不是凭样品买卖，这种样品对交易双方均无约束力。

采用凭样品买卖时，应当注意下列事项：

（1）尽量将样品进行公证。无论凭买方样品、卖方样品还是对等样品成交，尽量申请第三方鉴定机构或公证机构公证，由第三方或公证机构在一批货物中抽取同样质量的样品若干份，每份样品采用铅丸、钢卡、封条等方式加封识别，并留存一份备案，其余供当事人使用。双方应保留好经公证的样品和公证单据，便于日后查证。

（2）凡凭样品买卖，卖方交货品质必须与样品完全一致。在凭样品成交的条件下，买方应有合理的机会将卖方交付的货物与样品进行比较，卖方所交货物，不应存在合理检查时不易发现的不适于商销的瑕疵。买方对与样品不符的货物，可以拒收或提出赔偿要求。因此，卖方应在对交货品质有把握时采用此法，而且应严格按样品交货。

（3）以样品表示品质的方法，履约过程中易产生品质方面的争议，只能酌情采用。能用科学的指标表示商品质量时，就不宜采用此法。在造型上有特殊要求或具有色、香、味等方面特征的商品以及其他难以用科学的指标表示质量的商品，可以凭样品买卖。在当前国际贸易中，单纯凭样品成交的情况不多，在不少场合，只是以样品来表示商品的某个或某几个方面的质量指标。例如，在纺织品和服装交易中，为了表示商品的色泽质量，采用的是“色样”（color sample）；为了表示商品的造型，采用的是“款式样”（pattern sample）；而对商品其他方面的质量，则采用其他方法来表示。

（4）采用凭样品成交而对品质无绝对把握时，应在合同条款中相应做出灵活的规定。

当卖方对品质无绝对把握，或对于一些不完全适合凭样品成交的货物，可在买卖合同中特别订明："品质与样品大致相同"（quality shall be about equal to the sample）或"品质与样品近似"（quality is nearly same as the sample）。为了预防因交货品质与样品略有差异而导致买方拒收货物，也可在买卖合同中预先订明："若交货品质稍次于样品，买方仍须受领货物，但价格应由双方协商相应减低"。当然，此项条款只限于品质稍有不符的情况。如果实际交货的品质与样品差距较大，买方仍有权拒收货物。

（二）以说明表示商品品质的方法

凡以文字、图表、照片、多媒体演示等方式来说明商品的品质，均属凭说明表示商品品质的范畴，共有六种表示方法。

1. 凭规格买卖（sales by specification）

商品规格是指一些足以反映商品品质的主要指标，如化学成分、含量、纯度、性能、容量、长短、粗细等。凭规格买卖时，说明商品品质的指标因商品不同而异，即使是同一商品，因用途不同，对规格的要求也会有差异。例如，买卖大豆时，如作榨油用，就要求在合同中列明含油量指标；若作食用，则不必列入含油量指标，但蛋白质的含量就成为应当列明的重要指标。

用规格表示商品品质的方法，具有简单易行、明确具体且可根据每批成交货物的具体品质状况灵活调整的特点，故这种方法在国际贸易中广为运用。比如：

China soybean	中国大豆
Moisture（max.）11%	水分（最高）11%
Admixture（max.）2%	杂质（最高）2%
Protein（min.）38%	蛋白质（最低）38%

2. 凭等级买卖（sales by grade）

商品的等级是指同一类商品，按其规格的差异，可分为品质优劣各不相同的若干等级。凭等级买卖时，为了便于履行合同和避免争议，在列明等级的同时，最好一并规定每一等级的具体规格。除非交易双方都熟悉每个级别的具体规格。比如，出口鲜鸡蛋的等级如下：

Grade AA fresh hen eggs，shell light brown and clean，even in size

AA 级鲜鸡蛋，蛋壳浅棕色，清洁，大小均匀

Grade AA	60～65 gm. per egg
- Grade A	55～60 gm. per egg
- Grade B	50～55 gm. per egg
- Grade C	45～50 gm. per egg
- Grade D	40～45 gm. per egg
- Grade E	35～40 gm. per egg

需要指出的是，由个别厂商制定的等级本身并无约束力，买卖双方洽商交易时，可根据当事人的意愿予以调整或改变，并在合同中具体订明。

3. 凭标准买卖（sales by standard）

商品的标准是指将商品的规格和等级予以标准化。有的标准由国家或有关政府主管部门规定，也有的由行业协会、交易所或国际组织规定。

在国际贸易中，有些商品习惯于凭标准买卖，人们往往使用某种标准作为说明和评定商品品质的依据。例如，美国出售小麦时，通常使用美国农业部制定的小麦标准。国际贸易中采用的各种标准，有些具有法律上的约束力，凡品质不符合标准要求的商品，不许进口或出口。但也有些标准不具有法律上的约束力，仅供交易双方参考使用，买卖双方洽商交易时，可另行商定对品质的具体要求。

由于各国制定的标准经常修改和变动，一种商品的标准可能有不同年份的版本，版本不同，其品质标准也往往有差异。因此，在采用国外标准时，应载明所采用标准的年份和版本，以免引起争议。例如，在凭药典确定品质时，应明确规定，以哪国的药典为依据，并同时注明该药典的出版年份，比如：Rifampicin in conformity with B. P. 1993（利福平符合 1993 年版英国药典）。

在国际贸易中，对于某些品质变化较大而难以规定统一标准的农副产品，往往采用“良好平均品质”（fair average quality，F. A. Q.）这一术语来表示其品质。所谓“良好平均品质”，是指一定时期内某地出口货物的平均品质水平，一般针对中等货而言。

在我国出口的农副产品中，也有用“F. A. Q.”来说明品质的。“F. A. Q.”一般指大路货，是相对“精选货”（selected）而言的，而且在合同中除了标明大路货之外，还订有具体规格。例如，“大豆 2009 年产，大路货，蛋白质最低 38%”，在交货时，则以合同规定的具体规格作为依据。

4. 凭商标或牌名买卖（sales by trade mark or brand name）

商标（trade mark）是指生产者或厂商用来识别其所生产或出售的商品的标志，它可由一个或几个具有特色的单词、字母、数字、图形或图片等组成。

牌名（brand name）是指工商企业给其制造或销售的商品所冠的名称，以便与其他企业的同类产品区别开来。一个牌名可用于一种产品，也可用于一个企业的所有产品。

不同商标的商品具有不同的特色。一些名牌产品的制造商为了维护其商标的信誉，对其产品进行严格的质量控制，以保证其产品品质达到一定的标准。因此，商标或牌名本身实际上是一种品质象征。人们在交易中就可以只凭商标或牌名进行买卖，无须对品质提出详细要求，比如：MAXAM Brand Dental Cream（美加净牌牙膏）。

但是，如果一个牌名的商品同时有许多种型号或规格，为了明确起见，就必须在规定牌名的同时，明确规定型号或规格。凭商标或牌名的买卖，一般只适用于一些品质稳定的工业制成品或经过科学加工的初级产品。在进行这类交易时，必须切实把好质量关，保证产品的传统特色，把维护名牌产品的信誉放在首要地位。

5. 凭说明书和图样买卖（sales by descriptions and illustrations）

在国际贸易中，有些机器、电器和仪表等资本和技术密集型产品，因结构复杂，对材料和设计的要求严格，用以说明其性能的数据较多，很难用几个简单的指标来表明其品质的全貌，对这类商品的品质，通常是以说明书并附以图样、照片、设计、图纸、分析表、各种数据甚至配合多媒体演示来说明具体性能和结构特点的。按此方式进行交易，称为凭说明书和图样买卖，比如：Quality and Technical Data as per Seller's Catalogue Provided on August 30，2020，Page × and Line ×（品质和技术指标见卖方2020年8月30日提供的产品目录第×页×行）。

凭说明书和图样买卖时，要求所交的货物必须符合说明书所规定的各项指标。但是，由于对这类产品的技术要求比较高，品质与说明书或图样相符合的产品有时在使用时并不一定能发挥设计所要求的性能，所以在合同中除列入说明书的具体内容外，往往要订立卖方品质保证条款和技术服务条款，如“卖方须在一定期限内保证其商品的质量符合说明书所规定的指标，如在保证期内发现品质低于规定，或部件的工艺质量不良，或因材料内部隐患而产生缺陷，买方有权提出索赔，卖方有义务消除缺陷或更换有缺陷的商品或材料，并承担由此引起的各项费用”。

6. 凭产地名称或地理标志买卖（sales by name of origin，or sales by geographical indication）

在国际货物买卖中，有些产品，因产区的自然条件、传统加工工艺等因素的影响，在品质方面具有独特风格和特色，对于这类产品，可以用产地名称或地理标志来表示其品质，比如：Heilongjiang Soybean（黑龙江大豆）。

上述各种表示品质的方法，一般是单独使用，但有时也可酌情将其混合使用。

三、买卖合同中的品质条款

国际贸易合同中的品质条款，一般要写明商品的品质或列明品质的具体指标。但由于商品品种不同，表示品质的方法不一，所以品质条款的内容及繁简，应视商品特性而定。

（一）品质条款的基本内容

贸易合同中，品质条款的基本内容包括货物品名、规格、等级、标准、商标、牌名或产地等，具体条款的制定方法也因商品不同而不同。

在看货买卖时，一般应列明商品的存放地点或仓库名称，以及生产日期、生产序列号、货号等。

在凭样品买卖时，一般应列明样品的编号或样品寄送日期，有时还加列交货品质与样品大致相符或完全相符的检验证明、鉴定证明或公证文件等。

在凭说明买卖时，一般应列明商品的货号、规格、等级、标准、商标或牌号、产地名称等，有时还要将说明书、照片或演示文稿作为合同的附件，用以补充说明商品的品质。

凭标准买卖时，一般应列明所引用标准的发布机构和标准的版本或年份。

对于某些品质规格、性能比较复杂的货物，订立品质条款时要特别慎重。对于一些难以准确地衡量品质的商品，合同中还要规定品质机动幅度条款或品质公差条款。

（二）品质机动幅度条款与品质公差条款

为了避免交货品质与买卖合同稍有不符而造成违约，以保证合同的顺利履行，可以在合同品质条款中做出某些变通规定，如：交货品质与样品大体相等或其他类似条款。在凭样品买卖的情况下，交易双方容易在交货品质与样品是否一致的问题上产生争议，为了避免争议和便于履行合同，卖方可要求在品质条款中加订“交货品质与样品大体相等”之类的条文。

1. 品质公差

品质公差是指国际上公认的产品品质的误差。在工业制成品生产过程中，产品的质量指标出现一定的误差有时是难以避免的（如手表每天出现误差若干秒，应算正常）。这种公认的误差，即使合同没有规定，只要卖方交货品质在公差范围内，就不能视作违约。但为了明确起见，还是应在合同品质条款中订明一定幅度的公差，例如，尺码或重量允许有“±3%～5%的合理公差”。凡在品质公差范围内的货物，买方不得拒收或要求调整价格。

2. 品质机动幅度

某些初级产品（如农副产品等）的质量不甚稳定，在规定其品质指标的同时，可另订一定的品质机动幅度，允许卖方所交货物的品质指标在一定幅度内有灵活性。关于品质机动幅度，有下列几种订法：

（1）规定一定的范围。对品质指标允许有一定的差异范围。例如，漂布，幅阔 35/36 寸，买方交付的漂布，只要在此范围内，均算合格。

（2）规定一定的极限。对所交货物的品质规格，规定上下极限。卖方交货只要没有超出上述极限，买方就无权拒收。

为了体现按质论价的原则，在使用品质机动幅度条款时，也可根据交货品质情况调整价格，即所谓品质增减价条款。采用品质增减价条款，一般应选用对价格有重要影响而又允许有一定机动幅度的主要质量指标，对于次要的质量指标或不允许有机动幅度的重要指标，则不适用。

在实际业务中，提供低于约定品质产品者，应赔偿因此给对方造成的损失。有些国家的法律规定，卖方交货品质与合同不符，买方有权撤销合同并要求赔偿损失。卖方为了排除这项法律规定，以维护自身的利益，也可争取在合同中规定：“如卖方交货品质有缺陷，不符合合同规定，买方不得拒收货物或撤销合同，但可向卖方提出索赔。”

（三）规定品质条款时应注意的问题

在规定品质条款时，应注意其科学性和合理性。

（1）正确运用各种表示品质的方法。采用何种方式表示品质，应视商品特性而定。一般地说，凡能用科学的指标说明其质量的商品，适于凭规格、等级或标准买卖；有些难以规格化和标准化的商品，如工艺品等，适于凭样品买卖；某些质量好并具有一定特色的名优产品，适于凭商标或牌号买卖；某些性能复杂的机器、电器和仪表，适于凭说明书和图样买卖；凡具有地方风味和特色的商品，可凭产地名称或地理标志买卖。凡能用一种方法表示品质的，一般不宜用两种或两种以上的方法来表示。如同时采用凭样品和规格买卖，则要求交货品质既要与样品一致，又要符合约定的规格，有时难以办到，会给履行合同带来困难。

（2）要从产销实际情况出发，防止品质条件偏高或偏低。如订立出口合同的品质条款时，既要考虑国外市场的实际需要，又要考虑国内生产部门的技术条件和供货的可能性。

(3) 要合理规定影响品质的各项重要指标。在品质条款中，应有选择地规定各项质量指标。凡影响品质的重要指标，不能出现遗漏，而且应将其订好；对于次要指标，可以少订；对于一些与品质无关紧要的条件，不宜订入，以免使条款过于烦琐。

(4) 要注意各质量指标之间的内在联系和相互关系。各项质量指标是从不同的角度来说明品质的，它们有内在的联系，在确定品质条件时，要通盘考虑，注意它们之间的一致性，以免由于某一质量指标规定不科学、不合理而影响其他质量指标，造成不应有的经济损失。例如，在荞麦品质条件中规定："水分不超过 17%，不完善粒不超过 6%，杂质不超过 3%，矿物质不超过 0.15%"。显然，此项规定不合理，因为对矿物质含量的要求过高，这与其他指标不相称。为了使矿物质含量符合约定的指标，则需反复加工，其结果必然会大大减少杂质和不完善粒的含量，从而造成不应有的损失。

(5) 品质条件应明确、具体。不宜采用诸如"大约""左右""合理误差"之类的笼统含糊字眼，以免在交货品质问题上引起争议。但是，也不宜把品质条件订得过严，给履行交货义务带来困难。一般地说，对一些矿产品、农副产品和轻工业品的品质规格的规定，要有一定的灵活性，以利于合同的履行。

第三节 商品的数量

一、数量的概念及合同中约定数量的意义

数量被用于指代事物的任何量化的属性或特征。

商品的数量是国际货物买卖合同中不可缺少的主要条件之一。《联合国国际货物销售合同公约》第 35 条第 1 款规定，卖方的基本义务之一就是按照合同约定的数量交付货物。国际商会的《跟单信用证统一惯例》规定，除非信用证规定货物数量不得增减，只要支取的金额不超过信用证金额，则可有 5%的增减幅度。但当信用证规定的数量以包装单位或个数计数时，则此增减幅度不适用。按照某些国家的法律规定，卖方交货数量必须与合同规定相符，否则，买方有权提出索赔，甚至拒收货物。

由于交易双方约定的数量是交接货物的依据，因此，正确掌握成交数量和订好合同中的数量条件，具有十分重要的意义。买卖合同中成交数量的确定，不仅关系到进出口业务的完成，而且涉及对外政策和经营意图的贯彻。正确掌握成交数量，对交易的达成和争取有利的价格，也具有一定的作用。

二、计量单位与计量方法

在国际贸易中，由于商品的种类、特性和各国度量衡制度的不同，计量单位和计量

方法也多种多样。

（一）国际贸易中常用的度量衡制度

国际贸易中常用的度量衡制度主要有四种，即公制、英制、美制和国际单位制。

公制（metric system）的基本单位为千克和米。为欧洲大陆及世界大多数国家所采用。

英制（British system）的基本单位为磅和码。为英联邦国家所采用，而英国因加入欧盟，在适应欧盟一体化进程中已宣布放弃英制，采用公制。

美制（U. S. system）的基本单位和英制相同，为磅和码。此外，美制的容积单位为加仑和蒲式耳。

国际单位制（international system of units）是国际标准计量组织在公制基础上制定公布的。其基本单位包括千克、米、秒、摩尔、坎德拉、安培和开尔文七种。

我国采用的是以国际单位制为基础的法定计量单位。《中华人民共和国计量法》第3条明确规定："国家实行法定计量单位制度。国际单位制计量单位和国家选定的其他计量单位，为国家法定计量单位。"目前，除个别特殊领域外，一般不允许再使用非法定计量单位。我国出口商品时，除照顾对方国家贸易习惯而约定采用公制、英制或美制计量单位外，应使用我国法定计量单位。我国进口的机器设备和仪器等，应使用法定计量单位，否则，一般不允许进口，如确有特殊需要，也必须经有关标准计量管理部门批准。

由于度量衡制度不同，即使是同一计量单位所表示的数量也有很大差别。就表示重量的吨而言，实行公制的国家一般采用公吨，每公吨为1 000公斤；实行英制的国家一般采用长吨，每长吨为1 016.05公斤；实行美制的国家一般采用短吨，每短吨为907.2公斤。每公吨为2 204.6磅，每长吨为2 240磅，每短吨为2 000磅。

此外，有些国家对某些商品还规定有自己习惯使用的或法定的计量单位。以棉花为例，许多国家都习惯于以包（bale）为计量单位，但对每包的含量各国解释不一，如美国规定棉花每包净重480磅；巴西规定棉花每包净重396.8磅；埃及规定棉花每包净重730磅。又如糖类商品，有些国家习惯采用袋装，古巴规定每袋糖重133公斤，巴西规定每袋糖重60公斤等。由此可见，了解不同度量衡制度下各计量单位的含量及计算方法是十分重要的。为了解决各国度量衡制度不一致带来的弊端，以及为了促进国际科学技术交流和国际贸易的发展，国际标准计量组织在各国广为使用的公制的基础上采用国际单位制。国际单位制的实施和推广，标志着计量制度日趋国际化和标准化，现在已有越来越多的国家采用国际单位制。

（二）常用的计量单位

国际贸易中使用的计量单位很多，究竟采用何种计量单位，主要取决于商品的种类和特点，也取决于交易双方的意愿，经常使用的有如下几种：

1. 按重量计量

按重量计量在当今国际贸易中广为使用，例如，许多农副产品、矿产品和工业制成品，都按重量计量。按重量计量的单位有公吨（metric ton）、长吨（long ton）、短吨（short ton）、公斤（kilogram）、克（gram）、盎司（ounce）等。对黄金、白银等贵重商品，通常采用克或盎司计量。钻石之类的商品，则采用克拉作为计量单位。

2. 按数量计量

大多数工业制成品，尤其是日用消费品、轻工业品、机械产品以及一部分土特产品，习惯于按数量进行买卖，其所使用的计量单位有件（piece）、双（pair）、套（set）、打（dozen）、卷（roll）、令（ream）、箩（gross）、袋（bag），以及包等。

3. 按长度计量

在金属绳索、丝绸、布匹等类商品的交易中，通常采用米（meter）、英尺（foot）、码（yard）等长度单位来计量。

4. 按面积计量

在玻璃板、地毯、皮革等商品的交易中，一般习惯于以面积作为计量单位，常见的有平方米（square meter）、平方英尺（square foot）、平方码（square yard）等。

5. 按体积计量

按体积成交的商品有限，仅限于木材、天然气和化学气体等。属于这方面的计量单位有立方米（cubic meter）、立方英尺（cubic foot）、立方码（cubic yard）等。

6. 按容积计量

各类谷物和流体货物，往往按容积计量。其中，美国以蒲式耳（bushel）作为各种谷物的计量单位，但每蒲式耳所代表的重量，因谷物不同而有差异。比如，每蒲式耳亚麻籽为56磅，燕麦为32磅，大豆和小麦为60磅。公升、加仑（gallon）则用于酒类和油类商品。

（三）计算重量的方法

在国际贸易中，按重量计量的商品很多。根据一般商业习惯，计算重量的方法有下列几种：

1. 毛重

毛重（gross weight）是指商品本身的重量加包装物的重量，这种计重办法一般适用于低值商品。

2. 净重

净重（net weight）是指商品本身的重量，即除去包装物后的商品实际重量。净重是国际贸易中最常见的计重办法。不过，有些价值较低的农产品或其他商品有时也采用以毛作净（gross for net）的办法计重，例如，蚕豆100公吨，单层麻袋包装以毛作净。所谓以毛作净，实际上就是以毛重当作净重计价。

在按净重计量时，对于如何计算包装重量，国际上有下列几种做法：

(1) 按实际皮重计量。实际皮重即指包装的实际重量，是对包装逐件衡量后所得的总重量。

(2) 按平均皮重计量。如果包装比较划一，重量相差不大，就可以从整批货物中抽出一定的件数，称出其皮重，然后求平均重，再乘以总件数，即可求得整批货物的皮重。

(3) 按习惯皮重计量。一些商品，由于其所使用的包装材料和规格已比较定型，皮重已为市场所公认。因此，在计算其皮重时，就无须对包装逐件过秤，用习惯上公认的皮重乘以总件数即可。

（4）按约定皮重计量。即以买卖双方事先约定的包装重量作为计算的基础。

上述四种计算皮重的方法，究竟使用哪一种求出净重，应根据商品的性质、包装的特点、合同数量的多寡、双方的交易习惯，由双方当事人事先约定并列入合同，以免事后引起争议。

3. 公量

有些商品，如棉花、羊毛、生丝等有较强的吸湿性，其所含水分受客观环境的影响较大，故其重量很不稳定。为了准确计算这类商品的重量，国际上通常采用按公量（conditioned weight）计算的办法，以商品的干净重（指烘干商品水分后的重量）加上国际公定回潮率与干净重的乘积所得出的重量，即公量。其计算公式有两种。

$$公量=商品干净重\times(1+公定回潮率)$$

$$公量=商品净重\times\frac{1+公定回潮率}{1+实际回潮率}$$

4. 理论重量

对于一些按固定规格生产和买卖的商品，只要其重量一致，每件重量大体是相同的，一般就可以从其件数推算出总重量。

5. 法定重量和实物净重

按照一些国家海关法的规定，在征收从量税时，商品的重量是以法定重量计算的。所谓法定重量是商品重量加上直接接触商品的包装物料，如销售包装等的重量。而除去这部分重量后的纯商品的重量，则称为实物净重。

三、合同中的数量条款

（一）数量条款的基本内容

买卖合同中的数量条款，主要包括成交商品的具体数量和计量单位。按重量成交的商品，还需约定计算重量的方法。数量条款的内容及其繁简，应视商品的特性而定。

（二）数量的机动幅度条款

某些商品，如农副产品和工矿产品，因本身特性和自然条件的影响，或者受包装和运输工具的限制，实际交货数量往往不易符合原定交货数量。为了避免争议，买卖双方还常在合同数量条款中订明交货数量的机动幅度。国际货物买卖合同中规定机动幅度有两种具体方法，即溢短装条款或约量条款。

1. 溢短装条款（more or less clause）

溢短装条款即在买卖合同的数量条款中明确可以增减的百分比，但增减幅度以不超过数量的百分比为限。例如，100 000 码，卖方可溢装或短装 5%（100 000 yards 5% more or less at seller's option）。这样，卖方交货时就比较灵活，只要增减幅度在 100 000 码的 5%幅度范围内，都可以对外交货，无需硬凑到 100 000 码。这是因为硬凑合同规定的绝对数量，有时可能会导致包装不成整件的情况，对买卖双方收交货都不利，溢短装条款也可用“增加或减少”（plus or minus）或“±”代替。溢短装条款一般规定由卖方决定是溢装还是短装，即“卖方选择”（at seller's option）。但是在由买方派船装运的情况下，为了便于适应船的装载能力，也可规定“由买方决定”（at buyer's option）。如在船上交货合同中，国外买方往往要求在机动幅度内，由他们决定多装或少装的数量。在特殊的情况下，某些散装货可由船方选择。

2. 约量（about，circa，approximate）条款

约量条款即在交货数量前加“约”字的规定机动幅度方式。这样，也可使具体交货数量有适当的机动，可以多交或少交约定数量的一定百分比。但国际上对“约”字的含义解释不一，有的解释为 2.5%，有的解释为 5%。不同的解释和理解容易引起纠纷，为此，在使用约量时，双方应先取得一致的理解，并达成书面协议，通常可以在交易条件中列明。一般而言，还是在数量条款中明确规定溢短装幅度为宜，应避免使用约量条款。

数量条款无论是确定具体数量，还是规定机动幅度，都是买卖双方交接货物和履行合同的依据。是否履行数量条款的约定条件有两种，一种是以装船重量为准，一种是以到岸重量计算。对某些受自然因素影响大、运输时间长、易损耗的货物，还需确定履行数量条款的时间。

（三）规定数量条款时需要注意的问题

规定数量条款时，需要注意下列事项：

1. 正确掌握成交数量

在洽商交易时，应正确掌握进出口商品成交的数量，防止心中无数，盲目成交。

（1）国外市场的供求状况。对我国出口商品的主销市场和常年稳定供货的地区与客商，应经常保持一定的成交量，防止因成交量过少，或供应不及时，而导致国外竞争者乘虚而入。

（2）国内货源的供应情况。在有生产能力和货源充沛的情况下，可适当扩大成交量；反之，如果货源紧张，则不宜盲目成交。

（3）国际市场的价格动态。当价格看跌时，如有货源，应争取多成交、快销售；当价格看涨时，不宜急于大量成交，应争取在有利的时机销售。

（4）国外客户的资信状况和经营能力。对小客户的成交数量不能过多，对大客户的成交数量不宜过少。

2. 数量条款应当明确具体

为了便于履行合同和避免引起争议，进出口合同中的数量条款应当明确具体。比如，在规定成交商品数量时，应一并规定该商品的计量单位。对按重量计量的商品，还应规定计算重量的具体方法，如“中国大米 1 000 公吨，麻袋装，以毛作净”。某些商品如需要规定数量机动幅度，则数量机动幅度为多少，由谁来掌握这一机动幅度，以及溢短装部分如何作价，都应在条款中具体订明。

此外，在进出口合同中，一般不宜采用大约、近似、左右等带伸缩性的字眼。为了明确责任和便于履行合同，对某些难以准确地按约定数量交货的商品，特别是大宗商品，可在买卖合同中具体规定数量机动幅度。

3. 合理规定数量机动幅度

在粮食、矿砂、化肥和食糖等大宗商品的交易中，由于商品特性、货源变化、船舱容量、装载技术和包装等因素的影响，有时难以准确地按约定数量交货。为了使交货数量具有一定范围内的灵活性和便于履行合同，买卖双方可在合同中规定合理的数量机动幅度。只要卖方交货数量在约定的增减幅度范围内，就等于按合同规定的数量交货，买方就不得以交货数量不符为由拒收货物或提出索赔。为了订好数量机动幅度条款，即数量增减条款或溢短装条款，需要注意以下几点：

（1）数量机动幅度的大小要适当。数量机动幅度的大小，通常以百分比表示，如3%或5%不等，究竟多大合适，应视商品特性、行业、贸易习惯和运输方式等因素而定。

（2）机动幅度选择权的规定要合理。一般来说，由履行交货的一方，也就是卖方选择。但如果涉及海洋运输，交货量的多少与承载货物的船只的舱容关系非常密切，在租用船只时，需跟船方商定。所以在这种情况下，交货机动幅度一般是由负责安排船只的一方（如船上交货的买方）选择，或是干脆由船长根据舱容和装载情况做出选择。总之，机动幅度的选择权根据不同情况，可以由买方行使，也可以由卖方行使，或由船方行使。为了避免争议，最好在合同中明确规定。

此外，当成交某些价格波动剧烈的大宗商品时，为了防止卖方或买方利用数量机动幅度条款，根据自身的利益故意增加或减少装船数量，也可在机动幅度条款中加订：此项机动幅度只有在为了适应船舶实际装载量的需要时，才能适用。

（3）溢短装数量的计价方法要公平合理。目前，对机动幅度范围内超出或低于合同数量的多装或少装部分，一般按合同价格结算，这是比较常见的做法。为了防止有权选择多装或少装的一方当事人利用行市的变化，有意多装或少装以获取额外的好处，也可在合同中规定多装或少装的部分不按合同价格计算，而按装船时或货到时的市场价格计算，以体现公平合理的原则。如双方对装船时或货到时的市场价格不能达成协议，可根据仲裁条款或仲裁协议交由仲裁机构裁决。

第四节 商品的包装

一、商品包装的作用及其要求

商品包装指的是，为在流通过程中保护商品，方便贮运，促进销售，按一定的技术方法制造并采用的容器、材料及辅助物等的总名称，以及为了达到上述目的而在采用容器材料及辅助物的过程中施加一定技术方法等的操作活动。从这一定义可知，商品包装既包括包装材料，也包括包装的操作过程，是一个静态和动态相结合的过程，体现了与包装有关的许多部门之间的系统联系。

（一）包装的作用

在国际市场上，商品包装被冠以“无声推销员”的美誉，是宣传商品、企业形象的工具，是商品特征的放大镜，是免费的广告。因此，良好的商品包装对出口贸易有着非常重要的作用。

1. 保护商品品质安全和数量完整

商品在进出口过程中要经过搬运、装卸、运输、贮藏等过程，容易受到外界因素的损害和影响，导致商品破损、变形、渗漏和变质。适宜的商品包装能抵抗各种破坏因素，防止商品遭到损害和影响，保护商品质量完好和足量。

2. 便于商品流通

商品只有经过流通才能实现其价值。商品出厂后，买卖双方或检验机构要对商品进行计数、计量、清点、验收。包装完整的商品便于计数、计量、清点、验收，在流通过程中，商品需要经过搬运、堆码、运输、仓储、装卸、零售、批发等环节，合理包装可加速商品流转，降低流通成本。

3. 促进销售

包装是无声的推销员。好的包装本身就是很好的广告，精美的包装可起到美化、宣传商品的作用，提高市场竞争力。

4. 便于消费者购买和携带

合理的商品包装，其绘图、商标和文字说明等既表示了商品的内在品质和外观形态，方便消费者识别，又介绍了商品的成分、性质、用途和使用方法，便于消费者购买。有些销售包装预留了挂钩、钩孔，或装上了提手，便于消费者携带。

5. 使商品使用价值和价值增加

新颖独特、精美合理的包装，是增加商品价值的重要手段。合理的包装增加了商品的自然寿命，因而使商品的使用价值增加，具有提高商品身价的功能，合理而精美的包装是商品生产过程的延续，能有效增加商品的价值。

（二）我国对出口包装的要求

1. 出口商品包装应符合我国和相关国家的法律规定

世界各国均制定和颁布了与包装有关的法律法规和国家标准，出口商品包装必须符合我国和进口国的法律法规，否则可能被罚款甚至不允许出入境。如有些国家要求木质包装要提供消毒或熏蒸证明，有些国家禁止使用柳藤、稻草、海绵之类的材料做包装用料或衬垫物，有些国家对包装标志和每件包装的重量有特殊的规定和要求。

目前我国正在逐步完善与包装有关的法律法规，对规范商品包装、保护消费者的利益、维护我国出口声誉起着重要的作用。根据国家标准全文公开系统，截至 2023 年 6 月，我国已颁布和实施的与包装有关的国家标准有 461 项，其中强制性国家标准 31 项，推荐性国家标准 430 项，并在不断加大作为技术法规的国家强制性标准以及一些地方强制性标准的实施力度。我国在包装方面所涉及的法律依据包括：国家法律、行政法规和司法解释；政府部门规章；地方性法规和地方政府规章；消费者利益保护；国际、国家、行业、地方标准；生产者责任；反不正当竞争、反欺诈、反假冒；进出口商品检验检疫、关税。起草和颁布包装法律法规的主要原则和推动力是安全、卫生、环境、流通和经济等方面的要求。我国对商品包装进行监管的部门主要有国家认证认可监督管理委员会、国家标准化管理委员会、国家市场监督管理总局、国家卫生健康委员会、商务部、国家烟草专卖局和海关总署，与出口商品包装有关的主要法律法规有《中华人民共和国产品质量法》《中华人民共和国进出口商品检验法》《中华人民共和国进出境动植物检疫法》《中华人民共和国进出口食品安全管理办法》《出境货物木质包装检疫处理管理办法》等。

2. 提高出口商品包装标准化水平

出口商品包装标准化包括包装材料和包装容器标准化、包装工艺标准化。

出口商品包装材料应尽量选择标准材料，少用或不用非标准材料，以保证材料质量和材料来源的稳定。要经常了解新材料的发展情况，结合进口商的需要，有选择地采用。包装容器的外形尺寸与运输车辆的内部尺寸、包装商品所占的有效仓库容积有关，因此应对包装外形尺寸作严格规定，使用标准化包装容器。

包装工艺标准化指的是包装的操作流程和各项要求标准化。凡是包装箱、桶等，必须规定内装商品数量、排列顺序、合适的衬垫材料，并防止包装箱、桶内空隙太大导致商品游动。如木箱包装箱，必须规定箱板的木质、箱板的厚度、装箱钉子的规格、相邻钉子的距离，包角的技术要求，及钉子不得钉在夹缝里等。纸箱必须规定如何封口、腰箍的材料、腰箍的松紧及牢固度等。回收复用的木箱、纸箱及其他包装箱也必须符合标准。

3. 包装必须适应商品本身的特性并适应各种不同运输方式的要求

每种商品都有自己的特性，例如，水泥怕潮湿，玻璃制品容易破碎，流体货物容易挥发、渗漏和流失等，这就要求运输包装相应具有防潮、防震、防挥发和防漏等良好的性能。

出口商品包装还要适应长距离、长时间的不同运输方式的要求。比如，海运包装要求牢固，并具有防止挤压和碰撞的功能；铁路运输包装，要求具有防震的功能；航空运输包装，要求轻便而且不宜过大。

4. 要便于各环节有关人员进行操作

出口商品包装需要经过装卸、搬运、储存、保管、清点、抽样和查验等程序，为了便于这些环节的有关人员进行操作，包装的设计要合理，包装规格和每件包装的重量与体积要适当，包装方法要科学，包装上的各种标示要符合要求，这样既容易识别、计量和检验，又便于装卸、搬运、清点和保管。

5. 要在保证包装牢固的前提下节省费用

出口商品包装成本直接反映在出口商品价格上，与出口经济效益高度相关。因此，在选用包装材料、进行包装设计和打包时，在保证包装牢固的前提下，应注意节约。比如，选用量轻、价廉而又结实的包装材料，有利于降低包装成本和节省运费；包装设计合理，可以避免用料过多或包装容量浪费；包装方法科学，也有利于节省运费，因为轻泡货物按体积收取运费，包装紧密、体积小，可以少付运费。此外，还要考虑进口国家的关税税则。对输往按从量税征税的国家的出口包装，就不宜采用自重大的包装；对输往按从价税征税的国家的出口包装，就不宜采用价格昂贵的包装，以免增加关税成本、降低出口收益。

二、运输包装

运输包装又称大包装或外包装，是以方便运输、储存为目的的商品包装。运输包装具有保障商品安全、方便储运装卸、加速交接与点验等作用，其主要特点是容积大、结构坚固、标志清晰、装卸搬运方便。

（一）运输包装的种类

运输包装的方式和造型多种多样，用料和质地各不相同，包装程度也有差异，这就导致运输包装具有多样性。一般地说，运输包装可从不同的角度分类。

（1）按包装方式，可分为单件运输包装和集合运输包装。单件运输包装是指货物在运输过程中作为一个计件单位的包装。集合运输包装是指将若干单件运输包装组合成一件大包装，以更有效地保护商品、提高装卸效率和节省运输费用。

常见的单件运输包装主要有箱型包装、桶型包装和袋型包装三种。箱型包装主要有纸箱和木箱；桶型包装主要有金属桶、木桶、纸桶、塑料桶及纸板合成桶等；袋型包装主要有麻袋、布袋、纸袋、塑料袋等。单件运输包装广泛应用于谷物、豆类、砂糖、化工原料、化学肥料，以及粉状、颗粒状或块状商品的包装。

常见的集合运输包装主要有集装袋、集装箱、托盘组合包装三种类型。集装袋是指用塑料重叠丝编织成的包装袋。优点是重量轻、柔软可折叠、体积小、装载量大。每袋可载1吨～4吨的货物，并能重复使用。集装箱是用钢材、铝合金板、纤维板等材料制作的集中装载大量货物的大型包装容器，优点是安全、简便、迅速、节约，便于机械和自动化装卸。集装箱可载5吨～40吨各类商品，常用于铁路、公路和海上远程运输。托盘组合包装是用木材、塑料、金属材料或玻璃纤维等制成的垫板，有平面式托盘、箱式托盘、立柱式托盘、滑片托盘等几种形式，可重复使用，优点是耐腐蚀、卫生性好、节省费用、可减少商品损耗，载重量为0.5吨～2吨。在国际贸易中，集合运输包装具有提高港口装卸效率、减轻劳动强度、节省装运费用、保护商品、减少损耗和促进商品包装标准化等优点。

（2）按包装材料，可分为纸制包装，金属包装，木制包装，塑料包装，麻制品包装，竹、柳、草制品包装，玻璃制品包装和陶瓷包装等。

（3）按包装质地，可分为软性包装、半硬性包装和硬性包装，究竟采用哪一种，需视商品特性而定。

（4）按包装程度，可分为散装、裸装和全部包装三种形式。散装是指不需要也不必要进行包装，而是直接将商品装载在运输工具内的包装方式，如矿石、煤炭、原盐等均可采用这种方式。裸装是指那些自然成件，商品能抵抗外界作用，在储运过程中可以保持原状，不必包裹的包装方式，如钢板、原木等均可采用这种方式。全部包装是指需要外加包裹物，对整个商品予以包装，使商品形成包、箱、袋、桶或捆等形状的包装方式。

在国际贸易中，买卖双方究竟采用何种运输包装，应根据商品特性、形状、贸易习惯、货物运输路线的自然条件、运输方式和各种费用开支等因素，在洽商交易时达成一致，并在合同中具体订明。

（二）运输包装的标志

为了装卸、运输、仓储、检验和交接工作的顺利进行，防止错发错运、损坏货物与伤害人身的事故发生，以保证货物安全、迅速、准确地运交收货人，需要在运输包装上书写、压印、刷制各种有关的标志，以方便识别和提醒人们操作时注意。运输包装上的标志，按其用途可分为运输标志（shipping mark）、指示性标志（indicative mark）和警告性标志（warning mark）三种。

1. 运输标志

运输标志也叫识别标志，旧称唛头，它通常是由一个简单的几何图形和一些字母、数字及简单的文字组成，其主要内容包括：（1）目的地名称或代号；（2）收、发货人的代号；（3）件号、批号。此外，有的运输标志还包括原产地、合同号、许可证号、体积与重量等内容，运输标志的内容繁简不一，由买卖双方根据商品特点和具体要求商定。

运输标志在国际贸易中具有特殊的法律作用。根据《联合国国际货物销售合同公约》第 31 条和第 32 条规定，在商品特定化以前，风险不转移到买方。而商品特定化最常见的有效方式，就是在商品外包装上标明运输标志。此外，国际贸易主要采用凭单付款的方式，而主要的出口单据如发票、提单、保险单，都必须显示运输标志。商品以集装箱方式运输时，运输标志可被集装箱号码和封口号码取代。

鉴于运输标志的内容差异较大，有的过于繁杂，不适应货运量增加、运输方式变革和电子计算机在运输与单据流转方面应用的需要，因此，联合国欧洲经济委员会简化国际贸易程序工作组，在 ISO 和国际货物装卸协调协会的支持下，制定了一项运输标志向各国推荐使用。该标准化运输标志包括：（1）收货人或买方名称的英文缩写字母或简称；（2）参考号，如运单号、订单号或发票号；（3）目的地；（4）件号。至于根据某种需要而在运输包装上刷写的其他内容，如许可证号等，则不作为运输标志的必要组成部分。

现列举三个运输标志实例，如下所示。

例 1：

(MP) —————— 收/发货人的名称代号、简单的几何图形

NEW YORK —————— 目的港或目的地的名称

NO. 1/100 —————— 件号

例 2：

94CL—H08 —————— 合同号

ART. NO.：904A —————— 货号

COLOUR：NAVY/GREY —————— 色泽

SIZE：36 37 38 39 40 41 —————— 尺寸搭配

1 1 2 3 3 2

N. W.：11. 3KG —————— 净重

G. W.：16. 4KG —————— 毛重

MEAS.：45. 5×52×55. 5cm —————— 尺码

MADE IN CHINA —————— 生产国别

例 3：

（注：标准化运输标志）

STW —————— 收货人代号

20100120 —————— 参考号

NEW YORK ———————————— 目的地

1/200 ———————————— 件号

2. 指示性标志

指示性标志提示人们在装卸、运输和保管过程中需要注意的事项，一般都以简单、醒目的图形和文字在包装上标出，故有人称其为注意标志。我国国家标准《包装储运图示标志》指出，包装标志标准是基础性标准，因此应尽可能与国际标准一致，以尽快适应国际贸易的需要。根据这一标准，我国包装储运标志共有 17 个，举例如图 1－1 至图 1－4所示。

标志名称	标志图形	含义	备注/示例
易碎物品		运输包装件内装有易碎品，因此搬运时应小心轻放。	使用示例：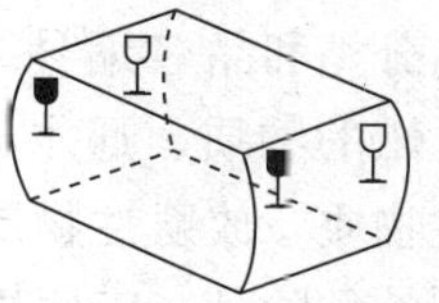

图 1－1　包装储运标志：易碎物品

标志名称	标志图形	含义
禁用手钩	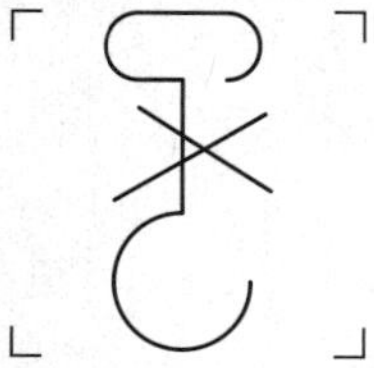	搬运运输包装件时禁用手钩。

图 1－2　包装储运标志：禁用手钩

标志名称	标志图形	含义	备注/示例
向上		表明运输包装件的正确位置是竖直向上。	使用示例：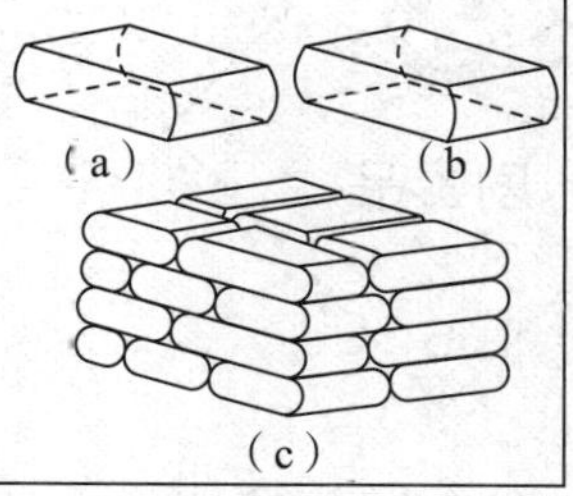

图 1－3　包装储运标志：向上

标志名称	标志图形	含义
怕晒	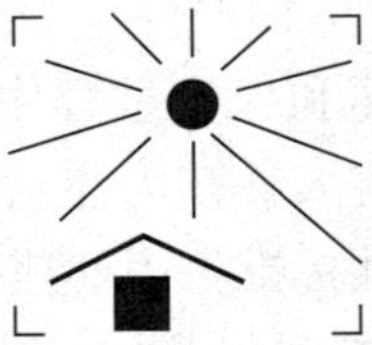	表明运输包装件不能直接照晒。

图 1-4　包装储运标志：怕晒

3. 警告性标志

警告性标志用于危险货物的包装上，危险货物包装标志又称危险品标志，是用来标明对人体和财产安全有严重威胁的货物的专用标志。由图形、文字和数字组成。我国国家标准《危险货物分类和品名编号》把危险货物分为 9 类：爆炸品，气体，易燃液体，易燃固体、易于自燃的物质、遇水放出易燃气体的物质，氧化性物质和有机过氧化物，毒性物质和感染性物质，放射性物质，腐蚀性物质，杂项危险物质和物品，包括危害环境物质。不同类别的危险品，应使用不同的危险品标志。我国国家标准《危险货物包装标志》规定了危险货物包装图示标志的种类、名称、尺寸及颜色等，标志的图形共 21 种，19 个名称，这些图形分别标示了 9 类危险货物的主要特性，举例如图 1-5 至图 1-8 所示。

（符号：黑色，底色：橙红色）

图 1-5　危险货物包装标志：爆炸品

（符号：黑色或白色，底色：正红色）

图 1-6　危险货物包装标志：易燃气体

（符号：黑色，底色：白色）

图 1-7　危险货物包装标志：剧毒品

（符号：上黑下白，底色：上白下黑）

图 1-8　危险货物包装标志：腐蚀品

运输包装上的各类标志，都必须按有关规定标打在运输包装的明显部位上，标志的颜色要符合有关规定的要求，防止褪色、脱落，使人一目了然，容易辨认。

此外，联合国国际海事组织也规定了一套《国际海运危险品标志》，这套规定已被许多国家采用，有的国家进口危险品时，要求在运输包装上标打该组织规定的危险品标志，否则不准靠岸卸货。因此，在我国出口危险货物的运输包装上，要标打我国和政府间海事协商组织所规定的两套危险品标志。

三、销售包装

商品销售包装又称小包装、零售包装，是以销售为目的，与商品一起出售给消费者的小型包装，销售包装具有识别功能、便利功能、美化功能、想象和联想功能等。

（一）销售包装的种类

目前，国际市场上较为流行的销售包装按照作用可划分为如下几类：

1. 识别商品类

（1）透明包装或开窗包装。透明包装是指商品包装有部分或全部是透明可见的，使消费者能够直观地部分或全部地看到商品的真实面貌，从而在心理上产生一种“眼见为实”的信赖感，增强购买信心。透明包装有全透明的，也有非全透明的。透明包装采用透明的塑料玻璃纸及材料，使内装物品一目了然，既能体现商品的自然美感，又便于顾客识别、选购。开窗包装是指销售包装的某一侧面是开放的，如一些开窗式纸盒包装、纸板式泡罩包装袋等。这类包装形式在国际市场上盛行不衰。

（2）习惯包装。习惯包装指的是采用某类商品包装的习惯造型和装潢，使消费者见到包装即可辨别出商品种类和商品质量等。

2. 陈列展销类

（1）挂式包装。这是指包装上设有吊钩、吊带、挂孔等悬挂结构，以便于悬挂，可以充分利用货架空间的包装方式。

（2）展开式包装。这是一种具有特殊结构的盖盒，当盖盒打开时，盖盒的图案与商品相互映衬，具有良好的烘托效果。

（3）堆叠式包装。凡是堆叠稳定性强的包装都属于此类，如罐、盒等，其优点是便于陈列和摆设。

3. 方便使用和携带类

（1）易开包装。对要求封口严密的销售包装，标有特定的开启部位，易于打开封口，其优点是使用便利，如易拉罐等。

（2）携带式包装。在包装上附有提手装置的为携带式包装，这类包装携带方便，颇受消费者欢迎。

（3）配套包装。对某些需要搭配成交的商品，往往采用配套包装，即将不同品种、不同规格的商品配套装入同一包装。

（4）喷雾包装。流体商品的销售包装，有的带有自动喷出流体的装置，如同喷雾器一样，使用相当便利。

4. 其他类

（1）礼品包装。对某些用来送礼的商品，为了包装外表美观和显示礼品的名贵，往往采用专作送礼用的包装。

（2）复用包装。这种包装除了用作包装出售的商品外，还可用于存放其他商品或供人们观赏，具备多种用途。

（二）销售包装的装潢和文字说明

销售包装的装潢是指对商品销售包装的装饰和美化，使包装的外形、装帧、图案、色彩、文字、商标品牌等要素构成一个艺术整体，起到传递商品信息、表现商品特色、宣传商品、美化商品、促进销售和方便消费等作用。销售包装装潢是直接向现有市场和潜在市场传递信息的工具，是提高商品竞争力的有力手段。包装装潢的基本内容有造型、图案和色彩。

包装装潢的造型要实用、美观、富于变化。还可在包装容器外部与内部附加彩带、花结等，以突出和增强包装造型的艺术效果。需要说明的是，简化原则对装潢的造型尤为重要，这是由大批量生产和包装的实用性所决定的。首先，繁杂的造型不适于大批量生产，不符合经济节约原则，也不便于使用；其次，与现代人的审美情趣有关，简洁明快的造型易于被感知，自然、流畅、有创意的造型是现代人所青睐的。

装潢的图案包括照片、绘画、装饰纹样及浮雕等形式，透明包装和开窗包装中所显示出来的商品实物，也是装潢画面的一个组成部分。图案设计常常运用多种艺术手法，如装饰画、国画、油画、水彩画、卡通画、素描、书法、篆刻、剪纸、雕塑、摄影等，并采用多种艺术技巧，使艺术主题得以淋漓尽致地发挥。

色彩是装潢的艺术语言，是消费者选购商品的视觉向导。色彩能传递各种信息，表达丰富的寓意，唤起人们的美好想象，从而给商品销路带来直接的影响。色彩设计要服从画面主题，要根据商品的性质、特点去表现，尤其要考虑本色、流行色和习惯色的运用。

销售包装的文字说明是装潢表面设计的重要组成部分，它的主要作用是宣传商品、介绍商品，同时在画面中起到装饰作用。文字的构思和设计应根据商品特质和销地特点，尽量做到既形美又达意，语言要简练真实，用词要严谨，文字和译文要准确，字体风格和装饰画面要统一协调，并合理布局。商标和品牌名要设计在画面的主要部位，其他资料文字、说明文字、广告文字等要依主次合理摆布。目前，许多销地国家要求商品包装使用两种或两种以上文字，因此要根据不同国家的特点和要求，合理选用文字，要在书法布局、字的大小、字体选用、疏密关系等方面认真构思，正确抉择。

（三）条形码标志

商品包装上的条形码标志是将表示一定信息的字符代码转换成一组黑白（或彩色）相间的平行线条，按一定的规则排列组合而成的特殊图形符号。为了便于人们识别条形码符号所代表的字符，通常在条形码符号的下部印刷所代表的数字、字母或专用符号。只要借助光电扫描阅读设备即可迅速将条形码代表的诸如商品的生产国别、制造厂商、产地、名称、特性、价格、数量、生产日期等一系列商品信息，准确无误地输入电子计算机，并由计算机自动存储，分类排序、统计、打印或显示出来。这不仅实现了售货、订货的自动化管理，而且通过产、供、销信息系统将销售信息及时提供给生产厂商，实现了供应链之间的一体化管理。

条形码的研究开始于20世纪中期。20世纪50年代，美国就有对铁路车辆采用条形码标志的先例。60年代，美国开始将条形码用于食品零售业。70年代，条形码在北美和西欧相继应用。1973年，美国统一代码委员会（UCC）从若干种条形码方案中选定了IBM公司提出的条形码系统方案，并将它作为北美地区的通用产品代码，简称为UPC条形码，用作食品杂货类商品和超级市场中绝大多数商品的编码。1974年，欧洲12国的制造商和销售商代表成立了欧洲条形码系统筹备委员会，在吸取UPC条形码经验的基础上，开发出了与UPC条形码兼容的欧洲物品编码系统，简称EAN条形码。1977年2月，欧洲物品编码协会（简称EAN）正式成立，该协会于1981年改名为国际物品编码协会，仍简称EAN。现在EAN的会员已遍及全球，EAN条形码是国际通用的商品代码。

我国条形码技术的研究开始于20世纪70年代。20世纪80年代末，条形码技术开始应用于一些领域。1988年12月，中国物品编码中心经国务院同意正式成立，是统一组织、协调、管理全国条形码及物品编码工作的专门机构，负责研究、推广条形码技术，并在全国各地设立了分支机构。1991年4月，中国物品编码中心代表中国加入国际物品编码协会。国际物品编码协会分配给我国的国家代码为690—695。目前，我国已制定了《条码术语》、通用商品条码等国家标准，自行设计出了条形码扫描商店（POS系统）。我国按照国际物品编码协会制定的国际通用规范和2005年国家质量监督检验检疫总局令第76号，推广应用商品条码。任何单位和个人使用商品条码必须经中国物品编码中心核准注册。未经中国物品编码中心核准注册的商品条码，任何单位和个人不得使用。核准注册的商品条码有效期为两年，期满后应参加续展。商品条码的变更同样必须由中国物品编码中心核准。

四、中性包装和定牌

采用中性包装（neutral packing）和定牌生产，是国际贸易中常有的习惯做法，现分别予以介绍。

（一）中性包装

中性包装是指既不标明生产国别、地名和厂商名称，也不标明商标或牌号的包装，也就是说，在出口商品包装的内外，都没有原产地和出口厂商的标记。中性包装包括无牌中性包装和定牌中性包装两种。前者是指包装上既无生产地名和厂商名称，又无商标、牌号；后者是指包装上仅有买方指定的商标或牌号，但无生产地名和出口厂商的名称。

采用中性包装，是为了打破某些进口国家与地区的关税和非关税壁垒以及适应交易的特殊需要（如转口销售等），它是出口国家厂商加强对外竞销和扩大出口的一种手段。我国对国际贸易中的这种习惯做法，也可酌情采用。

（二）定牌

定牌是指卖方按买方要求在其出售的商品或包装上标明买方指定的商标或牌号。

当前，世界许多国家的超级市场、大百货公司和专业商店，对其经营出售的商品，都要在商品上或包装上标有本商店使用的商标或牌号，以扩大本店知名度和显示该商品的身价。许多国家的出口厂商，为了利用买主的经营能力及其商业信誉和牌名声誉，以提高商品售价和扩大销路，也愿意接受定牌生产。

五、合同中的包装条款

在国际贸易中，由于包装条款涉及买卖双方的利益，所以必须在交易磋商时达成一致，并写入合同。包装条款一般包括包装材料、包装方式、包装规格、包装标志和包装费用的分摊等内容。为了订好包装条款，以利于合同的履行，在商订包装条款时，需要注意下列事项：

（一）出口包装要遵循国外对包装的有关规定和惯例

出口包装要遵循国外对包装的有关规定和惯例，比如包装材料和衬垫物的选用。国际植物保护公约组织于2002年制定了国际植物检疫措施标准第15号——《国际贸易中木质包装材料的管理》（ISPM15），目的在于规范国际贸易中货物的木质包装质量，防止农林有害生物随木质包装在世界范围内传播和扩散。WTO各成员国陆续依据ISPM15标准修订本国的进境木质包装检疫法规，所有以有关木质材料为包装（包括装货托板、装货箱、盒子、货垫、木块、垫木等）的货品均受其影响（豁免除外）。国际货物所使用的木质包装材料必须经过加热处理，最低木心温度为56℃，最少需处理30分钟，或以甲基溴熏蒸约16小时。

（二）努力实现包装标准化

包装标准化是指统一包装材料，统一结构形状，统一规格尺寸，统一包装容量，统一包装标志，统一包装方法，统一固定方法。我国应逐步提高包装标准化水平，使出口商品包装标准与国际标准逐步一致。

（三）对包装方式、材料要作出明确的规定

在签订国际货物买卖合同时，应对包装方式、包装材料作出明确的规定，尽量避免使用意思含混不清的文字。对包装方式和材料的规定要明确、具体，如麻袋可分为“新麻袋”或“旧麻袋”，应予以约定，一般不宜采用“海运包装”（seaworthy packing）和“习惯包装”（customary packing）之类的术语。

（四）对包装费用的要求

包装费用一般包括在货价中，不另计收。如果买方要求特殊包装，除非事先明确包装费用包括在货价内，否则超出的包装费用应由买方负责，并应在合同中具体规定包装费用的分摊方式以及支付方式。

（五）要明确运输标志（唛头）由谁决定

根据国际贸易习惯，运输标志一般由卖方决定，可不订入合同，或只注明“卖方标志”，由卖方设计后通知买方。如果买方要求在合同订立后由其指定，则应具体规定指定的最后时限，并订明若到时未收到有关运输标志的通知，卖方可自行解决。

另外，要注意对方国家有关部门对商品销售包装及标签的具体规定和要求，慎重考虑定牌中性包装问题，考虑货物特点和不同运输方式的要求。

关键词

品名；品质；数量；包装；中性包装；运输标志；定牌

知识链接

1. 进口商品品质缺陷争议案评析

2. 进口大豆短重争议案评析

复习与思考

一、单择题

1. 在国际贸易中，造型上有特殊要求或具有色香味方面特征的商品适合(　　)。

A. 凭样品买卖　　B. 凭规格买卖　　C. 凭等级买卖　　D. 凭产地名称买卖

2. 根据《跟单信用证统一惯例》规定，合同中使用“大约”“近似”等约量字眼，可解释为交货数量的增减幅度为(　　)。

A. 不超过5%　　B. 不超过10%　　C. 不超过15%　　D. 由卖方自行决定

3. 我国现行的法定计量单位是(　　)。

A. 公制　　B. 国际单位制　　C. 英制　　D. 美制

4. 包装上仅有买方指定的商标或牌名，但无生产国别的包装方式是(　　)。

A. 无牌中性包装　　B. 定牌中性包装

C. 卖方习惯包装　　D. 惯常方式包装

5. 品质公差条款一般用于(　　)。

A. 制成品交易　　B. 纺织品交易

C. 初级产品交易　　D. 谷物类产品交易

二、多选题

1. 包装标志按其用途，可分为(　　)。

A. 运输标志　　B. 指示性标志　　C. 警告性标志　　D. 识别标志

2. 国际标准化组织推荐的标准运输标志，包括的内容是(　　)。

A. 收货人名称的缩写或简称　　B. 参考号
C. 目的地　　D. 件号

3. 运输包装的主要作用在于(　　)。
A. 保护商品　　B. 便于运输和储存　　C. 促销
D. 美化商品　　E. 防止在装卸过程中发生货损货差

4. 卖方根据买方来样复制样品，寄送买方并经其确认的样品，被称为(　　)。
A. 复样　　B. 回样　　C. 原样
D. 确认样　　E. 对等样品

5. 定牌中性包装包括(　　)。
A. 商品和包装上无商标、牌号
B. 商品和包装上无生产国别
C. 商品和包装上有买方指定的商标、牌号
D. 商标和包装上注明生产国别

三、判断题

1. 在出口凭样品成交业务中，为了争取国外客户，便于达成交易，出口企业应尽量选择质量最好的样品请对方确认并签订合同。(　　)

2. 某外商来电要我方提供大豆，按含油量18%，含水量14%，不完善粒7%，杂质1%的规格订立合同。对此，在一般条件下，我方可以接受。(　　)

3. 中国A公司向《联合国国际货物销售合同公约》缔约国B公司出口大米，合同规定数量为50 000公吨，允许卖方溢短装10%。A公司在装船时共装了58 000公吨，遭到买方拒收。按《公约》的规定，买方有权这样做。(　　)

4. 出口生丝、羊毛，计算重量的方法一般采用净重。(　　)

5. 对于警告性标志，各国一般都有统一规定。我国出口危险品货物除印刷我国的危险品标志外，还应标明国际上规定的危险品标志。(　　)

四、简答题

1. 国际贸易中表示商品品质的方法有哪些?
2. 我国对进出口商品品质有哪些要求?
3. 签订国际货物买卖合同的品质条款应注意哪些问题?
4. 国际贸易中用来说明商品的计量单位的主要方法有哪些?
5. 国际贸易中重量的计算方法有哪些?
6. 国际货物买卖合同中溢短装条款的主要内容是什么?
7. 运输包装分哪些种类?
8. 国际货物买卖合同中包装条款的主要内容和注意事项有哪些?

案例分析

某食品进出口公司向C贸易有限公司出口一笔冻野味，3月8日接到通知行转来的对方开具的信用证，其信用证中有关部分条款规定：

“900 M/Tons of Frozen Pheasant, Male and female, including: 300 M/Tons of A grade, 2.5 kgs. min. per brace, 300 M/Tons of B grade, 2.25 kgs. min. per brace, 300

M/Tons of C grade，2 kgs. min. per brace. Packed in wooden cases. Shipment must be effected in two equal lots by separate vessels. The first lot to be effected not later than April 30，2017. The second lot to be effected not later than May 15，2017.”（900 公吨冻山鸡，雌雄成对，其中包括 A 级 300 公吨，每对重量不低于 2.5 公斤；B 级 300 公吨，每对重量不低于 2.25 公斤；C 级 300 公吨，每对重量不低于 2 公斤。木箱包装。装运必须分等量两批分船装，第一批须于 2017 年 4 月 30 日前装运，第二批须于 2017 年 5 月 15 日前装运。）

食品进出口公司根据上述信用证条款规定中分等量两批分船装的要求和库存情况，决定这样安排分两批装运：

第一批装 450 公吨，其中包括：A 级 140 公吨，B 级 160 公吨，C 级 150 公吨。

第二批也装 450 公吨，其中包括：A 级 160 公吨，B 级 140 公吨，C 级 150 公吨。

食品进出口公司于 4 月 15 日将第一批 450 公吨货物装运完毕，16 日即备齐信用证项下的所有单据对外寄单。但于 28 日接到开证行拒付通知：

“第×号信用证项下单据经审查发现单证不符。我信用证规定必须分等量两批分船装运，但我收到的单据表明你方未按照每批等量分别装运，所以不符合信用证要求。并联系申请人，其亦不同意接受单据，单据暂代保管，听候你方处理意见。”

4 月 28 日，食品进出口公司对开证行的拒付意见，经有关人员研究后决定除向买方 C 贸易有限公司提出外，同时于 4 月 30 日向开证行答复如下：

“你 4 月 28 日关于第×号信用证项下所谓单证不符问题，我们认为，你信用证总货量共 900 公吨，并规定‘装运必须分等量两批分船装’，但我第一批于 4 月 15 日装运了 450 公吨，并计划在下月 15 日前再装运 450 公吨，正好是等量两批分船装，因此我第一批装 450 公吨的单据完全符合你信用证的要求，你行应该接受单据。”

5 月 2 日，食品进出口公司又接到开证行电：

“你 4 月 30 日电悉。关于第×号信用证项下单证不符问题，我行认为虽然你方第一批按 450 公吨装运，但我信用证规定货物分等量两批装运，而且货物数量分有三项，所以分批应包括三项中每一项都必须分等量装运。即你方亦应按我信用证规定第一批装 A 级 150 公吨；B 级 150 公吨；C 级 150 公吨，才符合信用证规定。而你方 A 级装运 140 公吨，B 级装运 160 公吨，所以不符合信用证要求。经我行再三研究，确实无法接受。请速告单据处理的意见。”

5 月 2 日，食品进出口公司也接到买方 C 贸易有限公司来电称：

“关于你 4 月 30 日电对第×号合同项下 900 公吨冻山鸡 A、B 两等级数量未按等量装运的情况，我方再三研究实难接受。我方合同虽然未明确，但信用证规定等量两批分别装运，而且你方又接受了信用证，我方才与用户订按此数量交货。由于你方在本批未按该三种等级规格分别等量装运，即对 A 级少交 10 公吨，我无法向用户交货，用户向我索赔×美元。根据上述情况，你方应负担由此而引起的我方损失。否则我方无法接受你方单据。”

5 月 2 日，食品进出口公司考虑货已到达目的港，对方又不接受单据，货物如继续拖延无人提货，将造成更大的损失。

试问，食品进出口公司最后应如何处理此争议？应吸取什么教训？

实训模块

实训主题：制定品名、品质、数量和包装条款。

实训目的：要求学生通过实训熟悉在国际贸易合同磋商过程中品名、品质、数量和包装条款的订立。

背景材料：

阿里巴巴。

要求学生登录阿里巴巴网站，以出口商身份自行选择一个企业及其商品准备出口。

实训要求：请同学们分组模拟，以出口商身份向进口商报出准备出口的商品的品名、品质、数量和包装条款，所需信息根据阿里巴巴网站提供内容或自己拟定。

第二章 国际贸易术语

本章重点

1. 了解和掌握国际贸易术语的概念及有关国际贸易术语的国际惯例；

2. 了解并掌握《国际贸易术语解释通则 2020》中 11 种贸易术语的含义及使用时应注意的问题。

第一节 贸易术语的含义及相关的国际惯例

一、贸易术语的含义与作用

在国际贸易中，由于买卖双方相距遥远，各自的语言、文化和商业习惯都不尽相同，同时，货物在从卖方向买方移交的过程中涉及运输、保险和仓储等诸多环节，因此增加了交易洽商和合同履行的难度。人们在长期的贸易实践中逐渐探索出一些习惯做法，并且冠以专门的用语来规定所售货物的交货方法，经过归纳、整理并编撰成册，形成了一套国际惯例，从而简化了货物的对外销售。

贸易术语又被称为贸易条件、价格术语，是指用一个简短的概念或三个英文字母来说明商品的价格构成、交货地点、买卖双方风险的划分以及费用和责任归属的专门用语。贸易术语在国际贸易实践中被广泛地使用，极大地促进了国际贸易的发展。具体表现为：简化交易手续，缩短洽商时间，促进交易达成；节省费用开支，有利于核算成本和价格；明确买卖双方的权利和义务，有利于履约中争议的解决。

当买卖双方当事人在合同中确定采用某种贸易术语时，就要求合同中的其他条款都与其适应。因此，在国际贸易中一般都以合同中使用的贸易术语来确定合同的性质，即合同如果使用的是 FOB 术语，则它就被称为 FOB 合同。

贸易术语是在长期的国际贸易实践中产生的，并且随着国际贸易及相关行业的发展而不断地发展，以适应贸易实践的需要。

二、与贸易术语有关的国际惯例

不同国家对贸易术语的不同规定和解释，促生了国际贸易中的矛盾和纠纷。为了解决这些矛盾，促进国际贸易的发展，国际商会等国际组织以及美国一些著名商业团体制定了解释国际贸易术语的规则，这些规则在国际贸易中得到了广泛应用，并成为国际贸易惯例。

有关贸易术语的国际贸易惯例主要有三种，即《1932年华沙-牛津规则》、《1941年美国对外贸易定义修订本》和《国际贸易术语解释通则》。

（一）《1932年华沙-牛津规则》

《1932年华沙-牛津规则》（Warsaw-Oxford Rules 1932）是国际法协会专门为解释CIF合同而制定的。19世纪中叶，CIF贸易术语在国际贸易中得到广泛采用，然而对使用这一术语时买卖双方各自承担的具体义务，并没有统一的规定和解释，容易引起争议，不利于国际贸易的进行。对此，国际法协会于1928年在波兰首都华沙召开会议，制定了关于CIF买卖合同的统一规则，称之为《1928年华沙规则》，共包括22条规则。其后，在1930年的纽约会议、1931年的巴黎会议和1932年的牛津会议上，此规则被修订为21条，并更名为《1932年华沙-牛津规则》，沿用至今。这一规则对于CIF的性质，买卖双方所承担的风险、责任和费用的划分，以及货物所有权转移的方式等问题都作了比较详细的解释。其主要内容包括如下五条：

（1）卖方必须备妥合同规定的货物，自费订立运输合同，在规定的时间、按港口习惯方式将货物装到船上，并用“已装船”提单作为证明。

（2）卖方有责任自付费用向信誉良好的保险商或保险公司投保，取得海运保险单，以作为有效和确实存在的保险合同的证明。

（3）卖方应发送各种单据，并有责任尽快提交给买方。

（4）当被提供正当的单据时，买方有责任接受此种单据，并按买卖合同条款支付货款。买方有权要求检查单据的合理机会和进行检查的合理时间。

（5）风险自卖方将货物装到船上或交给承运人时转移给买方，但所有权转移时间是卖方将有关单据交给买方掌握的时刻。

由于《1932年华沙-牛津规则》仅仅对CIF进行了编纂，在实际应用中，使用的人不多。

（二）《1941年美国对外贸易定义修订本》

《1941年美国对外贸易定义修订本》（Revised American Foreign Trade Definitions 1941）是由美国几个商业团体制定的。它最早于1919年在纽约制定，原称为《美国出口报价及其缩写条例》。1940年美国第27届全国对外贸易会议对该条例作了修订，命名为《1941年美国对外贸易定义修订本》。这一修订本经美国商会、美国进口商协会和全国对外贸易协会所组成的联合委员会通过后，由全国对外贸易协会予以公布。《1941年美国对外贸易定义修订本》中所解释的贸易术语共有6种，分别如下所示。

（1）Ex（point of origin）（产地交货）。

（2）FOB（free on board）（在运输工具上交货）。

（3）FAS（free along side）（在运输工具旁边交货）。

（4）C&F（cost and freight）（成本加运费）。

（5）CIF（cost，insurance and freight）（成本加保险费、运费）。

（6）Ex Dock（named port of importation）（目的港码头交货）。

《1941 年美国对外贸易定义修订本》主要在北美国家采用，由于它对贸易术语的解释，特别是对第（2）种和第（3）种术语的解释与国际商会制定的《国际贸易术语解释通则》有明显的差异，并且其使用范围和术语种类较为有限，目前渐渐出现了被《国际贸易术语解释通则》所取代的趋势。尽管如此，鉴于北美国家长期以来的习惯做法，在同北美国家进行交易时仍应加以注意。

（三）《国际贸易术语解释通则》

国际商会于 1936 年制定了一套解释贸易术语的国际规则，定名为 INCOTERMS（International Commercial Terms）1936，副标题为 International Rules for the Interpretation of Trade Terms，因此翻译为《国际贸易术语解释通则 1936》。在随后的若干年间，为了适应国际贸易实践的不断发展，国际商会于 1953 年、1967 年、1976 年、1980 年、1990 年、2000 年、2010 年和 2020 年分别对该通则进行了八次修订和补充。

20 世纪 50 年代末，西欧与东欧及苏联之间盛行边境交货及进口国目的地交货的贸易实践，国际商会于 1967 年补充了 DAF 和 DDP 两种贸易术语。1976 年针对航空运输货物日益普遍的现象增订的 FOA 术语，使贸易术语的适用范围再次扩大。随着集装箱运输方式的发展，国际商会于 1980 年增订了 FCA 术语，以适应国际多式联运下的门至门交货方式的需要。1990 年修订的《国际贸易术语解释通则 1990》（简称《通则 1990》）中明确规定，在卖方必须提供商业发票或合同可能要求的其他单证时，可提供“相等电子单证”以替代纸质单证。基于无关税区的广泛发展、交易中使用电子信息的增多以及运输方式的变化等情况，《国际贸易术语解释通则 2000》在《通则 1990》的基础上对两个方面做出了实质性改变：一是 FAS 和 DEQ 术语下办理清关手续和缴纳关税的义务，二是 FCA 术语下装货和卸货的义务。考虑到无关税区的不断扩大、商业交易中电子信息使用的增加、货物运输中对安全问题的进一步关注以及运输方式的变化，《国际贸易术语解释通则 2010》（简称《通则 2010》）对各种专业词语作了明确的解释，强调选用的术语要适合货物的性质和运输方式。相比于之前，《通则 2010》将贸易术语缩减为 11 种，并按适用的运输方式划分为两类：一类适合任何运输方式，一类仅适用于海运和内河运输方式。

随着近年来电子商务以及数字化贸易的快速发展，为适应国际贸易实践领域的新变化，国际商会于 2016 年再次发起对《通则 2010》进行修订的动议，并组建了修订小组。历时三年多，征集了国际商界的大量意见和建议，几易其稿，最终版本于 2019 年 9 月面世，并于 2020 年 1 月 1 日起生效，称为《国际贸易术语解释通则 2020》（简称《通则 2020》）。

《通则 2020》对各种贸易术语中买卖双方在货物运输、进出口通关手续办理、费用的支付、运输中产品损失风险的承担等方面的权利与义务进行了更加明确地说明，以便贸易当事人根据实际情况选择更加适宜的贸易术语。对于特定贸易术语在贸易合同中的表示做了明确规定，无须加注货物的商标符号。

与《通则 2010》相比，《通则 2020》除了在引言内容、买卖双方义务表述、“链式销售”和运输工具上做出一定改变外，延续了之前两类的 11 种贸易术语，但对 DAT 和 DAP 两种贸易术语进行了修订：改变两种术语在整个术语中的排序，即卖方卸货交付的 DAT 放在卖方无需卸货交付的 DAP 之后；术语 DAT 修改为 DPU，将目的地“运输终端”改为“任何地方”，成为唯一要求卖方目的地卸货交付的贸易术语。改变后的贸易术语分类为：只适用于海运或内河运和水运的 FAS、FOB、CFR 和 CIF 四种术语；适用于任何一种或多种运输方式的 EXW、FCA、CPT、CIP、DAP、DPU 和 DDP 七种术语。

第二节 适用单一或多种运输方式的贸易术语

一、EXW 术语

（一）EXW 术语的含义

EXW 是 ex works（... named place）的缩写，即工厂交货（……指定地点）。EXW 是指当卖方在其所在地或其他指定的地点将货物交给买方处置时，即完成交货，卖方不办理出口清关手续或将货物装上任何运输工具。EXW 术语适合所有运输方式。

采用 EXW 条件成交时，卖方承担的风险、责任以及费用都是最小的，因而货物价格是最低的。在《通则 2020》中，规定 EXW 交货地点应为商品的产地或所在地，包括工厂、农场、矿山、其他生产地点或仓库，因此合同中应明确指出准确的交货地点。

（二）买卖双方的基本义务

1. 卖方义务

（1）在合同规定的时间、地点，将合同要求的货物置于买方的处置之下。

（2）承担将货物交给买方处置之前的一切风险和费用。

（3）提交商业发票或有同等作用的电子信息。

2. 买方义务

（1）在合同规定的时间、地点，受领货物，并支付货款。

（2）承担受领货物后的一切费用和风险。

（3）自负费用和风险，取得出口许可证和进口许可证或其他官方许可，并负责办理货物的出口和进口所需的一切海关手续。

二、FCA 术语

（一）FCA 术语的含义

FCA 是 free carrier（... named place）的缩写，即货交承运人（……指定地点）。

FCA是指卖方只要将货物在指定的地点交给买方指定的承运人，并办理出口清关手续，即完成交货。承运人是指在运输合同中承诺通过铁路、公路、空运、海运、内河运输或上述运输的联合方式履行运输任务或由他人履行运输任务的任何人。该术语可用于各种运输方式，包括多式联运。

（二）在FCA贸易术语下，买卖双方的义务

1. 卖方义务

（1）办理出口清关手续，在指定地点按约定日期将货物交给买方指定的承运人，并给予买方货物已交付的充分通知。

（2）承担货物交给承运人以前的一切费用和风险。

（3）向买方提供约定的单据或具有同等效力的电子信息。

2. 买方义务

（1）签订从指定地点承运货物的合同，支付有关的运费，并将承运人名称及有关情况及时通知卖方。

（2）根据买卖合同的规定受领货物并支付货款。

（3）承担受领货物之后所发生的一切费用和风险。

（4）自负风险和费用，取得进口许可证或其他官方证件，并且办理货物进口所需的海关手续。

（三）采用FCA术语时应注意的问题

1. 关于承运人接货地点的问题

在FCA条件下，通常是由买方安排承运人，与其订立运输合同，并将承运人的情况通知给卖方。该承运人可以是拥有运输工具的实际承运人，也可以是运输代理人或其他人。《通则2020》规定卖方在约定地点交货使用“管装不管运、管运不管卸”的原则。如果双方约定的交货地点在卖方所在地，卖方负责把货物装上买方安排的承运人所提供的运输工具即可；如果交货地点是在卖方所在地以外的其他地方，当货物在卖方的运输工具上，尚未卸货交给买方处置时，即完成了交货义务。如果在约定地点没有明确具体的交货点，或者有几个交货点可供选择，卖方可以从中选择最适宜完成交货义务的交货点。

2. FCA条件下风险转移的问题

当采用FCA术语成交时，买卖双方的风险划分是以货交承运人为界的。FCA与F组其他术语一样，通常情况下由买方负责订立运输契约，并将承运人名称及有关事项及时通知给卖方，卖方才能如约完成交货义务，并实现风险的转移。而如果买方未能及时给予卖方上述通知，或者他所指定的承运人在约定的时间未能接受货物，根据《通则2020》的解释，自规定的交付货物的约定日期或期限届满之日起，由买方承担货物灭失或损坏的一切风险，但以货物被划归在本合同项下为前提条件，即必须经过特定化，可辨认其为买卖合同项下的标的物时，风险才能转移。

3. 关于责任和费用的划分问题

FCA适用于包括多式联运在内的各种运输方式，卖方交货的地点也因采用的运输方

式不同而异。不论在何处交货，根据《通则 2020》的解释，卖方都要自负风险和费用，取得出口许可证或其他官方批准证件，并办理货物出口所需的一切海关手续。这一规定对一些在出口国的内地口岸就地交货和交单结汇的做法是十分适宜的。

按照 FCA 术语成交，一般是由买方自行订立从指定地点承运货物的合同，但是，如果买方有要求，并在由买方承担风险和费用的情况下，卖方也可以代替买方指定承运人并订立运输合同。当然，卖方也可以拒绝订立运输合同，如果拒绝，应立即通知买方，以便买方另行安排。

在 FCA 条件下，买卖双方承担的费用一般也以货交承运人为界进行划分，即卖方负担货物交给承运人控制之前的有关费用，买方负担货交承运人之后的各项费用。但是，在一些特殊情况下，买方委托卖方代办一些本属自己义务范围内的事项所产生的费用，以及买方的过失所导致的额外费用，均应由买方负担。

三、CPT 术语

（一）CPT 术语的含义

CPT 是 carriage paid to（… named place of destination）的缩写，即运费付至（……指定目的地）。CPT 是指卖方向其指定的承运人交货，并需支付将货物运至目的地的运费，而买方承担交货之后的一切风险和其他费用。该术语可适用于各种运输方式，包括多式联运。

（二）买卖双方的基本义务

1. 卖方义务

（1）必须订立将货物运往指定目的地的运输合同，并支付通常运费，按期将货物交给承运人，并向买方发出货物已交付的充分通知。

（2）自费承担风险和费用，取得出口许可证或其他官方文件，并办理货物出口所需的一切海关手续。

（3）承担货物交付承运人以前的一切费用和货物丢失与损坏的一切风险。

（4）向买方提交约定的单据或具有同等效力的电子信息。

2. 买方义务

（1）支付除通常运费之外的有关货物在运输途中产生的各种费用和卸货费。

（2）办理保险并支付保险费。自费承担风险和费用，取得进口许可证或其他官方文件，办理货物进口所需的一切手续。

（3）自卖方交付货物时起，承担货物丢失和损坏的一切风险。

（4）在目的地从承运人那里受领货物，并按合同规定受领单据和支付货款。

（三）采用 CPT 术语时应注意的问题

1. 风险划分的界限问题

按照 CPT 术语成交，虽然卖方要负责订立从起运地到指定目的地的运输契约，并支付运费，但是卖方承担的风险并没有延伸至目的地。按照《通则 2020》的解释，货物自交货地点至目的地的运输途中的风险由买方而不是卖方承担，卖方只承担货物交给承运人控制之前的风险。在多式联运情况下，卖方承担的风险自货物交给第一承运人控制时即转移给买方。

2. 责任和费用的划分问题

采用CPT术语时，买卖双方要在合同中规定装运期和目的地，以便卖方选定承运人，自费订立运输合同，将货物运往指定的目的地。卖方将货物交给承运人之后，应向买方发出货已交付的通知，以便买方在目的地受领货物。如果双方未能确定目的地买方受领货物的具体地点，卖方可以在目的地选择最适合其要求的地点。

按CPT术语成交，卖方只承担从交货地点到指定目的地的正常运费。正常运费之外的其他有关费用，一般由买方负担。货物的装卸费可以包括在运费中，统一由卖方负担，也可以由双方在合同中另行规定。

四、CIP术语

（一）CIP术语的含义

CIP是carriage and insurance paid to（… named place of destination）的缩写，即运费、保险费付至（……指定目的地）。

该术语是指卖方向其指定的承运人交货，并需支付将货物运至目的地的运费，办理买方货物在运输途中丢失或损坏风险的保险和支付保险费；而买方承担卖方交货之后的一切风险和额外费用。该术语适用于各种运输方式，包括多式联运。

（二）买卖双方的基本义务

1. 卖方的基本义务

（1）订立将货物运往指定目的地的运输合同，并支付有关运费。

（2）在合同规定的时间、地点，将合同规定的货物置于承运人的控制之下，并及时通知买方。

（3）承担将货物交给承运人控制之前的风险。

（4）按照买卖合同的约定，自负费用投保货物运输险。

（5）自负风险和费用，取得出口许可证或其他官方批准证件，并办理货物出口所需的一切海关手续，支付关税及其他有关费用。

（6）提交商业发票和在约定目的地提货所需的通常的运输单据或具有同等作用的电子信息，并且自费向买方提供保险单据。

2. 买方的基本义务

（1）自卖方交付货物时起，承担货物灭失和损坏的一切风险。

（2）支付除通常运费之外的有关货物在运输途中所产生的各项费用和卸货费。

（3）在目的地从承运人那里受领货物，并按合同规定受领单据和支付货款。

（三）使用CIP应注意的事项

由于CIP贸易术语作为多式联运术语多用于制成品交易，因此《通则2020》将《通则2010》中卖方有义务为买方投保相当于货物保险C条款的水平，改为需要投保协会货物保险条款A条款，即我国海洋运输货物保险中一切险的水平。如合同未约定险别，卖方也应按惯例投保最低限度的险别。保险金额一般在合同价格的基础上加成10%，如有可能，卖方应按合同货币投保。按CIP条件成交，是否加保战争、罢工、暴乱及民变险，由买方决定，卖方并无加保此险的义务。但若买方要求加保，卖方应予以办理。不过，加保此险的费用，如事先未约定，应由买方另行负担。

五、DAP术语

1. DAP术语的含义

DAP是delivered at place的缩写，意指目的地交货。当卖方在指定目的地将还在运抵运输工具上可供卸载的货物交由买方处置时，即为交货。术语中所指的运抵运输工具不仅指卡车和火车，还包括船舶；目的地还包括港口。按照该术语，卖方应承担将货物运至指定目的地的一切风险和费用（进口费用除外），无需卸货，即完成交货义务。该术语适用于任何运输方式以及多式联运方式。

2. 卖方的基本义务

（1）提供符合合同约定的货物和商业发票，以及合同可能要求的其他与合同相符的证据。

（2）自负费用和承担风险，办理出口通关手续。

（3）自负费用签订运输合同，将货物运至指定目的地或指定目的地的约定地点。

（4）在约定的日期，将货物放在已抵达的运输工具上，准备好在约定目的地的约定地点卸货，听由买方处置。

（5）承担交货之前的货物灭失和损坏的风险。

（6）发出通知，以便买方采取收取货物通常所需要的措施。

3. 买方的基本义务

（1）接受卖方提供的单据，在指定目的地的约定地点接收货物，并支付货款。

（2）自负费用和承担风险，办理进口通关手续。

（3）承担自交货后货物灭失和损坏的一切风险。

（4）当有权决定收取货物时，向卖方发出充分通知。

（5）承担卸货费用。

使用该术语时，由于卖方承担在指定地点交货前的风险，买卖双方应尽量清楚地订明指定目的地的交货点，而由于卖方安排运输，因此运输合同要与所选择的运输方式吻合。

六、DPU术语

1. DPU术语的含义

DPU是delivered at place unloaded的缩写，意指目的地卸货后交货，指卖方在指定的目的地卸货后将货物交给买方处置即完成交货。按此术语，卖方应负责将货物运至指定目的地的指定交货点，从到达的运输工具上将货物卸载，并承担一切风险和费用（进口费用除外）。本术语适用于任何运输方式或多式联运。

2. 卖方的基本义务

（1）给予买方充分的通知，提供符合合同约定的货物和商业发票，以及合同可能要求的其他与合同相符的单据。

（2）自负费用和承担风险，办理出口通关手续。

（3）自负费用签订运输合同，将货物运至目的地指定交货点。

（4）在约定的日期，在指定的目的地交货点，从抵达的运输工具上将货物卸下交给买方处置。

（5）承担交货之前的货物灭失和损坏的风险。

（6）承担卸货费用。

3. 买方的基本义务

（1）接受卖方提供的单据，在指定目的地交货点接收货物，并支付货款。

（2）自负费用和承担风险，办理进口通关手续。

（3）承担自交货后货物灭失和损坏的一切风险。

使用该术语时，由于卸货地点改为任何地点，因此买卖双方应事前达成一致，对卸货地点进行详细描述。与 DAP 术语相比，两者的区别就是卸货费用承担者不同，即 DPU 术语下卸货费用由卖方承担，DAP 术语下卸货费用由买方承担。同时，由于 DPU 术语下买卖双方均没有订立货物保险的义务，因此如果一方提出愿意承担风险和费用，则另一方要满足要求，协助办理货物保险。

七、DDP 术语

（一）DDP 术语的含义

DDP 是 delivered duty paid（… named place of destination）的缩写，即完税后交货（……指定目的地）。它是指卖方在指定的目的地，将在运输工具上尚未卸下的货物交给买方，承担将货物运至目的地的一切风险和费用，办理进口清关手续，交纳进口税费，即完成交货义务。办理进口清关手续时，卖方也可要求买方予以协助，但费用和风险仍由卖方负担。如果双方当事人希望将进口时所要支付的一些费用（如增值税）从卖方的义务中排除，应在合同中订明。DDP 术语适用于所有运输方式。

（二）买卖双方的基本义务

1. 卖方义务

（1）订立将货物按惯常路线和习惯方式运往指定目的地的运输合同，并支付有关运费。

（2）在合同规定的时间、地点，将合同规定的货物置于买方的处置之下。

（3）承担在指定目的地的约定地点将货物置于买方的处置下之前的风险和费用。

（4）自负风险和费用，取得出口和进口许可证及其他官方批准证件，并且办理货物出口和进口所需的海关手续，支付关税及其他有关费用。

（5）提交商业发票，自负费用提交提货单或买方为提取货物所需的通常的运输单证，或具有同等作用的电子信息。

2. 买方义务

（1）接受卖方提供的有关单据，在目的地约定地点受领货物，并按合同规定支付货款。

（2）承担在目的地约定地点受领货物之后的风险和费用。

（3）根据卖方的请求，并在由卖方负担风险和费用的情况下，给予卖方一切协助，使其取得货物进口所需的进口许可证或其他官方批准证件。

该术语为卖方承担责任、费用和风险最大的一种术语，属于实际交货。如果卖方不能直接或间接地取得进口许可证，则不应使用DDP术语。

第三节 适合海运及内河运输的贸易术语

一、FAS术语

（一）FAS术语的含义

FAS是free alongside ship（... named port of shipment）的缩写，意为装运港船边交货（……指定地点）。它是指卖方在指定的装运港将货物交到船边，就算完成了交货义务。买方必须承担自那时起货物灭失或损坏的一切风险和费用。

FAS术语仅适用于海运和内河运输。使用该术语与美国进行贸易时应注意：美国认为FAS是free alongside的代表，意为将货物交到各种运输工具旁边，故而含义较广。为此，只有在FAS后面加上"vessel"字样，例如FAS（vessel）Seattle，才能表示在西雅图港船边交货，对此应多加注意。

（二）在FAS贸易术语下，买卖双方的义务

1. 卖方义务

（1）必须在买方指定的装运港、装运地点，在约定的日期，按照该港习惯方式将货物交到买方指定的船边。

（2）承担将货物交至船边为止的一切风险和费用。

（3）自担风险和费用，取得任何出口许可证或其他官方许可，并办理货物的出口清关手续。

（4）提交商品发票，以及证明完成交货义务的单据或有同等作用的电子信息。

2. 买方义务

（1）自负费用订立运输合同并支付运费，并将船名、装货地点和要求交货时间及时通知给卖方。

（2）在船边按照合同规定的时间、地点受领货物，并按合同规定支付货款。

（3）承担受领货物之后的一切风险和费用。

（4）自担风险和费用，取得任何进口许可证或其他官方许可，办理货物的进口和从

他国过境所需的一切海关手续。

二、FOB术语

（一）FOB术语的含义

FOB是free on board（…named port of shipment）的缩写，即船上交货（……指定装运港），习惯称为装运港船上交货。FOB是国际贸易中常用的贸易术语之一。按此术语成交，由买方负责派船接运货物，卖方应在合同规定的装运港和规定的期限内，将货物装上买方指派的船只，并及时通知买方。货物在装船完毕后，风险即由卖方转移至买方。该术语只适用于海运和内河运输。

（二）买卖双方的基本义务

采用FOB术语时，买卖双方各自承担的基本义务概括如下：

1. 卖方义务

（1）在合同规定的时间和装运港口，将合同规定的货物交到买方指派的船上，并及时通知买方。

（2）承担货物至在装运港装上船为止的一切费用和风险。

（3）自负风险和费用，取得出口许可证或其他官方批准证件，并且办理货物出口所需的一切海关手续。

（4）提交商业发票和自费提供证明卖方已按规定交货的清洁单据，或具有同等作用的电子信息。

2. 买方义务

（1）订立从指定装运港口运输货物的合同，支付运费，并将船名、装货地点和要求交货的时间及时通知卖方。

（2）根据买卖合同的规定受领货物并支付货款。

（3）承担货物在指定装运港装上船之后所发生的一切费用和风险。

（4）自负风险和费用，取得进口许可证或其他官方证件，并办理货物进口所需的海关手续。

（三）使用FOB术语时应注意的问题

1. 关于船货衔接问题

按照FOB术语成交的合同属于装运合同，这类合同中卖方的一项基本义务是按照规定的时间和地点完成装运。然而由于在FOB条件下是由买方负责安排运输工具，即租船订舱，所以，这就存在一个船货衔接的问题。如果处理不当，自然会影响合同的顺利执行。根据有关法律和惯例，如果买方未能按时派船，包括未经对方同意提前将船派到和延迟派到装运港，卖方都有权拒绝交货，而且由此产生的各种损失由买方负担。如果买方指派的船只按时到达装运港，而卖方却未能备妥货物，那么，由此产生的上述费用则由卖方承担。有时双方按FOB价格成交，而后来买方又委托卖方办理租船订舱，卖方也可酌情接受。但这属于代办性质，其风险和费用仍由买方承担，就是说运费和手续费由买方支付，而且如果卖方租不到船，也无需承担责任，买方无权撤销合同或索赔。总之，按 FOB 术语成交，对于装运期和装运港要慎重规定，签约之后，有关备货和派船事宜，也要加强联系，密切配合，以保证船货衔接。

2. 个别国家对 FOB 的不同解释

以上有关 FOB 的解释都是根据国际商会的《通则 2020》作出的，然而，不同的国家和不同的惯例对 FOB 的解释并不完全统一。它们之间的差异在交货的地点及卖方承担的责任义务等方面的规定上都可体现出来。

如北美国家普遍采用的《1941 年美国对外贸易定义修订本》，将 FOB 概括为六种，其中前三种是在出口国内陆指定地点的内陆运输工具上交货，第四种是在出口地点的内陆运输工具上交货，第五种是在装运港船上交货，第六种是在进口国内陆指定地点交货。上述第四种和第五种 FOB 在使用时应加以注意，因为这两种术语在交货地点上有可能相同，如都是在旧金山交货，如果买方要求在装运港口的船上交货，则应在 FOB 和港名之间加上“vessel”字样，变成“FOB（vessel）San Francisco”，否则，卖方有可能按第四种情况在旧金山的内陆运输工具上交货。

另外，不同的解释在办理出口手续问题上也存在分歧。按照《通则 2020》的解释，在 FOB 条件下，卖方必须自负风险及费用，取得出口许可证或其他官方批准证件，并办理货物出口所必需的一切海关手续。但是，按照《1941 年美国对外贸易定义修订本》的解释，卖方只是在买方请求并由买方负担费用的情况下，协助买方取得由原产地及（或）装运地国家签发的，为货物出口或在目的地进口所需的各种证件。

鉴于上述情况，在我国与美国、加拿大等国家之间的进出口业务采用 FOB 成交时，应对有关问题在合同中具体订明，以免由此发生纠纷。

3. FOB 术语变形

《通则 2020》没有对货物装船费用划分做出明确规定，买卖双方应在合同中对该费用的承担做出明确规定，以免产生贸易纠纷。在实践中产生了五种 FOB 术语的变形，以此规定货物装船费用由哪方来承担。具体为：

（1）FOB liner terms（FOB 班轮条件）：是指按照班轮的做法处理装船费用，即由船方或买方承担，卖方不负担装船的有关费用。

（2）FOB under tackle（FOB 吊钩下交货）：指卖方承担将货物交到买方指定船只的吊钩所及之处的费用，而吊装入舱以及其他各项费用均由买方负担。

（3）FOB stowed（FB 理舱费在内）：是指卖方负责将货物装入船舱并承担包括理舱费在内的装船费用。理舱费是指货物入舱后进行安置和整理的费用。

（4）FOB trimmed（FOB 平舱费在内）：是指卖方负责将货物装入船舱并承担包括平舱费在内的装船费用。平舱费是指对装入船舱的散装货物进行平整所需的费用。

（5）FOB stowed and trimmed（FOBST）：是指卖方承担包括理舱费和平舱费在内的装船费用。

三、CFR 术语

（一）CFR 术语的含义

CFR 是 cost and freight（… named port of destination）的缩写，意为成本加运费

(……指定目的港)。

采用这种贸易术语成交，卖方要在合同规定的装运港和规定的期限内，将货物装上船，并及时通知买方。货物在完成装船后，风险即由卖方转移至买方。除此之外，卖方要自负风险和费用，取得出口许可证或其他官方证件，并负责办理货物出口手续。以上与FOB条件下卖方承担的义务是相同的。不同的是，在CFR条件下，与船方订立运输契约的责任和费用改由卖方承担。卖方要负责租船订舱，支付到指定目的港的运费，包括装船费用以及班轮公司可能在订约时收取的卸货费用。但从装运港至目的港的货运保险，仍由买方负责办理，保险费由买方负担。该术语仅适用于海运和内河运输。

（二）买卖双方的基本义务

采用CFR术语时，买卖双方各自承担的基本义务概括如下：

1. 卖方的基本义务

（1）提供合同规定的货物，负责租船订舱和支付运费，按时在装运港装船，并于装船后向买方发出已装船的充分通知。

（2）办理出口结关手续以及自负在装运港将货物交至船上的费用和风险。

（3）按合同规定提供有关单证或同等的电子信息。

2. 买方的基本义务

（1）承担货物在装船后灭失或损坏的风险，以及货物装船后发生事故所引起的额外费用。

（2）在合同规定的目的港受领货物，并办理进口结关手续。

（3）受领卖方提供的各项单证，并按合同规定支付货款。

（三）采用CFR术语时应注意的问题

1. 关于卖方的装运义务

采用CFR贸易术语成交时，卖方要承担将货物由装运港运往目的港的义务。为了保证能按时完成在装运港交货的义务，卖方应根据货源和船源的实际情况合理地规定装运期。装运期一经确定，卖方就应及时租船订舱和备货，并按规定的期限发运货物。按照《联合国国际货物销售合同公约》的规定，卖方延迟装运或者提前装运都是违反合同的行为，需要承担违约的责任。买方有权根据具体情况拒收货物或提出索赔。

2. 装船通知的重要作用

按照CFR条件达成的交易，卖方应特别注意装船通知的履行。卖方在货物装船后必须及时向买方发出装船通知，以便买方办理投保手续。如果货物在运输途中遭受损坏或灭失，由于卖方未发出装船通知而使买方漏保，那么卖方要承担由此而产生的责任。由此可见，尽管在FOB贸易术语条件下，卖方装船后也应向买方发出通知，但CFR条件下的装船通知，具有更为重要的意义。

3. 关于卸货费用的负担问题

在CFR术语中，通常装船费用由卖方承担，卸货费用由买方承担，但买卖双方可以在合同中对卸货费用负担问题做出各种不同的规定，由此衍生出CFR的各种变形，它们主要有：

（1）CFR liner terms（CFR 班轮条件）。它是指卸货费用按照班轮的做法来计量，就是说，买方不负担卸货费，而由卖方或船方负担。

（2）CFR landed（CFR 卸至岸上）。它是指由卖方承担将货物卸到码头上的各项有关费用，包括驳船费和码头费。

（3）CFR ex tackle（CFR 吊钩下交接）。这一变形是指卖方负责将货物从船舱吊起卸到船舶吊钩所及之处（码头上或驳船上）的费用。在船舶不能靠岸的情况下，租用驳船的费用和货物从驳船卸至岸上的费用，概由买方负担。

（4）CFR ex ship's hold（舱底交接）。它指货物运达目的港后，自船舱底起吊直至卸到码头的费用，均由买方负担。

CFR 的变形也只是为了说明卸货费用的负担问题，其本身并不改变 CFR 的交货地点和风险划分的界限。

4. CPT 与 CFR 的异同点

CPT 与 CFR 有许多相似之处，按这两种术语成交，卖方承担的风险都是在交货地点随着交货义务的完成而转移，卖方都要负责安排自交货地至目的地的运输事项，并承担其费用。另外，按这两种术语订立的合同，都属于装运合同，卖方只需保证按时交货，而无须保证按时到货。

CPT 与 CFR 的主要区别在于适用的运输方式不同，交货地点和风险划分界限也不相同。CFR 适用于水上运输方式，交货地点在装运港，风险划分以装上船为界；CPT 适用于各种运输方式，交货地点因运输方式的不同而由双方约定，风险划分以货交承运人为界。除此之外，两者在卖方承担的责任、费用以及需提交的单据等方面也有区别。

四、CIF 术语

（一）CIF 术语的含义

CIF 是 cost，insurance and freight（… named port of destination）的缩写，即成本加保险费、运费（……指定目的港）。它是指在装运港将货物装到船上时卖方即完成交货，卖方须支付将货物运至目的港所需的运费和保险费，但交货后货物灭失或损坏的风险及由各种事件造成的额外费用由买方承担。CIF、CFR 和 FOB 同为装运港交货的贸易术语，也是国际贸易中常用的三种贸易术语。它们均适用于水上运输方式。

在业务上，过去常称 CIF 为“到岸价”，此提法非常容易令人误解。按 CIF 条件成交时，卖方仍是在装运港完成交货，卖方承担的风险，是指在装运港货物装船结束以前的风险。而装船以后的风险由买方承担；货物装船后产生的除运费、保险费以外的费用，也要由买方承担。CIF 条件下的卖方，只要提交了约定的单据，就算完成了交货义务，并不保证把货物按时送到对方港口。

（二）买卖双方的基本义务

采用 CIF 术语时，买卖双方各自承担的基本义务概括如下：

1. 卖方义务

（1）签订从指定装运港承运货物的合同；在合同规定的时间和港口，将合同要求的货物装上船并支付至目的港的运费；装船后需及时通知买方。

（2）承担货物在装运港结束装船之前的一切费用和风险。

（3）按照买卖合同的约定，自负费用办理水上运输保险。

（4）自负风险和费用，取得出口许可证或其他官方批准证件，并办理货物出口所需的一切海关手续。

（5）提交商业发票和在目的港提货所用的通常的运输单据或具有同等作用的电子信息，并且自费向买方提供保险单据。

2. 买方义务

（1）接受卖方提供的有关单据，受领货物，并按合同规定支付货款。

（2）承担货物在装运港装船之后的一切风险，以及除运费和保险费以外的费用。

（3）自负风险和费用，取得进口许可证或其他官方证件，并且办理货物进口所需的海关手续。

（三）使用 CIF 术语应注意的问题

1. 关于险别的问题

按 CIF 术语成交，一般在签订买卖合同时，在合同的保险条款中，要明确规定险别、保险金额等内容，这样，卖方就应按照合同的规定办理投保。但如果合同中未能就险别等问题做出具体规定，按照《通则 2020》对 CIF 的解释，卖方只需投保最低的险别，但在买方要求时，并在由买方承担费用的情况下，可加保战争、罢工、暴乱和民变险等。

2. 关于租船订舱问题

采用 CIF 术语成交，卖方的基本义务之一是租船订舱，办理从装运港至目的港的运输事宜。《通则 2020》的解释是，卖方按照通常条件自行负担费用订立运输合同，将货物按惯常路线用通常类型可供装载该合同货物的海上航行船只（或适当的内河运输船只）装运至指定目的港。如果没有相关的约定，卖方只负责按通常条件和惯驶航线，租用适当船舶将货物运往目的港。因此，对于在业务中有时买方提出的关于限制船舶的国籍、船型、船龄、船级以及指定装载某班轮公司的船只等要求，卖方均有权拒绝接受。但卖方也可放弃这一权利，根据具体情况给予通融。就是说，对于买方提出的上述要求，如果卖方能办到又不会增加额外开支，也可以接受。一旦在合同中做出明确规定，卖方就必须严格照办。

3. 关于象征性交货问题

从交货方式来看，CIF 是一种典型的象征性交货方式（symbolic delivery）。所谓象征性交货是针对实际交货（physical delivery）而言的，前者指卖方只要按期在约定地点完成装运，并向买方提交合同规定的包括物权凭证在内的有关单证，就算完成了交货义务，而无须保证到货；后者则是指卖方要在规定的时间和地点，将符合合同规定的货物提交给买方或其指定人，而不能以交单代替交货。

可见，在象征性交货方式下，卖方是凭单交货，买方是凭单付款。只要卖方如期向买方提交了合同规定的全套合格单据（名称、内容和份数相符的单据），即使货物在运输途中损坏或灭失，买方也必须履行付款义务。反之，如果卖方提交的单据不符合要求，即使货物完好无损地运达目的地，买方仍有权拒绝付款。

但是，必须指出，按 CIF 术语成交，卖方履行其交单义务，只是得到买方付款的前提条件，除此之外，卖方还必须履行交货义务。如果卖方提交的货物不符合要求，买方即使已经付款，仍然可以根据合同的规定向卖方提出索赔。

4. 关于卸货费用的问题

采用 CIF 价格术语时，为了明确目的港的卸货费用承担问题，通常采用 CIF 的变形加以明确。

(1) CIF liner terms（CIF 班轮条件）。这一变形是指卸货费用按照班轮的做法来计算，即买方不负担卸货费，而由卖方或船方负担。

(2) CIF landed（CIF 卸至码头）。这一变形是指由卖方承担将货物卸至码头上的各项有关费用，包括驳船费和码头费。

(3) CIF ex tackle（CIF 吊钩下交接）。这一变形是指卖方负责将货物从船舱吊起卸到船舶吊钩所及之处（码头上或驳船上）的费用。在船舶不能靠岸的情况下，租用驳船的费用和货物从驳船卸至岸上的费用，概由买方负担。

(4) CIF ex ship's hold（CIF 舱底交接）。按此条件成交，货物运达目的港在船上办理交接后，自船舱底起吊直至卸到码头的卸货费用，均由买方负担。

贸易术语的变形是为了解决装卸费用的负担问题而产生的，这些变形通常不会影响风险划分。

现将《通则 2020》中的 11 种贸易术语列表作归纳对比，如表 2-1 所示。

表 2-1 《通则 2020》中 11 种贸易术语比较

贸易术语	交货地点	风险转移	出口报关的责任、费用由谁负担	进口报关的责任、费用由谁负担	适用的运输方式
EXW	商品产地、所在地	买方处置货物后	买方	买方	任何方式
FCA	出口国内地、港口	承运人处置货物后	卖方	买方	任何方式
CPT	出口国内地、港口	承运人处置货物后	卖方	买方	任何方式
CIP	出口国内地、港口	承运人处置货物后	卖方	买方	任何方式
DAP	指定目的地	买方收货后	卖方	买方	任何方式
DPU	指定目的地交货点	指定目的地交货点	卖方	买方	任何方式
DDP	进口国内	买方收货后	卖方	卖方	任何方式
FAS	装运港口	货交船边后	卖方	买方	水上运输
FOB	装运港口	货物装上船为止	卖方	买方	水上运输
CFR	装运港口	货物装上船为止	卖方	买方	水上运输
CIF	装运港口	货物装上船为止	卖方	买方	水上运输

5. 关于 CIP 与 CIF 差异的问题

上述解释表明，CIP 等于 CPT 加保险费，或者等于 FCA 加运费和保险费。CIP 与 CIF 这两种术语有许多相似之处，如在其价格构成因素中，都包括通常的运费和约定的保险费，故卖方都应担负安排运输、保险的责任并支付有关费用。按这两种术语成交都属于装运地交货，其合同性质都为装运合同，故货物的在途风险均由买方承担。这两种术语的不同之处主要在于适用范围，CIF仅适用于水上运输方式，而CIP适用于任何运输方式，其中包括多式联运。

第四节 贸易术语的选择和应用

在国际贸易中，贸易术语是确定合同性质、决定交货条件的重要因素，采用何种贸易术语，关系到双方的切身利益，合理地选用贸易术语，对于促成交易、提高经济效益和顺利履行合同也有着十分重要的意义。在国际贸易中，选择贸易术语应考虑以下几个因素。

一、买卖合同性质

在国际货物买卖合同中，一般需要采用明确的贸易术语，以明确买卖双方交接货物的方式和条件，明确双方在货物交接过程中各自应承担的责任、费用和风险，从而划分双方的权利和义务，并说明合同的性质。因此，贸易术语是确定买卖合同性质的一个重要因素。在实际业务中，通常以术语的名称来命名合同，如按FOB成交的合同被称作"FOB合同"。通常贸易术语的性质应与买卖合同的性质及其条款保持一致，不应有矛盾。

二、运输方式

不同的贸易术语适用不同的运输方式，买卖双方在选用贸易术语时，应根据自身的实际需要和是否具有足够的运输能力来考虑。

一般在国际贸易中使用较多的贸易术语是装运港交货的三种术语，即FOB、CFR和CIF，但它们只适用于海洋运输和内河运输，此外还有FAS也只适用于海洋运输和内河运输。而其他贸易术语，则适用于所有运输方式。随着集装箱运输和多式联运的发展，FCA、CPT和CIP术语的使用增加。即使是海洋运输，在集装箱方式或多式联运方式下，出口商在货交承运人后即失去对货物的控制。因此作为出口商，应尽量采用FCA、CPT、CIP术语成交，其好处在于提早转移风险；提前取得运输单据；早日结汇，加快资金周转。

三、运费和保费

各种贸易术语的价格构成各不相同，运费和保费构成价格的一部分，因此在选用贸易术语时，应考虑运费和保费的因素。在我国对外贸易中，一般来讲，进口贸易大多选用FOB或FCA术语成交；在出口贸易中力争选用CIF或CIP术语成交。这样的选择能够使我方在进出口业务中办理运输和保险，有利于增加外汇收入和节省外汇支出，有利于我国远洋运输业和保险业的发展。另外从风险角度来看，这样能有效防止对方与船方勾结，使我方蒙受不应有的损失。同时，也要考虑安排运输是否有困难和经济上是否合算，例如，在成交量太小，又无班轮通航以及运费看涨等情况下，负责安排运输的一方势必会增加运输成本，故选用贸易术语时也应予以考虑。

当然，如对方国家规定进口贸易必须在本国投保，或买方为取得保险费的优惠要求自办保险，我方可同意按 CFR 或 CPT 方式出口；又如大宗商品出口中，国外买方为取得较低运费要求自办运输，我方也可按 FOB 或 FCA 方式与之成交。

四、收汇方式

采用不同的收汇方式，卖方的风险不同，其中汇款和托收等商业信用的收汇方式风险较大。在采用商业信用收款时，应采用由我方办理保险的贸易术语。这样，一旦货物在运输途中遇险，且买方拒绝付款，我方可以向保险公司索赔，否则索赔也会遇到困难。

五、结关手续

在国际贸易中，一些国家对进出口货物清关手续有明确的限制，买卖双方在洽商交易前，必须在充分了解有关国家的相关规定的前提下，考虑选用适当的贸易术语。例如，对于进出口货物的结关手续，有些国家规定只能由结关所在国的当事人安排或代为办理，有些国家则无此项限制。因此，若某出口国政府规定，买方不能直接或间接办理出口结关手续，则不宜按 EXW 条件成交，而应选用 FCA 条件成交；若进口国当局规定，卖方不能直接或间接办理进口结关手续，此时则不宜采用 DDP，而应选用其他术语成交。

正如整个国际买卖合同都是双方自主意愿的表示，在决定使用何种贸易术语时，也要考虑双方自愿的原则，考虑传统习惯，本着平等互利的精神，从方便贸易和促进成交的角度出发，尽可能进行充分的磋商，使彼此达成一致意见，并在合同中具体订明，而不能强加于人，这样才有利于发展双方经贸关系。

关键词

国际贸易术语；国际贸易惯例；《国际贸易术语解释通则》

复习与思考

一、单项选择题

1.《1932 年华沙-牛津规则》，是专门解释(　　)术语的国际惯例。

A. CFR　　B. FOB　　C. CIF　　D. EXW

2.《1941 年美国对外贸易定义修订本》的主要适用范围为(　　)。

A. 亚洲　　B. 欧洲　　C. 北美洲　　D. 全球

3.《通则 2020》中贸易术语有(　　)。

A. 9 种　　B. 13 种　　C. 11 种　　D. 12 种

4. 按照《通则 2020》，如果采用 CIF 术语成交，则买卖双方风险转移的界限为(　　)。

A. 货物越过船舷　　B. 装运港船上

C. 货物到达目的港　　D. 合同中的约定

5. 就卖方承担的费用而言，以下排序正确的是(　　)。

A. FOB>CFR>CIF　　B. CFR>CIF>FOB

C. CIF>CFR>FOB　　D. CIF>FOB>CFR

6. 由买方负责出口清关，并承担费用的价格术语是(　　)。

A. FCA　　B. EXW　　C. FOB　　D. DAT

7. 由卖方负责进口清关，并承担费用的价格术语是(　　)。

A. FCA　　B. DPU　　C. DAP　　D. DDP

8. 根据《通则2020》的解释，FOB只适用于(　　)。

A. 大陆桥运输运　　B. 航空运输

C. 铁路运输　　D. 海运和内河运输

9. 价格构成最高的术语是(　　)。

A. FCA　　B. FOB　　C. CIF　　D. CFR

10. 在FOB条件下，若采纳程租船运输，如买方不愿承担装货费及平舱费，则应在合同中规定(　　)。

A. FOB liner terms　　B. FOB under tackle

C. FOB stowed　　D. FOB trimmed

二、多项选择题

1. 国际贸易中国际贸易术语的使用有助于(　　)问题的解决。

A. 交易条件　　B. 支付手段　　C. 价格构成　　D. 争端解决

2. 有关国际贸易术语的惯例有(　　)。

A.《1932年华沙-牛津规则》　　B.《约克-安特卫普规则》

C.《1941年美国对外贸易定义修订本》　　D.《通则2020》

3. 按照《通则2020》的解释，采纳CFR术语时卖方应承担的义务有(　　)。

A. 租船订舱、物资装船以及支付正常运费　　B. 办理货运保险

C. 负担物资运至目的港之前的风险　　D. 办理出口通关手续

4. 按照《通则2020》的解释，FOB、CFR和CIF的共同点表现在(　　)。

A. 交货地点在装运港

B. 均适用于水上运输方式

C. 风险划分都以装运港装上船为界

D. 运费承担都以越过装运港船舷为界

5. FOB贸易术语的变形是(　　)。

A. FOB liner terms　　B. FOB under tackle

C. FOB stowed　　D. FOB stowed and trimmed

6. 成交一批由上海出口至英国伦敦的羊毛，下列贸易术语不正确的有(　　)。

A. FOB上海　　B. FOB伦敦　　C. CFR英国

D. CIF 上海　　　　E. CIP 伦敦

7. 在业务中，非固定价格的规定方法主要有(　　)。

A. 只规定作价的方式而具体价格待确定　　B. 暂定价

C. 部分固定价格，部分非固定价格　　D. 支付一定的订金，余款后付

8. 某合同价格条款规定“每打 FOB 天津 450 英镑，总值 4 500 英镑”，则此时英镑为(　　)。

A. 计价货币　　B. 支付货币　　C. 硬币　　D. 软币

9. 按照《通则 2020》的解释，DDP 条件下卖方负责(　　)。

A. 将货物运抵指定目的地

B. 办理货物的出口手续

C. 办理货物的进口手续并支付进口关税

D. 承担货物在目的地交买方前的一切风险

10. 根据《通则 2020》的解释，CIF 与 CFR 术语的相同之处有(　　)。

A. 交货地点相同　　B. 风险划分界限相同

C. 买卖双方的责任划分相同　　D. 术语后均注明目的港

三、填空题

1. 根据《通则 2020》，适合于各种运输方式的贸易术语包括(　　)、(　　)、(　　)、(　　)、(　　)、(　　)、(　　)七种术语。

2. 根据《通则 2020》，适合于水运方式的贸易术语包括(　　)、(　　)、(　　)、(　　)四种术语。

3. 在所有的贸易术语中，卖方承担的风险、责任及费用最小的是(　　)，卖方承担的风险、责任及费用最大的是(　　)。

4. 在 FCA 条件下，如果交货地是卖方所在地，则由(　　)负责装货；如果交货地不是卖方所在地，则由(　　)负责卸货及装货到运输工具上。

5. 根据《通则 2020》，属于实际交货合同的，有(　　)、(　　)、(　　)三种贸易术语。

四、简答题

1. 什么是国际贸易术语？它有哪些作用？

2. FOB、CFR 和 CIF 三种贸易术语的变形主要有哪些？

3. 如何理解 CIF 术语的象征性交货性质？

4. 比较 FOB、CFR 和 CIF 术语，与 FCA、CPT 和 CIP 术语的异同。

5. 选择贸易术语需要考虑哪些因素？

案例分析

2015 年，某出口公司对加拿大魁北克某进口商出口 500 吨核桃仁，合同规定价格为每吨 4 800 加拿大元 CIF 魁北克，装运期不得晚于 10 月 31 日，不得分批和转运，并规定货物应于 11 月 30 日前到达目的地，否则买方有权拒收，支付方式为 90 天远期信用证。加方于 9 月 25 日开来信用证。我方于 10 月 5 日装船完毕，但船到加拿大东岸时已是 11 月 25 日，此时魁北克已开始结冰。承运人担心船舶驶往魁北克后出不来，便根据自由转

船条款指示船长将货物全部卸在哈利法克斯，然后从该港改装火车运往魁北克。待这批核桃仁运到魁北克已是12月2日。

于是进口商以货物晚到为由拒绝提货，提出降价20%以弥补其损失的条件。几经交涉，最终以我方降价15%结案，我方共损失36万加拿大元。请问当合同条款改变后，CIF术语惯例内容是否有效?

实训模块

实训主题：CIF术语下的贸易纠纷案。

实训地点：教室（实训室）。

实训目的：运用所学知识，分析CIF下交货风险及局限性。

背景材料：某年5月，美国某贸易公司（以下简称进口方）与我国江西某进出口公司（以下简称出口方）签订合同购买一批日用瓷具，价格条件为CIF Los Angeles，支付条件为不可撤销的跟单信用证，出口方需要提供已装船提单等有效单证。出口方随后与宁波某运输公司（以下简称承运人）签订运输合同。8月初出口方将货物备妥，装上承运人派来的货车。

途中由于驾驶员的过失发生了车祸，耽误了时间，错过了信用证规定的装船日期。得到发生车祸的通知后，我出口方即刻与进口方洽商要求将信用证的有效期和装船期延展半个月，并本着诚信原则告知进口方两箱瓷具可能受损。美国进口方回电称同意延期，但要求货价应降5%。

我出口方回电据理力争，同意受震荡的两箱瓷具降价1%，但认为其余货物并未损坏，不能降价。但进口方坚持要求全部降价。最终我出口方还是做出让步，受震荡的两箱降价2.5%，其余降价1.5%，为此受到货价、利息等有关损失共计15万美元。

1. CIF术语条件下，货物的交货条件是什么?

2. CIF术语在应用于内陆地区出口业务时如何显得“心有余而力不足”?

3. 对于更多采用陆海联运或陆路出口的内陆地区来说，CIP相对于CIF有何优势及劣势?

实训过程设计：

1. 教师布置学生课前预习背景资料；

2. 学生分组，进行讨论；

3. 教师对学生发言内容和过程进行评价总结，并评定成绩。讲解本材料分析结论。

第三章 商品的价格

/ 本章重点 /

1. 掌握进出口货物的作价方法及计价货币的选择；
2. 掌握出口商品成本核算的方法、佣金和折扣的概念及计算方法；
3. 了解制定合同中的价格条款时应注意的事项。

第一节 货物的作价原则和作价方法

我国对外贸易中货物作价的原则是随行就市，以生产和交易成本为依据，以国际市场价格水平为参照。同时也根据市场结构、产品质量、技术水平以及环境因素，结合购销意图，按照国别地区政策，贯彻平等互利原则，统一掌握制定，并由有关的行业协会加以协调。

一、货物的作价原则

价格水平是进出口双方最关心的一个问题，它直接关系到获利的多少。在作价过程中，应遵循下列基本原则：

（一）以成本为依据作价

成本是构成商品价格的基本因素，国际贸易中的成本是指包括生产成本在内的市场成本，即包括产品从生产到交货的一切费用。具体说来，它包括生产该产品所需的原材料费用、机器设备的折旧费、劳动和管理费用，以及为购销该商品所耗费的调研、运输、广告、关税、保险、中间商的佣金等费用。此外，在国际贸易中，双方的交货条件和使用的贸易术语不同，成本也会随之不同。在作价时，必须将成本作为最基本的依据才能带来合理的收益。

（二）以国际市场价格水平为参考作价

国际市场价格是指一种商品在国际贸易中，在一定时期内，具有代表性的成交价格。

国际市场价格是交易双方都能接受的价格，是确定进出口商品价格的重要参考。

（三）结合市场结构作价

市场结构对价格有一定的影响。市场结构可分为完全竞争、完全垄断、垄断竞争、寡头垄断四种情况，处于不同的市场结构时，价格水平也会有所差别。

在完全竞争的市场里，由于参与竞争的企业或厂商很多，买方数量众多，交易条件基本相同，买卖双方均无法控制价格，故这类产品的价格多以国际知名的商品交易所和大宗商品集散地的价格为准。完全垄断的情况在现实生活中是很少见的，在这种市场结构下只有一个厂商能够生产或制造这种产品，买方不可能从其他渠道获得该产品，因而卖方可以完全操纵该产品的价格。在寡头垄断的情况下，由于产品被少数几个厂商垄断，卖方同样在一定程度上具有价格的操纵权。垄断竞争市场是比较常见的市场结构，这种市场上既有少数较大的厂商，也有为数众多的中小厂商，卖方控制价格的能力受到了很大的限制，买方议价能力随之增强。

（四）结合产品质量和技术水平作价

在国际市场上，买卖双方一般都遵循按质论价的原则，即好货好价，次货次价。品质的优劣，档次的高低，包装装潢的好坏，式样的新旧，商标、品牌的知名度，都会影响商品的价格。另外，商品自身所包含的技术水平或工艺也会影响商品的价格。

（五）结合环境因素作价

环境因素涉及面很广。诸如世界经济形势的动向，贸易国的经济、政治状况和政策变化，国际金融市场状况，汇率的波动和银行利率的变化等，都会对价格有较大的影响。还有产品本身的生命周期、销售的淡季和旺季、成交数量的多寡、售后服务的情况、竞争对手的情况、交易对手的情况等，这些因素在作价时都要通盘考虑。

二、货物的作价方法

在国际货物买卖中，可以根据不同情况，分别采取不同的作价方法。

（一）固定价格

固定价格是交易双方在交易磋商阶段就确定的成交价格，在签约后不得变更，买卖双方都必须严格遵守执行。除非合同另有约定，或经双方当事人一致同意，否则任何一方都不得擅自更改价格。我国进出口合同，绝大部分都是在双方协商一致的基础上，明确地规定具体价格，这也是国际上常见的做法。

在合同中规定固定价格具有明确、具体、肯定和便于核算的优点。但是，国际市场行情具有多变性，价格波动不定。因此，在国际货物买卖合同中规定固定价格，就意味着买卖双方要承担从签约到交货付款以至转售时价格变动的风险。而且，如果行情变动过于剧烈，这种作价方法还可能影响合同的顺利执行。一些不守信用的商人很可能为逃避亏损，而寻找各种借口撕毁合同。为了减少价格风险，在采用固定价格时，需注意以下事项：首先，必须对影响商品供需的各种因素进行细致的研究，并在此基础上，对价格的前景作出判断，以此作为合同作价的依据。其次，必须对交易对手的资信状况进行了解和研究，慎重选择订约的对象。最后，国际市场的变化往往受各种临时性因素的影响，变化莫测，应采取必要的措施来保证贸易的收益。特别是在金融危机爆发时，各国需求情况、利率、汇率波动不定，再加上投机因素的影响，商品价格变动频繁、暴涨暴跌的现象时有发生。在此情况下，固定价格往往会给买卖双方带来巨大的风险。为了有效降低这种风险，可在商品期货市场或外汇市场进行套期保值交易或使用衍生金融工具来保证贸易的收益。

（二）暂定价格

暂定价格是在合同中先订立一个初步价格，作为开立信用证和初步付款的依据，待双方确定价格后再进行最后清算，多退少补。例如："单价暂定 CIF 横滨，每公吨 3 200 美元，作价方法：以×交易所 3 个月期货，按装船月份月平均价加 10 美元计算，买方按本合同规定的暂定价开立信用证。"

（三）暂不定价

暂不定价是在合同中只规定作价方式，具体价格留待以后确定，通常有两种做法。第一种做法是，在价格条款中明确规定定价时间和定价方法。例如："在装船月份前 30 天，参照当地及国际市场价格水平，协商议定正式价格"；或"按提单日期的国际市场价格计算"。第二种做法是，合同中只规定作价时间，例如："由双方在×年×月×日协商确定价格"。这种方式由于未规定作价方式，给合同带来较大的不稳定性，双方可能因缺乏明确的作价标准，而在商订价格时各执己见，相持不下，导致合同无法执行。因此，这种方式一般只适用于双方有长期交往并已形成比较固定的交易习惯的合同。

对于这种情况，《联合国国际货物销售合同公约》第 55 条规定，如果合同没有明示或暗示地规定价格或规定如何确定价格，在没有任何相反表示的情况下，双方当事人应视为已默示地引用订立合同时此种货物在有关贸易的类似情况下销售的通常价格。

（四）部分固定价格、部分非固定价格

为了照顾交易双方的利益，解决双方在作价方法方面的分歧，也可采用部分固定价格、部分非固定价格的做法，或是分批作价的办法。交货期近的价格在订约时固定下来，交货期远的价格暂不确定，而规定在交货前一定期限内作价。这是一种折中的作价方法，一般适用于分批交货合同。非固定价格是一种变通做法，在行情变动剧烈或双方未能就价格取得一致意见时，采用这种做法有一定的好处，表现在：首先，有助于暂时解决双方在价格方面的分歧，先就其他条款达成协议，早日签约。其次，解除客户对价格风险的顾虑，使之敢于签订交货期长的合同。数量、交货期的早日确定，不但有利于巩固和扩大出口市场，也有利于生产、收购和出口规划的安排。最后，有利于抓住成交时机，这种做法虽不能完全排除价格风险，但对出口方来说，可以不失时机地做成生意；对进口方来说，可以保证一定的销售利润。

（五）滑动价格

滑动价格是由买卖双方在合同中规定一个基本价格，具体成交价格按照议定的标准或因素进行一定比例的调整。其中，基本价格主要包含原材料和零部件成本、折旧费、基本工资、管理费、税费和合理利润等，滑动部分主要考虑物价和工资水平的变化，通

货膨胀、汇率和利率的变动等对生产和经营的影响。滑动价格多用于生产和交货周期长的工业制成品、大型成套机械设备、船舶买卖合同等。

在国际贸易合同中，如果采用滑动价格，通常使用下列公式来调整价格：

$$P=P_0\left(A+B\frac{M}{M_0}+C\frac{W}{W_0}\right)$$

在上述公式中：

P 代表商品交货时的最后价格；

P_0 代表签订合同时约定的初步价格；

A 代表经营管理费用和利润在价格中所占的比重；

B 代表原料在价格中所占的比重；

M 代表计算最后价格时引用的有关原料的平均价格或指数；

M_0 代表签订合同时引用的有关原料的价格或指数；

C 代表工资在价格中所占的比重；

W 代表计算最后价格时引用的有关工资的平均数或指数；

W_0 代表签订合同时引用的工资数或指数。

如果买卖双方在合同中规定，按上述公式计算出来的最后价格与约定的初步价格相比，其差额不超过约定的范围（如百分之几），初步价格可不予调整，合同原定的价格对双方当事人仍有约束力，则双方必须严格执行。

滑动价格的基本做法，是按原料价格和工资的变动等来计算合同的最后价格。在存在通货膨胀时，它实质上是出口厂商转嫁国内通货膨胀、确保利润的一种手段。值得注意的是，这种做法已被联合国欧洲经济委员会纳入它所制定的一些“标准合同”中，而且其应用范围已从原来的机械设备交易扩展到一些初级产品交易，因而具有一定的普遍性。对此，我们在进行进出口交易时要给予重视。

第二节　计价货币的选择

一、计价货币的选择

计价货币（money of account）是指交易双方在合同中规定用来计算和清偿彼此债权债务的货币，一般与结算货币相同。如果双方在合同中只规定了计价货币，没有规定结算货币，则计价货币就是结算货币。交易双方也可以规定计价货币是一种货币，结算货币是另一种货币，甚至另几种货币，此时，交易双方要在合同中订明不同货币的比值。因此，买卖双方在选择使用何种货币时，既要考虑货币汇率的风险，又要结合自己的经营意图、市场供需和价格水平等情况做出综合性分析。

目前，我国常用的国际计价和结算货币有美元、欧元、英镑、日元等。随着我国经济和贸易地位的提高，人民币作为计价和结算货币的试点工作已展开。2009 年 7 月，中国人民银行下发《跨境贸易人民币结算试点管理办法》，规定试点企业与境外企业以人民币结算的进出口贸易，可以通过香港、澳门地区人民币业务清算行进行人民币资金的跨境结算和清算。同时，符合条件的境内商业银行可以为这些企业提供跨境贸易人民币结算服务，并在条件成熟时，向境外企业提供人民币贸易融资。2010 年 6 月，中国人民银行、财政部、商务部、海关总署、税务总局和银监会六个部门联合下发《关于扩大跨境贸易人民币结算试点有关问题的通知》，将跨境贸易人民币结算的境外地域由港澳、东盟地区扩展到所有国家和地区；同时增加北京、天津、内蒙古、辽宁、吉林、黑龙江、江苏、浙江、福建、山东、湖北、广西、海南、重庆、四川、云南、西藏、新疆 18 个省（自治区、直辖市）为试点地区。试点的 20 个省（自治区、直辖市）可以以人民币进行跨境货物贸易、服务贸易和其他经常项目结算，这意味着我国跨境贸易人民币结算的试点工作已全面展开，今后以人民币作为我国对外贸易计价和结算货币的做法也会越来越多。

由于世界各国的货币价值并不是一成不变的，特别是在世界许多国家普遍实行有管理的浮动汇率制的条件下，通常被用来计价的各种主要货币的币值更是严重不稳定。国际货物买卖的交货期通常都比较长，从订约到履行合同，往往需要一个过程。在此期间，计价货币的币值会发生变化，甚至会出现大幅度的起伏，其结果必然直接影响进出口双方的经济利益。因此，如何选择合同的计价货币就具有重大的经济意义，是买卖双方在确定价格时必须注意的问题。

除双方国家订有贸易协定和支付协定，而交易本身又属于上述协定的交易，必须按规定的货币进行清算外，一般进出口合同都采用可兑换的、国际上通用的或双方同意的支付手段进行计价和支付。但是，目前这些货币的软硬程度并不相同，发展趋势也不一致。因此，具体到某一笔交易，都必须在深入调查研究的基础上，尽可能争取将发展趋势对我方有利的货币作为计价货币。从理论上说，出口合同采用硬币计价比较有利，进口合同采用软币计价比较合算。但在实际业务中，以什么货币作为计价货币，还应视双方的交易习惯、经营意图以及价格而定。如果为达成交易而不得不采用对我方不利的货币，则可设法用货币风险的防范措施来补救。

在合同规定用一种货币计价而用另一种货币支付的情况下，因两种货币在市场上的地位不同，其中有的坚挺（硬币），有的疲软（软币），这两种货币按什么时候的汇率进行结算，是关系到买卖双方利害得失的重要问题。按国际上的一般习惯做法，如果两种货币按付款时的汇率计算，则不论计价和支付用的是什么货币，都可以按计价货币的量收回货款。对卖方来说，如果计价货币是硬币，支付货币是软币，基本上不会有损失，可起到保值的作用；如果计价货币是软币，支付货币是硬币，他所收入的硬币就会减少，这对卖方不利，而对买方有利。如果计价货币和支付货币的汇率在订合同时已经固定，那么，在计价货币是硬币、支付货币是软币的条件下，卖方在结算时收入的软币所代表的货值往往少于按订约日的汇率应收入的软币所代表的货值，也就是说对买方有利，而对卖方不利。反之，如计价货币是软币，支付货币是硬币，则对卖方有利，对买方不利。

此外，也有少量交易在合同中明确规定计价货币与另一种货币的汇率，到付款时，该汇率如有变动，则按比例调整合同价格。

二、货币风险的防范

目前，国际金融业务已相当发达，为货币风险的防范提供了多种途径。结合我国的实际情况，比较实用和简单易行的方法主要有以下几种：

（一）选择适当的计价和结算货币

选择何种货币进行计价和结算是货币风险的根源．我们在选择货币时就应尽量避免产生汇率风险。首先，出口尽量选择硬币，进口尽量选择软币，从理论上看，经营者可以从中获利。但应注意的是，货币的软硬是相对而言的，且有一定的时间性。某货币在某一时期是软币，而过一段时期可能会变成硬币，这种变化是难以预料的，因此，经营者在正确选择货币之后还应在有利时机通过金融交易将汇率固定下来，才能达到最终避免汇率风险的目的。其次，如果出口时使用了软币，则应相应提高报价；进口时使用了软币，则应相应压低报价。再次，进口选择高利率货币，出口选择低利率货币。最后，可选择一篮子货币报价的方式，以多种外币软硬搭配，按不同比重加权报价。

（二）通过适当的金融交易进行保值

金融交易是指通过银行或期货市场进行外汇买卖或期货交易，以减少本币和外汇汇率波动所带来的风险。目前，可供进出口商选择的用于保值的外汇交易主要有即期、远期外汇交易，掉期、期货和期权交易，货币互换等。

（三）通过业务分散化来降低风险

经营者可通过业务分散化，如在扩大出口业务的同时兼营进口业务、进出口国别地区分散、增加高附加值产品出口，以及资产和负债货币币种分散化等措施来减少汇率波动的风险。

（四）通过提前（拖延）收付来降低风险

在进口业务操作中，如企业预计外币对本币汇率将上升，则应设法加快支付货款，这样，在外币正式升值前，企业就可以以较少的本币换成外币来支付货款，这就叫“提前”。在出口业务操作中，如果出口商预计本币的汇率将上升，就设法将收款期限延长，诸如以承兑交单（D/A）或远期信用证方式代替原先的付款交单（D/P）或即期信用证方式。这样，待外汇汇率正式上升时，企业按新的汇价结算，每一单位外币就可换到比原先多的本币，这就是所谓的“拖延”。

除此之外，还有不少减少汇率风险的方法，如订立黄金保值条款、特别提款权保值条款等。

第三节 出口商品成本核算

一、出口商品总成本的构成

出口商品总成本是指外贸企业为出口商品支付的国内总成本，是将生产部门或供货单位购进准备出口货物的进货价值，加上管理、包装，直至交到装运地点的码头、机场或车站所发生的一切费用的总和。综合起来看，它由两个基本因素构成，即商品本身的成本和国内总费用。如果是需要缴纳出口税的商品，出口总成本中还要包括出口税。

出口商品总成本的计算公式为：

总成本(退税后)＝商品本身的成本＋国内总费用－出口退税收入

公式中的各项说明如下：

1. 商品本身的成本

商品本身的成本包括生产成本、加工成本和采购成本三种类型。

2. 国内总费用

国内总费用是指货物出口时发生的除货物购进价（或生产成本）和国外费用（国际货物运费及其保险费等）之外的所有费用，通常包括下列项目：

（1）货物附加费用。如包装费用（未包括在货价中的）、预计损耗（耗损、短损、漏损、破损、变质等）、加工整理费用等。

（2）国内储运费用。国内运输费用（卡车运输费、内河运输费、路桥费、过境费及装卸费、港区杂费）、保管费或仓储费等。

（3）办证费。出口商办理出口许可证、配额、产地证明及其他证明和手续所支付的费用，如商检费、公证费、领事签证费、产地证费、许可证费、报关单费、核销费用等。

（4）税金。国家对出口商品征收、代收的有关税费，通常有出口关税、增值税等。

（5）利息和银行费用。包括垫款利息、远期收款利息和手续费用等。

（6）业务费用。出口商在经营中发生的有关费用，如通信费、交通费、交际费、广告费等。

（7）经营管理费用。包括经营出口商品过程中发生的经营管理费用，如工资、办公费等。

（8）杂费。是指除以上各项费用之外发生的费用。

3. 出口退税收入

计算公式为：

$$\text{出口退税收入}=\frac{\text{出口商品购进价(含增值税)}}{1+\text{增值税税率}}\times\text{退税率}$$

出口商品的总成本越低，对外贸易企业得到的利润和外汇收入越多；反之，贸易部门获得的利润和外汇收入越少。

在出口商品成本构成中，生产成本（自营）或进货价款是三要因素，它受生产或供货企业的影响。要降低生产成本，就要求外贸企业改善企业的经营管理水平，节约不必要的开支，才能使出口商品总成本下降，提高出口的经济效益。要降低进货价款，就应加强外贸企业同生产或供货单位的联系，从多家生产或供应同种商品的单位中，选择提供质优价廉商品的单位。

二、常用贸易术语价格的构成及换算

（一）常用贸易术语价格的构成

在国际贸易实践中，常用的国际贸易术语有六种，分别为 FOB、CFR、CIF，和 FCA、CPT、CIP。

1. FOB、CFR、CIF 三种贸易术语价格的构成

FOB、CFR、CIF 三种贸易术语仅适用于水上运输方式，即海上或内河运输。其价格构成主要包括三方面内容：生产或进货成本、费用和净利润。费用的核算较为复杂，包括国内总费用和国外总费用。

国内总费用即商品本身的成本加上面提到的八项费用。国外总费用包括以下四项内容：

（1）国外运费。自装运港至目的港的水上运输费用。

（2）国外保险费。即水上货物运输保险，主要指海上货物运输保险。

（3）佣金和折扣。如果交易涉及代理人、中间商，还要支付佣金或折扣。

（4）杂费。除了上述三项费用以外的其他费用。

2. FCA、CPT、CIP 三种贸易术语价格的构成

FCA、CPT、CIP 三种贸易术语适用于各种运输方式，即水运、陆运和空运及其中两种或两种以上的联合。其价格构成也同样包含三方面内容，即生产或进货成本、国内外费用和净利润。

（二）常用贸易术语的价格换算

常用贸易术语的价格计算和换算公式如下：

FOB 价＝生产(进货)成本价＋国内费用＋净利润

CFR 价＝FOB 价＋国外水运运费

＝生产(进货)成本价＋国内费用＋净利润＋国外水运运费

CIF 价＝CFR 价＋国外海上保险费

＝生产(进货)成本价＋国内费用＋净利润＋国外水运运费＋国外海上保险费

FCA 价＝生产(进货)成本价＋国内费用＋净利润

CPT 价＝FCA 价＋国外运费

＝生产(进货)成本价＋国内费用＋净利润＋国外运费

CIP 价＝CPT 价＋国外保险费

=生产(进货)成本价+国内费用+净利润+国外运费+国外保险费

FOB 价≈FCA 价

CFR 价≈CPT 价

CIF 价≈CIP 价

知识链接

FOB、CFR、CIF 的外币报价核算

报价资料

商品名称：三色戴帽熊。

商品资料：每箱装 60 只，每箱体积 0.164 立方米。

供货价格：每只 6 元。

税率：供货单价中均包括 17%的增值税，出口毛绒玩具的退税率为 15%。[①]

国内费用：内陆运费（每立方米）100 元；报检费 120 元；报关费 150 元；核销费 100 元；公司综合费用 3 000 元。

银行费用：报价的 1%（L/C 银行手续费 1%）。

海运费：从上海至加拿大蒙特利尔港口一个 20 英尺集装箱（体积 24～26 立方米）的费用为 1 350 美元。

货运保险：在 CIF 成交金额的基础上加 10%投保中国人民保险公司海运货物保险条款中的一切险（费率 0.8%）和战争险（费率 0.08%）。

报价利润：报价的 10%。

报价汇率：6.799 0 元人民币兑换 1 美元。

报价核算操作

成本：

含税成本=6(元/只)

退税收入=6÷(1+17%)×15%=0.769 2(元/只)

实际成本=6−0.769 2=5.230 8(元/只)

20 英尺集装箱包装件数=25÷0.164=152(箱)

报价数量=152×60=9 120(只)

费用：

国内费用=(9 120÷60×0.164×100+120+150+100+3 000)÷9 120
=0.642 9(元/只)

银行费用=报价×1%

海运费=1 350×6.799 0÷9 120=1.006 4(元/只)

保险费=CIF 报价×110%×0.88%

---

① 此处税率仅供参考理解案例，不必与现实税率一致。

利润：

利润＝报价×10%

FOB 报价＝实际成本＋国内费用＋银行手续费＋利润

＝5.230 8＋0.642 9＋FOB 报价×1%＋FOB 报价×10%

＝(5.230 8＋0.642 9)÷(1－1%－10%)

＝5.873 7÷0.89

＝6.599 7(元/只)

6.599 7÷6.799 0＝0.970 7(美元/只)

CFR 报价＝实际成本＋国内费用＋海运运费＋银行手续费＋利润

＝5.230 8＋0.642 9＋1.006 4＋CFR 报价×1%
＋CFR 报价×10%

＝(5.230 8＋0.642 9＋1.006 4)÷(1－1%－10%)

＝6.880 1÷0.89

＝7.730 4(元/只)

7.730 4÷6.799 0＝1.136 9(美元/只)

CIF 报价＝实际成本＋国内费用＋海运运费＋海上保险费＋银行手续费＋利润

＝5.230 8＋0.642 9＋1.006 4＋CIF 报价×110%×0.88%
＋CIF 报价×1%＋CIF 报价×10%

＝(5.230 8＋0.642 9＋1.006 4)÷(1－110%×0.88%
－1%－10%)

＝6.880 1÷0.880 3

＝7.815 6(元/只)

7.815 6÷6.799 0＝1.149 5(美元/只)

出口 9 120 只三色戴帽熊的报价如下（计算时保留 4 位小数，最后报价取小数点后 2 位）：

USD 0.97 per piece FOB SHANGHAI（每只 0.97 美元 FOB 上海）

USD 1.14 per piece CFR MONTREAL（每只 1.14 美元 CFR 蒙特利尔）

USD 1.15 per piece CIF MONTREAL（每只 1.15 美元 CIF 蒙特利尔）

三、出口商品成本的核算

在商品出口过程中，要注意加强成本核算，掌握出口总成本、出口销售外汇（美元）净收入和人民币净收入的数据，并计算和比较各种商品出口的盈亏情况，这对于出口企业的经营具有重要的现实意义。

（一）出口商品盈亏率

出口商品盈亏率是指出口商品盈亏额与出口总成本的比率。出口盈亏额是指出口销售人民币净收入与出口总成本的差额，前者大于后者为盈利；反之为亏损。其计算公式如下：

$$出口商品盈亏率=\frac{出口销售人民币净收入-出口总成本}{出口总成本}\times 100\%$$

（二）出口商品换汇成本

出口商品换汇成本也是用来反映出口商品盈亏的一项重要指标，它是指以某种商品的出口总成本与出口销售外汇净收入之比，得出用多少人民币可换回一美元。出口商品换汇成本如果高于银行的外汇牌价，则出口为亏损；反之，则说明出口有盈利。其计算公式如下：

$$出口商品换汇成本=\frac{出口总成本(人民币)}{出口销售外汇净收入(美元)}$$

（三）出口创汇率

出口创汇率是指加工后成品出口的外汇净收入与原料外汇成本的比率。如原料为国内生产，其外汇成本可按原料的FOB出口价计算。如原料是进口的，则按该原料的CIF价计算。通过出口的外汇净收入和原料外汇成本的对比，可看出成品出口的创汇情况，从而确定出口成品是否有利。特别是在进料加工的情况下，核算出口创汇率这项指标更有必要。其计算公式如下：

$$出口创汇率=\frac{成品出口外汇收入-原料外汇成本}{原料外汇成本}\times 100\%$$

此外，在出口商品价格的掌握上，还要防止盲目坚持高价或随意削价竞销的倾向。出口商品价格过高，不仅会削弱我国出口商品的竞争能力，而且还会刺激其他国家发展生产，或增加代用品来同我国产品竞销，从而影响我国出口增长。反之，不计成本、削价竞销，不仅在外销价格方面会出现混乱，造成肥水外流，给国家带来经济损失，而且会使一些国家借此对我国出口产品采取反倾销措施。由于我国已连续多年成为世界上遭受反倾销案件最多的国家，企业更应高度重视反倾销带来的不利后果。

第四节 佣金和折扣的运用

合同价格条款，有时会涉及佣金（commission）和折扣（discount，allowance）。价格条款中所规定的价格，可分为包含佣金或折扣的价格和不包含这类因素的净价。包含佣金的价格，在业务中通常被称为“含佣价”。

一、佣金、折扣的含义与作用

（一）佣金的含义

佣金是商业活动中的一种劳务报酬，是具有独立地位和经营资格的中间人在商业活动中为他人提供服务所得到的报酬。各国法律均规定，合法的中间人可以通过合法的服务获得合法的佣金。《民法典》第921条规定，委托人应当预付处理委托事务的费用。受托人为处理委托事务垫付的必要费用，委托人应当偿还该费用并支付利息。第928条规定，受托人完成委托事务的，委托人应当按照约定向其支付报酬。

在国际贸易中，有些交易是通过中间商或代理商进行的。中间商介绍生意或代买代卖并收取一定的佣金。凡在合同价格条款中明确规定佣金的百分比，叫做“明佣”。如果不标明佣金的百分比，甚至连“佣金”字样也不标示出来，有关佣金的问题由双方当事人另行约定，这种暗中约定佣金的做法，叫做“暗佣”。货价中是否包括佣金和佣金比例的大小，都影响商品的价格。显然，含佣价比净价要高。

（二）折扣的含义

折扣是指卖方按原价给予买方一定百分比的减让，即在价格上给予适当的优惠。国际贸易中使用的折扣名目很多，除一般折扣外，还有为扩大销售而使用的数量折扣、为实现某种特殊目的而给予的特别折扣以及年终折扣等。在价格条款中明确规定折扣率的，叫做“明扣”；交易双方就折扣问题已达成协议，而在价格条款中却不明示折扣率的，叫做“暗扣”。折扣直接关系到商品的价格，货价中是否包括折扣和折扣率的大小，都影响商品价格。

（三）佣金、折扣的作用

在国际贸易中，正确和灵活地运用佣金和折扣，可以调动中间商和买方推销和经营我方货物的积极性，增强我国出口商品在国际市场上的竞争能力，从而起到扩大销售、提高市场占有率的作用。同时，佣金和折扣还是对外竞销的一种非常有效的手段，国外中间商和卖方可通过扩大广告宣传、改善营销策略来推动我国货物的销售，并改善我国出口商品的声誉。

二、佣金、折扣的表示方法

（一）佣金的表示方法

贸易合同成交价格中有需要支付中间商报酬的，即为含佣价。不含佣金的价格为净价。佣金有明佣、暗佣之分，明佣是在买卖合同或发票等有关单证上公开表明的佣金，通常可用文字或数字来表示。比如，“每公吨1 000美元CIF纽约包含佣金1.5%（USD 1 000 per metric ton CIF NEW YORK including 1.5% commission)”。也可在贸易术语后面加上佣金的英文缩写字母C，并注明佣金的百分比。比如，“每公吨1 000美元CIFC 1.5%纽约（USD 1 000 per metric ton CIFC 1.5% NEW YORK)”。佣金还可以用绝对数来表示，比如，“每公吨佣金5美元（commission USD 5 per metric ton)”。

（二）折扣的表示方法

在贸易合同中，如果允许给予折扣，通常在合同条款中用文字明确具体地表示出来。比如，“每公吨1 000美元CIF纽约减1%折扣（USD 1 000 per metric ton CIF NEW YORK less 1% discount)”。有时折扣也可用绝对数来表示，比如，“每公吨折扣5美元（discount ＄5 per metric ton)”。在实际业务中，也有用“CIFD”或“CIFR”来表示CIF

价格中包含折扣的。这里的“D”和“R”是“discount”和“rebate”的缩写。鉴于在贸易往来中加注的“D”或“R”含义不清，可能引起误解，故最好不使用此类缩写语。

交易双方采取暗扣的做法时，折扣在合同价格中不予规定。有关折扣的问题，按交易双方暗中达成的协议处理。这种做法属于不公平竞争行为，公职人员或企业雇用人员收取暗扣，按照绝大多数国家的法律规定属贪污受贿行为。

通常情况下，如果合同价格中包含佣金或折扣，应该明确表示出来。如果价格中未提及佣金和折扣，一般应理解为不含佣金或折扣，双方另有约定的除外。不包含佣金或折扣的价格，即为“净价”（net price）。有时，交易双方为了明确说明价格中不含佣金或折扣，会在贸易术语后面加注“净价”字样，比如，“每公吨 1 000 美元 CIF 净价纽约（USD 1 000 per metric ton CIF net NEW YORK）”。

三、佣金、折扣的计算方法

（一）佣金的计算方法

在国际贸易中，佣金的计算方法不一，有的按成交金额约定的百分比计算，也有的按成交商品的数量来计算。在我国进出口业务中，佣金的计算方法也不一致，按成交金额和成交商品数量计算的都有。在按成交金额计算时，有的以发票总金额作为计算佣金的基数，有的则以 FOB 总值为基数来计算佣金。如按 CIFC 成交，而以 FOB 值为基数计算佣金，则应从 CIF 价中减去运费和保险费，求出 FOB 值，然后以 FOB 值乘以佣金率，即得出佣金额。

计算佣金的公式如下：

单位货物佣金额＝含佣价×佣金率

净价＝含佣价－单位货物佣金额

上述公式也可写成：

净价＝含佣价×(1－佣金率)

假如已知净价，则含佣价的计算公式为：

$$含佣价=\frac{净价}{1-佣金率}$$

比如，在洽商交易时，我方报价为 10 000 美元，对方要求 3%的佣金，在此情况下，我方改报含佣价，按上述公式算出应为 10 309.3 美元，这样才能保证实收 10 000 美元。

（二）折扣的计算方法

折扣通常是以成交额或发票金额为基础计算出来的。例如，每公吨 1 000 美元 CIF 纽约，折扣 2%，卖方的实际净收入为每公吨 980 美元。

计算方法如下：

单位货物折扣额＝原价(或含折扣价)×折扣率

卖方实际净收入＝原价－单位货物折扣额＝原价×(1－折扣率)

四、佣金、折扣的支付方法

佣金的支付方法和支付时间需要进出口商和中间人在委托合同、代理合同或居间合同中明确约定。一般情况下，卖方在收到全部货款后，再将佣金支付给中间商。因为中间商的职责不仅在于促成交易，还在于负责联系并督促双方履行合同，协助解决履约过程中可能发生的问题，以便合同圆满完成。如果中间商是行纪，佣金可于合同履行后直接从货价中扣除。其他情况下，可由委托人在合同履行完毕后的某段时间支付，也可按期（月、季度、半年甚至一年）支付。不管采用哪种支付方式，在支付佣金时，都应仔细审核，防止错付、漏付和重付等事故发生。

折扣一般在买方支付货款时预先扣除。也有的折扣金额不直接从货价中扣除，而按暗中达成的协议另行支付，这种做法通常在给暗扣或回扣时采用。

第五节　合同中的价格条款

一、价格条款的内容

合同中的价格条款，一般包括商品的单价和总值两项基本内容，确定单价的作价办法和与单价有关的佣金与折扣的运用，属于价格条款的内容。商品的单价通常由四个部分组成，包括计量单位（如公吨）、单位价格金额（如 200）、计价货币（如美元）和贸易术语（如 CIF 纽约）。比如，在价格条款中可规定："每公吨 500 美元，CIF 纽约"。单价的这四个组成部分必须表述清楚、具体，不能任意颠倒顺序。总值是指单价与成交商品数量的乘积，即一笔交易的货款总金额。在总值项下一般也同时列明贸易术语和计价货币。计量总值所使用的计价货币应该与单价使用的货币一致。

二、规定价格条款的注意事项

（一）规定单价时的注意事项

1. 单价的计量单位应与数量条款中的计量单位一致

这样既可避免争议，不会产生换算问题，也方便计算总值。比如，如果数量条款中的计量单位为公吨，则单价的计量单位也应用公吨，而不使用长吨或短吨。

2. 单价金额应由双方协商一致并准确书写

单价金额是买卖双方关注的焦点，应在双方协商一致的基础上确定，在书面合同中，应予以准确书写。如果写错，会给交易一方带来较大的损失。如果单价低于双方磋商议定的价格，则会导致出口商受损，如果高于双方议定价格则会促进口方受损。如果交货品质和数量有一定的机动幅度，则对机动部分的作价也应一并规定；如果包装材料和包装费另行计价，对其计价办法也应一并规定。

3. 慎重确定计价货币

争取选择有利的计价货币，以免遭受币值变动带来的风险，采用不利的计价货币时，应当签订保值条款，或采取前面提到的措施来规避风险。

4. 选择恰当的贸易术语

我国对外贸易中经常使用的贸易术语为 FOB、CFR、CIF、FCA、CPT、CIP，其中，出口时尽量选择 CIF 和 CIP，进口时尽量选择 FOB 和 FCA。这有利于我国的运输和保险企业增加收入，促进我国服务贸易的发展，并有利于我方衔接交货和运输、保险环节。

与此同时，选择贸易术语时还要选择合适的交货或收货地（港），尽量选择交通便利、搬运装卸操作现代化程度高、搬运装卸费用合理、我国运输公司和保险公司设有分支机构的地点交接货物，这样可以有效减少货物周转时间，及时交货，并方便运输和保险手续的办理。

5. 合理规定佣金和折扣的比率和计算方法

如果有佣金和折扣，最好在合同中明示。由于国际市场竞争激烈，佣金和折扣会降低出口收益，大多数情况下，佣金和折扣的比率应在5%以下，具体比率的确定应结合国际市场行情、竞争程度和行业的习惯做法。合同中应约定佣金和折扣的计算方法，确定计算的基数、佣金率和折扣率。

总之，单价中涉及的计量单位、计价货币、贸易术语和装卸地名称，必须书写正确、清楚，以利于合同的履行。

（二）规定总值时的注意事项

总值即单价乘以数量，在规定总值时，所使用的计量单位、计价货币和贸易术语应与单价部分一致，最后的总值应与数量条款中的数量与单价乘积一致，并与合同其他条款的规定一致，以免产生误解。

关键词

作价原则；作价方法；计价货币；贸易术语；佣金；折扣；单价；总值

知识链接

1. 多方合力助外贸企业规避汇率风险

2. 外贸企业规避汇率风险方法多

复习与思考

一、单项选择题

1. 国际货物贸易中最常见的作价方法是(　　)。

A. 暂定价格

B. 固定价

C. 待定价格

D. 先确定初步价格，然后按原材料价格指数和工资指数最后调整

2. 下列我方出口单价写法正确的是(　　)。

A. 每吨 1 000 美元 FOB 伦敦

B. 每打 100 法国法郎 FOB 净价减 1%折扣

C. 每码 3.50 港元 CIFC 2%香港

D. 500 英镑 CFR 净价伦敦

3. 不包含佣金和折扣的价格被称为(　　)。

A. 折扣价　　B. 含佣价　　C. 净价　　D. 出厂价

4. 正确表示含佣价的是(　　)。

A. FOBS　　B. FOBT　　C. FOBC　　D. FOBST

5. 在我国进出口业务中，计价货币选择应(　　)。

A. 力争采用硬币收付

B. 力争采用软币收付

C. 出口时采用软币计价收款，进口时采用硬币计价付款

D. 进口时采用软币计价付款，出口时采用硬币计价收款

6. 出口商的出口总成本是指(　　)。

A. 进货成本

B. 进货成本加出口前的一切费用

C. 进货成本加出口前的一切费用和税金

D. 进货成本加出口前的一切费用和国外费用

7. 一笔业务中，若出口销售人民币净收入与出口总成本的差额为正数，说明该笔业务为(　　)。

A. 盈　　B. 亏

C. 平　　D. 可能盈，可能亏

8. 出口换汇成本高于当时的外汇牌价，说明该笔出口业务(　　)。

A. 亏损　　B. 盈利　　C. 不亏不盈　　D. 不能确定

9. 国内某公司对外报价为 CIF 价 100 美元，外商要求改报 CIFC 5%，我方应报价为(　　)。

A. 105.00 美元　　B. 95.00 美元　　C. 100.00 美元　　D. 105.26 美元

10. 在出口商核算价格时，一般由进货成本加上国内费用和净利润形成的价格是(　　)。

A. FOB价　B. CFR价　C. CIF价　D. CPT价

二、多项选择题

1. 在进出口合同中，单价条款包括的内容是(　　)。

A. 计量单位　B. 单价金额　C. 计价货币　D. 贸易术语

2. 某合同价格条款规定“每打FOB天津450英镑，总值4 500英镑”，则此时英镑为(　　)。

A. 计价货币　B. 支付货币　C. 硬币　D. 软币

3. 下列进出口贸易的商品单价正确的是(　　)。

A. 每箱100元FOB上海　B. 每公吨100英镑CIF天津

C. 每箱50法郎FOB大连　D. 每箱50美元FOB悉尼

4. 下列单价条款对佣金描述正确的有(　　)。

A. 每件300美元CIF青岛，包括2%的佣金

B. 每件300美元CIF青岛，每公吨付佣金3美元

C. 每件300美元CIFC 2%青岛

D. 每件300美元CIF青岛，包含佣金

5. 出口成交价为CIF价格时，计算外汇净收入需扣除的是(　　)。

A. 国内运费　B. 国外佣金　C. 国外运费　D. 国外保险费

6. 在国际货物买卖中，作价的方法主要有(　　)。

A. 预付款　B. 固定作价

C. 非固定作价　D. 价格调整条款

7. 我国进出口商品的作价原则是(　　)。

A. 根据国际市场价格水平作价　B. 结合国别地区政策作价

C. 结合购销意图作价　D. 以盈利为目标作价

8. 在业务中，非固定价格的规定方法主要有(　　)。

A. 只规定作价的方式而具体价格待确定　B. 暂定价

C. 部分固定价格，部分非固定价格　D. 支付一定的订金，余款后付

9. 国际市场价格通常是指(　　)。

A. 集散地市场的商品价格　B. 主要出口国家（地区）的出口价格

C. 主要进口国家的价格　D. 国际上具有代表性的成交价格

10. 确定进出口商品的价格除要考虑商品的质量和档次、运输的距离、成交数量外，还要考虑(　　)。

A. 交货地点和交货条件

B. 季节性需求的变化

C. 支付条件和汇率变动的风险

D. 国际市场商品供求变化和价格走势

三、判断题

1. 某出口商品每千克100美元FOBC 3%上海，现客户要求将佣金增加到5%，如要保持出口净收入不变，应报每千克101.85美元FOBC 5%。(　　)

2. 通常出口成交价格是由国际市场价格水平决定的，并受国际市场价格走势的影响。(　　)

3. 出口成本价格就是出口成交价格。(　　)

4. 进出口商品的净价是不包括明佣和暗佣的实际价格。(　　)

5. 不论在何种情况下，固定作价都比非固定作价有利。(　　)

6. 含佣价＝净价/(1－佣金率)，其中的净价一定是FOB价。(　　)

7. 佣金和折扣都可分为“明佣（扣）”和“暗佣（扣）”两种。(　　)

8. 如果合同中未规定作价方法，则合同是无效的。(　　)

9. 价格调整条款主要用于生产加工周期较长的机械设备等商品的合同。(　　)

10. 当出口换汇成本低于外汇牌价时，出口企业就有人民币盈利。(　　)

11. 出口销售外汇净收入是指出口商品的FOB价按当时外汇牌价折成人民币的数额。(　　)

12. 出口商品盈亏率是指出口商品盈亏额与出口总成本的比率。(　　)

13. 从一笔交易的出口销售换汇成本中可以看出，在这笔交易中用多少人民币换回一美元，从而得出这笔交易盈利还是亏损。(　　)

14. 出口商品的换汇成本越高，出口企业盈利越大。(　　)

15. 出口盈亏率为正，比率值越大，说明此项出口盈利越大。(　　)

四、简答题

1. 简述我国进出口商品的作价原则。

2. 进出口商品的主要作价办法有哪些？

3. 防范货币风险的主要措施有哪些？

4. 什么是佣金和折扣？

5. 简述佣金和折扣的计算方法。

6. 合同中的价格条款包含哪些内容？

7. 规定外贸合同中的价格条款时应注意哪些问题？

8. 计算题：我国公司对某国出口某商品，每打人民币净价为CFR 95元，如折算成含佣价5%应为多少？如CFR净价为100美元，仍支付佣金5%，CFRC 5%价又为多少？又应付佣金多少？后经与国外客户协商，同意以FOB净价作为基数计算佣金（假如运费为20元），佣金为多少？

案例分析

我国某出口公司拟出口化妆品到中东某国，正好该国某中间商主动来函与该出口公司联系，表示愿为其推销化妆品提供服务，并要求按每笔交易的成交额给予5%的佣金。不久，经中间商介绍，我出口公司与当地进口商达成CIFC 5%总金额为5万美元的交易，装运期为订约后2个月内从中国港口装运，并签订了销售合同。合同签订后，该中间商即来电要求我出口公司立即支付佣金2 500美元。我出口公司复电称：佣金需待货物装运并收到全部货款后才能支付。于是，双方发生了争议，请分析这起争议发生的原因是什么？

实训模块

实训主题： 出口商品价格核算。

实训目的： 要求学生通过实训掌握出口商品价格核算方法。

背景材料： 吉信贸易公司通过实惠网上的商品平台收到爱尔兰公司求购6 000双牛皮革面料腰高6英寸军靴（一个40英尺集装箱）的询盘，经了解，每双军靴的进货成本为人民币90元（含增值税17%①），进货总价为540 000（=90×6 000）元。出口包装费每双3元，国内运杂费共计12 000元，出口商检费350元，报关费150元，港区港杂费900元，其他各种费用共计1 500元。吉信公司向银行贷款的年利率为8%，预计垫款两个月，银行手续费率为0.5%（按成交价计），出口军靴的退税率为14%，海运费：大连—都柏林，一个40英尺集装箱的包箱费是3 800美元，客户要求按成交价的110%投保，保险费率为0.85%，并在价格中包括3%佣金。若吉信贸易公司的预期利润为成交金额的10%，人民币兑美元的汇率为6.799 0。

核算每双军靴的FOB、CFR、CIF价格。

实训要求： 请同学们分组模拟出口商，根据背景材料完成此询盘报价。

① 此处税率仅供理解计算，不必与现实税率一致。

第四章 国际货物运输

本章重点

1. 掌握班轮运输的特点及班轮运费的计算方法；
2. 掌握海运提单的性质、 内容以及类型；
3. 了解铁路运输、 航空运输、 集装箱运输等各种运输方式的基本特点；
4. 掌握合同中的装运条款。

案例导入

我国某出口公司先后与伦敦B公司和瑞士S公司签订两个出售农产品合同，共计3 500长吨，价值8.275万英镑。装运期为当年12月至次年1月。但由于原定的装货船舶出故障，只能改装另一艘外轮，致使货物到2月11日才装船完毕。在我公司的请求下，外轮代理公司将提单的日期改为1月31日，货物到达鹿特丹后，买方对装货日期提出异议，要求我公司提供1月装船证明。我公司坚持提单是正常的，无需提供证明。结果买方聘请律师上货船查阅船长的船行日志，证明提单日期是伪造的. 立即凭律师拍摄的证据，向当地法院控告并由法院发出通知扣留该船，经过4个月的办商，最后，我方赔款2.09万英镑，买方才肯撤回上诉而结案。

案例分析：

倒签提单是一种违法行为，一旦被识破，后果非常严重。但是在国际贸易中，倒签提单的情况相当普遍。尤其是在延期时间不多的情况下，还是有许多出口商会铤而走险。若倒签的日子较长，就容易引起买方怀疑，最终可以通过查阅船长的航行日志或者班轮时刻表等途径识破。

第一节 海洋运输方式

海洋运输是指使用船舶（或其他水上运输工具）通过海上航道运送货物或旅客的一种运输方式。国际贸易和国际货物运输是在世界范围内展开的，地理位置和地理条件决定了海洋运输方式是国际货物运输最主要的手段。

一、海洋运输的特点

目前，国际贸易总运量中海运量占80%左右，若按货物周转量计，则高达90%以上，这是由海洋运输本身所具有的特点决定的。与其他运输方式相比，海洋运输有以下特点：

（一）运输量大

海上货物运输的运输能力最大，这主要是由于船舶向大型化方向发展。大型船舶（如20万吨～30万吨的超大型油船）的运载能力远远超过火车、汽车和飞机，是运输能力最强的运输工具。

（二）通过能力强

海洋运输利用天然航道四通八达的优势，不像火车、汽车受到轨道和道路的限制，因而其通过能力要超过火车和汽车。因政治、经济、军事等条件变化，船舶还可以随时改变航线驶往有利于装卸的目的港。

（三）运费低

船舶的航道为天然构成的，港口设备一般为政府修建，船舶经久耐用且节省燃料，再加上船舶运量大、航程远，所以货物的单位运输成本相对低廉。据统计，海运运费一般约为铁路运费的1/5，公路汽车运费的1/10，航空运费的1/30，这就为低值大宗货物的运输提供了有利的竞争条件。

（四）对货物的适应性强

上述特点使得海洋货物运输基本上适应各种货物的运输。尤其是其他运输方式无法装运的货物，如石油井台、机车等，船舶一般都可以装运。

（五）海洋运输的速度慢

由于商船的体积大，水流的阻力大，加之装卸时间长等其他各种因素的影响，货物的海洋运输速度比其他运输方式慢。较快的班轮航行速度也仅30海里/小时左右。

（六）海洋运输风险较大

由于海洋环境复杂，气象多变，船舶海上航行随时都有遇上狂风、巨浪、雷电、海啸等自然灾害的可能，且遇险的可能性很大。同时，海洋运输还存在社会风险，如战争、罢工、贸易禁运等因素的影响。因此，海洋运输货物需要保险，以转嫁损失。

二、海洋运输的经营方式

海洋货物运输按照船舶的经营方式分为班轮运输和租船运输两种。

（一）班轮运输

班轮运输（liner transport）又称定期船运输，是指船舶在特定航线上和固定港口之间，按事先公布的船期表（sailing schedule）航行，从事货物运输业务并按事先公布的费率收取运费的一种运输方式。

1. 班轮运输的特点

（1）"四固定"。即固定航线、固定港口、固定船期和相对固定的费率。这是班轮运输的基本特点。

（2）班轮运价内包括装卸费。即货物由承运人负责配载、装卸，承运人和托运人双方不计滞期费和速遣费。

（3）以班轮公司签发的提单为依据，承托双方的权利、义务和责任豁免。

知识链接

世界主要远洋货物运输航线

1. 北大西洋航线：西欧—北大西洋—北美洲东岸、南岸。

2. 亚欧航线（苏伊士运河航线）：东亚、东南亚—马六甲海峡—印度洋—曼德海峡—红海—苏伊士运河—地中海—直布罗陀海峡—英吉利海峡—西欧各国。

3. 好望角航线：西亚、东亚、东南亚、南亚—印度洋—东非—莫桑比克海峡—好望角—大西洋—西非—西欧。

4. 北太平洋航线：亚洲东部、东南部—太平洋—北美洲西海岸。

5. 巴拿马运河航线：北美洲东海岸—巴拿马运河（巴拿马城）—北美洲西海岸各港口。

6. 南太平洋航线：亚太地区国家—太平洋—南美洲西海岸。

7. 南美航线：是南美洲横跨大西洋连接欧洲和北美洲的航线。该航线西起北大西洋西岸，止于太平洋东岸。

8. 加勒比航线：是环行于墨西哥湾与加勒比沿海的航线。

2. 班轮运费的计算

班轮运费是承运人为承运货物而收取的报酬。

（1）班轮运费的计算标准。在实际业务中，班轮运费的征收标准大致有八种。

①按货物的毛重计收。在运价表中以"W"字母表示，一般以 1 公吨为计算单位，也有按长吨或短吨计算的。

②按货物的体积计收。在运价表中以"M"字母表示，一般以 1 立方米为计算单位，但也有以立方英尺计算的。

③按货物的毛重或体积计收运费。在运价表中以"W/M"字母表示，计收时取其数量较高者。

④按货物的价格计收运费。在运价表中以“Adval”表示，又称从价运费。一般按货物 FOB 价的一定百分比计算，一般适用于价值较高的货物。

⑤按货物重量或体积或价格三者中最高的一种计收，在运价表中用“W/M or Adval”表示。也有先按货物的重量或体积计收，然后再加收一定百分比的从价运费，在运价表中用“W/M plus Adval”表示。

⑥按货物的件数计收。以“Per Unit，Head，Piece etc.”表示，如机车车辆、活牲畜等。

⑦按议价运费计收。大宗低值货物如粮食、矿砂等，一般在班轮费率表中未被规定具体费率，订舱时由托运人和班轮公司临时洽商议定。

⑧起码运费率，是指按每一提单上所列的重量或体积计算出的运费。没有达到运价表中规定的最低运费额时，按最低运费计收。

（2）班轮运费的构成。班轮运费通常由基本运费和各种附加运费构成。基本运费是对任何一种货物都要计收的运费。班轮运输航线上船舶定期或经常挂靠的港口称为基本港口，综合这些港口的基本情况，为在航线上基本港口间的运输而制定的运价称为基本运价或基本费率。基本费率是根据普通货物在航线上各基本港口间进行运输的平均水平制定的，是班轮运费的主要部分，但不是全部。

在实际运输中由于船舶、货物、港口等各种原因，承运人在运输中会增加一定的营运支出或损失。附加运费就是针对一些需要特殊处理的货物或客观情况的变化等使运输费用大幅增加时，班轮公司为弥补损失而额外加收的费用。

附加运费的种类很多，常见的附加运费有：超重附加费、超长附加费、燃油附加费、港口附加费、港口拥挤附加费、货币贬值附加费、绕航附加费、转船附加费、直航附加费、选卸港附加费、变更卸货港附加费等等。

附加费的表示方法主要有两种：一种是以百分比来表示，即在基本费率的基础上增加一个百分比；另一种是以绝对数来表示，即每运费吨增加若干金额，可以与基本费率直接相加计算。

（3）班轮运费的计算方法。

班轮运费的计算公式为：

运费总额＝单位运费×货运数量(计费重量吨或尺码吨)

如果附加费用绝对数表示，则单位运费的计算公式为：

单位运费＝基本费率＋各项附加费

如果附加费用百分比表示，则单位运费的计算公式为：

单位运费＝基本费率×(1＋各项附加费率)

例如：出口箱装货物共 100 箱，基本费率为每运费吨 26 美元，以 W/M 计算，每箱体积为 1.4×1.3×1.1 立方米，毛重为每箱 2 公吨，并加收燃油附加费 10%，直航附加费每吨运费为 4 美元，计算总运费。

解：总重量：2×100＝200(公吨)

总体积：2.002×100=200.2（立方米）

由于体积大于重量，所以按体积来计算运费。

总运费=[26×(1+10%)+4]×200.2=6 526.52（美元）

（二）租船运输

租船运输又称不定期船运输（tramp shipping），它是相对于班轮运输的另一种海运方式。与班轮运输相比，租船运输没有固定航线、港口、船期和运价，而是根据国际租船市场的行情和租船人的实际需要，船舶所有人出租整船或部分舱位给租船人使用，以完成特定的货物运输任务，租船人按约定的运价或租金支付运费的商业行为。

1. 租船方式

（1）定程租船（voyage charter）或航次租船，又称"程租船"，是指按照租赁合同，由船舶所有人负责提供船舶，在指定的港口之间进行一个航次或数个航次，承运指定货物的租船运输。定程租船按照租赁航程不同又分为单程航次租船、来回航次租船、连续航次租船和包运合同等。定程租船的船方直接负责船舶的经营管理，它除了负责船舶航行、驾驶的管理外，还应对货物运输负责。定程租船的租金或运费，按货物的数量计算或按包租总金额计算。采用定程租船时要规定装卸期限和装卸率，并计算滞期费和速遣费。

（2）定期租船（time charter），又称"期租船"，是指由船舶所有人将船舶出租给承运人，供其使用一定时期的租船运输。租期可长可短，短的仅几个月，长的可达几年或十几年。定期租船的船方，仅对船舶的维护、修理、机器的正常运转和船员的工资与给养负责，而船舶的调度、货物的运输、船舶在租期内的经营管理和日常开支，均由租船方负责。定期租船的租金按每月每吨若干金额计算。船租双方不计算滞期费和速遣费。除租船合同另有规定外，租船人可将租赁的船舶作为班轮经营，或作为程租船经营，一般可装载任何货物驶往任何港口，甚至也可以将其转租给第三者，自己充当二船东。

（3）光船租船（bareboat charter），指船舶所有人将船舶出租给承租人使用一定时期，但船舶所有人提供的是一艘空船，既无船长，也未配备船员，租船人自己任命船长、船员，负责船员的给养和船舶营运管理所需的一切费用。这种租船方式实际上是一种财产租赁，在国际贸易中较少使用。

在国际货物运输中，租船运输最适宜大宗货物，如粮食、油料、矿产品等。我国进出口大宗货物，都采用租船运输，而且主要是定程租船。

知识链接

租船合同范本

租船合同是船东和租船人双方意见一致达成的协议。在国际租船市场上，一些航运集团、大航运公司或贸易集团根据本行业的特点，结合货物种类、运输航线以及习惯做法，制定了一些租船合同范本。目前国际租船市场上比较有影响力和被广泛采用的标准租船合同有以下几种：

● 标准程租船合同

1. 标准杂货程租船合同
2. 古巴食糖租船合同
3. 北美谷物租船合同
4. 澳大利亚谷物租船合同
5. 威尔士煤炭租船合同
6. 油轮程租船合同
7. 巴尔的摩 C 式合同

● 标准期租船合同

1. 统一定期租船合同
2. 纽约土产交易所定期租船合同
3. 中国租船公司期租船合同

2. 租船运费的计算

租船运费主要包括程租船的运输费用和期租船的租金，这里主要介绍程租船的运输费用。程租船的运输费用主要包括程租船运费和装卸费，此外还有速遣费和滞期费等。

（1）程租船运费。程租船运费是指货物从装运港至目的港的海上运费。程租船合同明确规定运费的计算方式和支付时间。其计算方式主要有两种：一种是按运费率，即单位重量或单位体积的运费额来计算，同时规定是按装船时的货物重量还是按卸船时的货物重量来计算总运费；另一种是整船包价，即规定一笔整船运费，船东保证船舶能提供的载货重量和容积，不管租方实际装货多少，一律按整船包价支付。

影响程租船运费率的因素有很多，如租船市场运费水平、货物的价值、运费的支付时间、装卸费的负担方法、港口费用高低等。

（2）程租船的装卸费。程租船涉及的货物装卸责任及费用由谁承担的问题，由双方当事人在合同中具体规定。常见的规定方法有以下几种：

①船方负责装卸费用（liner terms or gross terms）。在这种条件下，装卸费由船方支付。租船人把货物交到船边吊钩所能到达的地方，船方负责把货物装进舱内并整理好；卸货时，船方负责把货物从舱内卸到船边，由租方或收货人提货。装卸费用划分的界限为船边，这种方法多用于木材和包装货物的运输。

②船方管装不管卸（free out，F. O.）。即船方负担装货费，但不负担卸货费。

③船方管卸不管装（free in，F. I.）。即船方负担卸货费，但不负担装货费。

④船方不负担装卸费（free in and out，F. I. O.）。即船方既不负担装货费也不负担卸货费。这种条件一般适用于散装货。采用 F. I. O. 条件，还必须明确货物进舱后的理舱、平舱的责任和费用由谁负担。一般 F. I. O. 条件都规定这些费用由租船人负担，即 F. I. O. S. T.（free in and out，stowed and trimmed）。

（3）程租船的装卸时间。就程租船而言，一个货运航程需要多少时间，直接关系到船东的利益。装卸时间是整个航程时间的重要组成部分，而在由租船人负责装卸的情况下，船东无法控制装卸时间。为了及时装卸货物，船方在合同中都规定了在一定时间内必须完成装卸作业，这个时间被称为许可装卸时间。许可装卸时间可用若干日表示，也可用装卸率表示。此外，还要规定哪些时间应算为工作日，哪些时间除外。许可装卸时间中的"日"如何计算，应在合同中明确具体地规定，常见的规定方法有下列几种：

①连续日。连续日即按自然日计算。按时钟连续走过 24 小时为一天，其中没有任何扣除，一般用于运输矿石、石油等少数不受天气影响的货物的租船合同。

②工作日。工作日是指没有被租船合同明确地排除在装卸时间外，且不属于节假日的日数或部分时间。即不包括星期日和法定节假日在内的，港口可以进行装卸工作的日数。

③晴天工作日。晴天工作日是指在工作日或部分工作日中，不受天气影响，可以进行装卸作业的时间。

④累计 24 小时晴天工作日。这是不考虑港口规定的工作时间是多少小时，也不论工作小时数跨及几天，以累计晴天工作 24 小时作为一个晴天工作日的表示装卸时间的方法。

⑤连续 24 小时晴天工作日。指除去星期日、节假日和天气不良影响作业的工作日或工作小时后，连续作业，时钟走过 24 小时才算一天。

(4) 滞期费和速遣费。在程租船运输中规定许可装卸时间，主要是对租船人的限制。如果租船人使用的实际装卸时间超过了合同规定允许使用的时间，则称超过的时间为滞期时间。为补偿船方因船舶延期产生的损失，由租船人向船方支付超时罚金，此项罚金被称为滞期费。滞期费一般按照船舶大小、经营成本和当时的租船市场价格由买卖双方商定。

速遣是指在合同规定的许可装卸期限终止前，租船人提前完成货物装卸作业，节省了船期。船方为了鼓励这种行为而付给租船人一定金额作为报酬，称为速遣费。速遣费通常被规定为滞期费的一半。速遣费有两种计算方法：一是按节约的全部时间计算；二是按节约的工作时间计算。

滞期费和速遣费通常被约定为每天若干金额，不足一天者，按比例计算。

三、海上货物运输单据

海上货物运输单据主要有海运提单和海运单两种。

（一）海运提单

海运提单（bill of lading，B/L），简称提单，是国际货物海上运输中的重要单证之一，也是信用证交易形式下银行结汇、买方提取货物的关键票据，在国际贸易中起着不可替代的作用。《1978 年联合国海上货物运输公约》以及《中华人民共和国海商法》都对提单下了定义：提单是指一种证明海上货物运输合同和货物已经由承运人接管或装船，以及承运人据以保证交付货物的单证。

1. 海运提单的性质和作用

海运提单的性质与作用，可以概括为三个方面。

（1）货物收据。提单是承运人签发给托运人的收据，证明承运人已收到或接管提单所列货物。已装船提单是承运人出具的，证明货物已经收到并装上船付运的收据。

（2）物权凭证。提单是承运人保证凭之交付货物和可以转让（记名提单除外）的物权凭证。谁占有提单谁就占有了该提单上记载的货物，就有向承运人要求交付货物的请求权。提单作为一种商业单据，经背书后可以转让，从而转让货物的所有权。

（3）运输契约的证明。提单规定了承运人与托运人双方之间的权利义务和责任豁免，一旦发生纠纷，提单便是确定当事各方责任的重要依据。这里我们把班轮提单看作运输契约的证明而不是契约本身，有两个原因：第一，提单的签发是在承运人接收货物，甚至是货物装船之后，而此时运输契约早已在履行。第二，提单是由承运人或其代理人签发的包含印就条款的一种商业票据。提单的签署只是承运人单方面的行为，提单内容并不是承运人与托运人双方合意的结果。所以提单只能说是运输契约的证明，而不是运输契约本身。

2. 海运提单的基本内容

为保护自身利益，各大航运公司都定有自己的提单格式，目前尚未统一。虽然提单格式不同，但内容大体相似，一般分为正面条款和背面条款两部分。

（1）提单正面的内容。提单的正面大多记载与货物和货物运输有关的事项，这些项目有的是法定必须记载的，也有的是承运人出于自身业务需要而记载的。提单正面的内容主要包括以下几部分：

①托运人提供并填写的部分，如托运人名称、收货人名称、通知方名称、货物名称、标志和号码、件数、毛重、尺码等。托运人应该对所填写资料的正确性负责，如有错误，由此给承运人造成的损失由托运人赔偿。

②承运人需要填写的部分，如船名、装货港、卸货港、签发提单的时间和地点等。承运人要对这部分内容的正确性负责。

③提单的文字条款。提单正面除上述必须记载的内容之外，还有一些属于承运人声明性质的文字说明，如“外表状况良好条款”“内容不知条款”“承认接受条款”。

（2）提单背面的内容。在正本提单的背面印有许多条款，它是处理承运人与托运人之间有关运输过程中发生争议的依据。提单背面条款期初是由船舶公司自行规定的，因而内容很不一致。为了统一提单背面条款的内容，国际上先后形成了以下四个国际公约：

①《统一提单的若干法律规定的国际公约》，简称《海牙规则》，是 1924 年 8 月 25 日于比利时布鲁塞尔由 26 个国家代表在其共同出席的外交会议上签署的。

②《修改统一提单若干法律规定的国际公约议定书》，简称《维斯比规则》，于 1968 年 6 月 23 日在布鲁塞尔外交会议上通过。

③《1978 年联合国海上货物运输公约》，简称《汉堡规则》，于 1978 年 3 月在德国汉堡举行的由联合国主持的有 78 国代表参加的海上货物运输大会上讨论通过。

④《联合国全程或部分海上国际货物运输合同公约》，简称《鹿特丹规则》，于 2008 年 12 月 11 日在纽约举行的联合国大会上正式通过，2009 年 9 月 23 日在荷兰鹿特丹正式签署。联合国国际贸易法委员会制定该公约的目的主要是取代现行的三个国际海上货物运输公约，以实现海上货物运输和包括海运区段的国际货物多式联运法律制度的国际统一。

由于参加公约的国家不一，因此各国船公司签发的提单背面条款的内容也就有差异，但是以《海牙规则》为依据制定提单的公司居多，如中远提单、外运提单均是如此。虽然提单的文字表述不完全相同，但主要条款内容基本相同，包括：定义条款、首要条款、承运人的责任条款、承运人责任期间条款、免责条款、索赔条款、包装与唛头标志条款、运费条款、留置权条款、转运或转船条款、卸货和交货条款、动植物和舱面货条款、危险品条款等。海运提单样本如图 4－1 所示。

<table>
<tr><td colspan="2">Shipper
SHANGHAI KNITWEAR IMPORT & EXPORT CORPORATION</td><td colspan="2" rowspan="5">B/L No.
中国对外贸易运输总公司
上海 SHANGHAI
联 运 提 单
COMBINED TRANSPORT
BILL OF LADING
RECEIVER the foods in apparent good order and condition as specified below unless otherwise stated herein. The carrier, in accordance with the provisions contained in the document: 1) undertakes to perform or to procure the performance of the entire transport from the place at which the goods are taken in charge to the place designated for delivery in this document, and 2) assumes liability as prescribed in this document for such transport. One of the bills of lading must be surrendered duty indorsed in exchange for the goods or delivery order.</td></tr>
<tr><td colspan="2">Consignee or order
TO ORDER</td></tr>
<tr><td colspan="2">Notify address
XYZ CO. LTD.
TEL NO：81－525－73256
FAX：81－525－73286</td></tr>
<tr><td>Pre-carriage by</td><td>Place of receipt</td></tr>
<tr><td>Ocean Vessel
M. V. Gloria</td><td>Port of Loading
SHANGHAI</td></tr>
<tr><td>Port of discharge
YOKOHAMA</td><td>Place of delivery</td><td>Freight payable at
SHANGHAI</td><td>Number of original Bs/L
THREE (3)</td></tr>
<tr><td colspan="4">

Marks and Nos. Number and kind of packages	Description of goods	Gross weight(kgs)	Measurement(m^3)
XYZ CO. LTD., YOKOHAMA CARTON/NO. 1－80 MADE IN CHINA	ALL COTTON CUSHIONS IN CARTON 2×20′ CY—CY SHIPPER'S LOAD COUNT AND SEAL SAY TO CONTAIN FREIGHT PREPAID ABOVE PARTICULARS FURNISHED BY SHIPPER	1 200.58kgs	8.98m^3

</td></tr>
<tr><td colspan="2" rowspan="4">Freight and charge</td><td colspan="2">IN WITNESS where of the number of original bills of lading stated above have been signed, one of which being accomplished, the other(s) to be void.</td></tr>
<tr><td colspan="2">Place and date of issue
SHANGHAI Nov. 20th, 2003</td></tr>
<tr><td colspan="2">Signed for or on behalf of the carrier</td></tr>
<tr><td colspan="2">FAN CHENG INTERNATIONAL TRANSPORTATION SERVICE AS AGENT FOR THE CARRIER NAMED ABOVE</td></tr>
</table>

SUBJECT TO THE TERMS AND CONDITIONS ON BACK

图 4－1 海运提单样本

3. 提单的签发与流转

提单的签发和流转是涉及提单各当事人、关系方的重要业务活动，应当受到重视。

（1）提单的签发人。有权签发提单的只有承运人本人、船长和经承运人授权的代理人。承运人作为海上运输合同的一方当事人承担货物运输责任，当然有权签发提单。船长是承运人的法定代理人，因此不必经过承运人的授权就有权签发提单。在当今国际货物运输中，特别是班轮运输中，常由承运人的代理人签发提单。但代理人必须经过承运人的委托授权才能签发提单，否则无权签发提单。

（2）提单的签发日期。提单的签发日期应与提单上所列货物实际装船完毕的日期，即收货单的签发日期一致。在国际贸易中通常把签发提单的日期看作货物装船的日期，也就是卖方向买方交货的日期。如果提单签发的日期早于或晚于货物装船完毕的日期，就有可能构成对第三者的欺诈行为，从而导致收货人拒绝提货，进而提出索赔。

（3）提单的份数。提单有正本和副本之分。正本提单允许签发数份，并且各份正本提单具有相同的法律效力，但以其中一份提货后，其余各份自动失效。副本提单用于承运人的日常业务，不具有法律效力，签发数量根据实际业务需要而定。为了防止提单流失在外引起纠纷，损害提单善意持有人的利益，在实际业务中，许多银行在开立信用证时都规定，贸易商在办理结汇或其他事项时必须同时使用全套正本提单。

（4）提单的转让。提单是货物所有权的证明，提单的转让就意味着货物所有权由原提单持有人转移到提单的受让人手中，这一过程通常通过背书实现。背书是指转让人在提单背面写明受让人或不写明受让人，并签名的转让手续。背书按照内容的不同，分为记名背书和不记名背书（空白背书）。记名背书时，提单背面不仅有背书人自己的名称、签章，而且要写明被背书人的名称。空白背书时，背书人只签署自己的名称，而不写明受让人。

4. 海运提单的种类

提单从不同角度的分类主要有以下几种：

（1）根据货物是否装船，提单分为已装提单和备运提单。已装提单（on board B/L or shipping B/L），是指承运人将货物装上指定的船只后签发的提单。这种提单的特点是上面有载货船舶名称和装货日期。

备运提单（received for shipment B/L），是指承运人在收到托运人的货物后的待装船期间，签发给托运人的提单。这种提单上面没有装船日期，也无载货的具体船名。

在国际贸易中，提单一般都必须是已装提单。《跟单信用证统一惯例》规定，在信用证无特殊规定的情况下，卖方必须提供已装提单，银行一般不接受备运提单。

（2）根据货物表面状况有无不良批注，可将提单分为清洁提单和不清洁提单。清洁提单（clean B/L），是指货物装船时，表面状况良好，承运人在签发提单时未加上任何货损、包装不良或其他有碍结汇批注的提单。

不清洁提单（unclean B/L or foul B/L），是指承运人收到货物之后，在提单上加注货物外表状况不良或货物存在缺陷或包装破损的提单。例如在提单上批注："铁条松散""包装不固""×件损坏"等。但须说明的是，并不是所有经批注的提单都为不清洁提单。国际航运公会于1951年规定下列三种内容的批注不能被视为不清洁：第一，没有说明货物或包装不能令人满意，只是批注“旧包装”“旧箱”“旧桶”等等；第二，强调承运人对于由货物或包装性质所引起的风险不负责任；第三，否认承运人知悉货物内容、重量、容积、质量或技术规格。这三项内容已被大多数国家和船运组织所接受。

在使用信用证支付方式时，银行通常不接受不清洁提单。当装船时发生货损或出现包装不良现象时，托运人经常要求承运人不在提单上加批注，而由托运人向承运人出具保函，也称“赔偿保证书”，向承运人保证因货物破残、短损，以及承运人签发清洁提单而引起的一切损失，由托运人负责。承运人则给予签发提单，以便卖方在信用证下顺利结汇。对于这种保函，有些国家法律和判例并未承认，如美国法律认为这是一种欺骗行为，所以使用保函时要视具体情况而定。

(3) 根据收货人抬头不同，提单可分为记名提单、不记名提单和指示提单。记名提单（straight B/L），又称收货人抬头提单，它是指在提单的收货人栏内，具体写明收货人的名称。这种提单只能由提单内指定的收货人提货，不能转让。记名提单虽然避免了提单转让过程中可能出现的风险，使货物始终控制在货主手中，但也失去了其代表货物转让流通的便利。同时，银行也不愿意接受记名提单作为议付的证件。由于这些原因，记名提单在国际贸易业务中很少使用，一般只有在运送价值较高的货物、展览品及援外物资时方才使用。

不记名提单（open B/L），又称空白提单，是指在提单收货人栏内不填明具体的收货人或指示人的名称，只填写持有人（bearer）或收货人一栏空白的提单。不记名提单的转让不需经任何背书手续，提单持有人仅凭提单即可提货。这种提单的转让或提货手续比较简便，但一旦遗失或被盗，货物也容易被人提走，即使货物未被提走，提单被转让到第三者手里，也会引起纠纷。因此，这种提单在国际贸易中很少应用。

指示提单（order B/L），是指提单上收货人栏中填“凭指示”（to order）或“凭×指示”（to order of ×）字样的提单。指示提单可以是不记名指示（不标明指示人），也可以是记名指示（标明指示人）。指示人可以是托运人、收货人或者银行。指示提单是一种可转让的票据，提单持有人通过背书的方式将指示提单转让给第三者。无论是指示提单还是不记名提单，转让时都无须经过原提单签发人，即承运人的同意。交付货物时，对承运人来讲只要提单真实、背书连续、指示提单持有人的身份符合提单上所记载的指示，就可以交付货物，完成交付义务。由此可见，指示提单既转让方便，又有一定的流通性，而且较不记名提单安全性更强，所以它是国际贸易中使用最为广泛的一种提单。

(4) 按运输过程中是否转船可将提单分为直达提单、转船提单和联运提单。货物自装运港装船后，中途不经换船而直接驶达目的港卸货，按照这种条件签发的提单，称为直达提单（direct B/L）或直运提单。直达提单内仅列有装运港和目的港之名，而无“中途转船”“在某港转船”等批语。在国际贸易中，信用证如规定货物不准转船，卖方就必须取得承运人签发的直达提单，银行才接受办理议付货款。

船舶从装运港装货后，不直接驶往目的港而在中途的港口换船把货物转往目的港，凡按此条件签发的包括运输全程的提单，称为转船提单（transhipment B/L）。转船提单内一般注有“在×港转船”字样。货物在中途港转船，对进口方来讲，不仅会增加货物受损或其他风险，而且还会因为等候换装船而延误到货时间。所以进口方通常争取直达运输，并在信用证内明确规定不许转船。但碍于运输条件的限制，有时转船也许会使货物更快驶达目的港。在这种情况下，买卖双方约定也可以使用转船提单。

联运提单（through B/L）是指，对于需经两种或两种以上的运输方式（如海陆、海河、海空等）联合运输的货物，托运人在办理托运手续并交纳全程运费之后，由第一程承运人签发的，包括运输全程并能凭之在目的港提取货物的提单。采用这种提单时，如同采用转船提单一样，货物在运输途中转换交通工具和承运人交换工作，均由第一程承运人或其代理人负责向下段航程承运人办理，托运人无须自己办理。联运提单和转船提单虽然包括全程运输，但签发提单的承运人或其代理人，一般都在提单条款中规定：只担负货物在他负责运输的一段航程内所发生的损失责任，货物从他所有的运输工具卸下后，他的责任即告终止。

（5）按提单内容的繁简可将提单分为全式提单和略式提单。全式提单（long form B/L），亦称繁式提单，它是指通常应用的，既有正面内容又在提单背面列有承运人和托运人的权利、义务等详细条款的提单。

略式提单（short form B/L），亦称简式提单，它是仅保留全式提单正面的必要项目，如船名、货名、标志、件数、重量或体积、装运港、目的港、托运人名称等的记载，而略去提单背面全部条款的提单。

略式提单又可分为租船项下的略式提单及班轮项下的略式提单。租船项下的略式提单内注有“根据某年某月某日签订的租船合同开立”等字样。这种提单由于受到租船合同的约束，本身不构成一个完整的独立文件，因此银行一般都不愿意凭这种提单办理议付。班轮项下的略式提单一般都印有“本提单货物的收受、保管、运输和运费等事项，均按本公司全式提单的正面、背面的铅印，手写印章和打字等书面的条款和例外条款办理”等字样。根据国际惯例，可凭这种略式提单向银行办理议付。

（6）其他种类的提单。过期提单（stale B/L），是指卖方向当地银行交单结汇的日期与装船开航的日期相距太久，以致银行按正常邮程寄单，预计收货人不能在船到达目的港前收到的提单。此外，根据《跟单信用证统一惯例》的规定，在提单签发超过信用证规定期限后才向银行提交的提单也叫过期提单。但就本质而言，真正的过期提单主要是指前者。由于过期提单可能产生进口方不能如期提货而造成损失的风险，所以在实际业务中，鉴于邻近国家的贸易产生过期提单在所难免，为便于进口方及时提货，买卖双方往往事先商定，待货物装运后，由卖方负责将一份正本提单委托船舶公司随货带往目的地交给开证行或代收银行，由进口方银行付款后领取，然后再凭之向船舶公司提取货物。至于非邻近国家之间的一般交易，如在买卖合同或信用证中规定“过期提单也可接受”的条款，对出口方是有利的。

甲板货提单（on deck B/L），又称舱面提单，指承运人签发的表明货物装于船舶甲板上的提单。承运人在签发提单时加批“货装甲板”字样。货物装在甲板上受损的风险很大，所以进口方一般不接受甲板货提单。《跟单信用证统一惯例》规定，运输单据不得表明货物装于或者将装于舱面。声明货物可能被装于舱面的运输单据可以接受。现实情况是，除集装箱等航运界习惯装于甲板上的货物外，船方很少将货物装于甲板上，贸易中甲板货提单并不多见。

倒签提单（antidated B/L），是指承运人应托运人的要求，签发提单的日期早于实际装船日期的提单，以符合信用证对装船日期的规定，便于在该信用证下结汇。装船日期的确定，主要是通过提单的签发日期证明的。提单的签发日期不仅对买卖双方都有着重要作用，而且与银行向收货人提供垫款和向发货人转账、海关办理延长进口许可证、海上货物保险契约的生效等都有密切关系。因此，提单的签发日期必须依据接收货物的记录和已装船的大副收据来签发。在出口业务中，有时在信用证即将到期或不能按期装船时，为了不影响结汇，托运人只好采用倒签提单。当然根据国际贸易惯例和资本主义国家的法律实践，错填提单是一种欺骗行为，是违法的。因此应尽量避免使用倒签提单。

预借提单（advanced B/L），又称无货提单，是指因信用证规定的装运日期和议付日期已到，货物因故而未能及时装船，但已被承运人接管，或已经开装而未装毕，由托运人出具保函，要求承运人签发已装船提单。预借提单和倒签提单同属一种性质，一般都是出口公司出于无奈和应急采用的办法，为了防止意外，最好避免使用这两种提单。

（二）海运单

1. 海运单的含义

海运单是证明海上货物运输合同成立和承运人接收货物或者已将货物装船的不可转让的单证。海运单的正面内容与提单的内容基本一致，但是印有“不可转让”的字样。有的海运单在背面订有定义条款，承运人责任，义务与免责条款，装货、卸货与交货条款，运费及其他费用条款，留置权条款，共同海损条款，双方有责碰撞条款，首要条款，法律适用条款等内容。有的海运单没有背面条款，仅在正面或者背面载明参照何种运输条件或某种提单或其他文件中的规定。

海运单不能背书转让，收货人无须凭海运单，只需出示适当的身份证明，就可以提取货物。因此海运单迟延到达、灭失、失窃等均不影响收货人提货，这样可以有效地防止海运欺诈、错误交货的发生。海运单在无转卖货物意图的贸易运输中焕发了勃勃生机。

2. 海运单与提单的区别

（1）提单是货物收据、运输合同的证明，也是物权凭证；海运单只具有货物收据和运输合同这两种性质，它不是物权凭证。

（2）提单可以是指示抬头形式，可以背书转让流通；海运单是一种非流动性单据，海运单上标明了确定的收货人，不能转让流通。

（3）提单的合法持有人和承运人凭提单提货和交货；海运单上的收货人并不出示海运单，仅凭提货通知或其身份证明提货，承运人凭收货人出示适当身份证明交付货物。

第二节　铁路运输方式

（一）铁路运输的优点

铁路运输是国家的经济大动脉，是国际货物运输的主要方式之一。和其他运输方式相比，铁路运输具有以下优点：

（1）铁路运输的准确性和连续性强。铁路运输几乎不受气候影响，一年四季可以不分昼夜地进行定期的、有规律的、准确的运转。

（2）铁路运输速度比较快。一般货运列车速度可达每小时 100 公里左右，货运速度远远快于海上运输。

（3）运输量比较大。一列铁路货运列车一般能运送 3 000 吨～5 000 吨货物，远远高于航空运输量和汽车运输量。

（4）铁路运输成本较低。铁路运输费用仅为汽车运输费用的几分之一到十几分之一；运输耗油约是汽车运输的二十分之一。

（5）铁路运输安全可靠，风险远比海上运输小。

（二）铁路运输方式

1. 国际铁路货物联运

国际铁路货物联运是指在两个或两个以上国家的铁路运输中使用一份运送单据，并以连带责任办理货物的全程运送的运输方式，在一国铁路向另一国铁路移交货物时，无须发货人、收货人参加。

这个概念有三个要点：一是票据统一，在整个联运过程中使用的是一份统一的票据；二是由铁路部门负责从接货到交货的全过程运输，即使在由一国铁路向另一国铁路移交货物时也无须发货人、收货人参加；三是两个或两个以上国家的铁路运输。

国际铁路货物联运一般是根据有关国际条约的规定进行的。目前，这方面的国际公约主要有两个，一个是由奥地利、法国、联邦德国、比利时等西欧国家签订的《国际铁路货物运输公约》（以下简称《国际货约》）；另一个是由苏联、波兰、匈牙利、罗马尼亚等国家签订的《国际铁路货物联运协定》（以下简称《国际货协》）。

（1）《国际铁路货物运输公约》。该公约是在 1890 年制定的《国际铁路货物运送规则》（简称《伯尔尼公约》）基础上发展起来的。1961 年 2 月 25 日，由奥地利、法国、联邦德国、比利时等国在瑞士伯尔尼签订，又于 1970 年 2 月 7 日修订，修订后的《国际货约》于 1975 年 1 月 1 日生效，1980 年再次修订。目前参加该公约的国家主要有：德国、奥地利、瑞士、法国、意大利、比利时、荷兰、西班牙、葡萄牙、土耳其、芬兰、瑞典、挪威、丹麦、匈牙利、波兰、保加利亚、罗马尼亚等。

（2）《国际铁路货物联运协定》。该协定是在 1951 年由苏联、罗马尼亚、匈牙利、波兰等 8 个东欧国家签订的。中国于 1954 年 1 月加入该协定，其后朝鲜、蒙古国也陆续加入。后来，越南和古巴也加入该协定。《国际货协》自签订以后至 1971 年先后经过多次修改和补充。现行的是 1971 年 4 月经铁路合作组织核准并从 1974 年 7 月 1 日起生效的文本。目前，《国际货协》签约国有阿塞拜疆、阿尔巴尼亚、白俄罗斯、保加利亚、越南、格鲁吉亚、伊朗、哈萨克斯坦、中国、朝鲜、吉尔吉斯斯坦、拉脱维亚、立陶宛、摩尔多瓦、蒙古国、俄罗斯、塔吉克斯坦、土库曼斯坦、乌兹别克斯坦、乌克兰和爱沙尼亚等。此外，波兰、匈牙利、德国等国虽已退出《国际货协》，但仍采用《国际货协》的规定。

国际铁路货物联运为参加国开辟了一条对外联系和经济贸易的重要渠道。它的开办，不仅免除了货物在国境站重新办理托运的手续，而且在直通过轨运输时，还可以减少换装所耗费的人力、物力和时间，从而加速了货物运输，减少了货损、货差，降低了运输费用，为发展国际贸易创造了有利条件。

2. 国内铁路运输

国内铁路货物运输，是指在我国范围内，根据我国《铁路货物运输规程》的规定办理的货物运输。我国出口货物经铁路运至港口装船，进口货物卸船后经铁路运往各地；供应给香港、澳门地区的货物经铁路运往香港九龙，或经香港、澳门地区的物资运往内地，均属于国内铁路运输范畴。

对港澳地区出口货物的铁路运输，不同于国际联运，也不同于一般的国内运输，是一种特殊的“租车方式”的两票运输。它的全过程由中国对外贸易运输公司各地分支机构和香港中国旅行社联合组织。发货地外运公司以国内运输的形式向铁路办理托运至深圳北站，收货人为深圳外运分公司；深圳外运分公司作为各外贸发货的代理向铁路局办理租车手续，租车去香港；货车过轨后，香港中国旅行社则作为深圳外运分公司的代理在港段重新起票托运至九龙。

对香港地区铁路货物运输的具体工作主要包括以下七点：

(1) 发货地外运公司或外贸进出口公司填制国内铁路运单，向当地车站办理至深圳北站的托运手续。

(2) 按车站指定的进货日期将货物送到车站指定的货位，并办妥出口报关手续。

(3) 发货单位以出口物资工作单委托深圳外运分公司办理接货、租车、过轨等手续，装车后立即拍发起运电报。

(4) 深圳外运分公司接到各发货地工作单和起运电报后，及时通知香港中国旅行社做好接车准备工作。

(5) 货车到达后，深圳外运分公司与铁路局进行票据交换，并编制货车过轨计划，办理租车手续。

(6) 香港中国旅行社向香港海关报关，并向广九铁路公司办理托运起票手续。

(7) 货到香港后，由香港中国旅行社负责卸货并送交货主。如果是运往澳门的货物，则发至广州，由广州外运公司办理中转手续，其他手续与向香港运输货物的手续相同。

出口港澳的货物中，鲜活商品较多。由于鲜活商品在运输上具有特殊性，因此运送速度要快，质量要高，并要使用特殊车辆。为此，全国外贸与铁路等部门协作，先后开辟有“751”“753”“755”三趟快运列车，分别由湖北江岸站、上海新龙华站和郑州北站发车，沿途列车不停，直达深圳，从而加快了运送速度，保证了商品质量，有利于对香港市场的均衡供应。

（三）铁路运输单据

1. 国际铁路联运运单

国际铁路联运运单是国际铁路联运的主要运输单据，它是发货人与铁路之间缔结的运输契约，规定了铁路与发货人、收货人在货物运送中的权利、义务和责任，对铁路和发货人、收货人都具有法律效力。该运单一式五联，其中运单正本从始发站随同货物附送至终点站并交给收货人，它不仅是铁路承运货物出具的凭证，也是铁路同货主交接货物、核收运杂费用和处理索赔与理赔事项的依据。国际铁路联运运单副本，在铁路加盖承运日期戳记后发还给发货人，它是卖方向银行结算货款的主要证件之一。

2. 承运货物收据

承运货物收据既是承运人出具的货物收据，也是承运人与托运人签订的运输契约的证明。中国内地通过铁路运往港澳地区的出口货物，不能一票直达香港，银行不同意用国内铁路运单作为对外结汇的凭证。因此，对香港地区的铁路货物运输一般委托中国对外贸易运输公司承办。当出口货物装车发运后，对外贸易运输公司即签发承运货物收据给托运人，作为对外办理结汇的凭证。承运货物收据只有第一联为正本，反面印有“承运简章”，载明承运人的责任范围。

知识链接

我国与邻国直接相连的铁路干线，相关的我国口岸及邻国口岸

我国与邻国	我国铁路干线	我国国境站站名	邻国国境站站名	交接、换装地点	
				出口	进口
中俄间	滨洲线	满洲里	后贝加尔	后贝加尔	满洲里
	滨绥线	绥芬河	格罗迭科沃	格罗迭科沃	绥芬河
	珲马线	珲春	卡梅绍娃亚	卡梅绍娃亚	珲春
中哈间	北疆线	阿拉山口	多斯特克	多斯特克	阿拉山口
中蒙间	集二线	二连浩特	扎门乌德	扎门乌德	二连浩特
中朝间	沈丹线	丹东	新义州	新义州	丹东
	长图线	图们	南阳	南阳	图们
	梅集线	集安	满浦	满浦	集安
中越间	湘桂线	凭祥	同登	同登	凭祥
	昆河线	山腰	新铺	新铺	山腰

第三节 航空运输方式

采用商业飞机运输货物的商业活动被称为航空货物运输。它是一种现代化的、安全迅速的运输方式。

一、航空运输的特点

航空货运虽然起步较晚，但发展异常迅速，与其他运输方式相比，具有如下优越性：

(1) 运送速度快。到目前为止，飞机仍然是最快捷的交通工具，常见的喷气式飞机的经济巡航速度大都在每小时 850 公里～900 公里。快捷的交通工具大大缩短了货物在途时间，对于易腐烂、变质的鲜活商品，时效性和季节性强的报刊类商品，以及抢险和救急品的运输，这一特点显得尤为突出。

(2) 不受地面条件影响，深入内陆地区。航空运输利用天空这一自然通道，不受地理条件的限制。对于地面条件恶劣、交通不便的内陆地区非常合适，有利于当地资源的出口，促进当地经济的发展。

(3) 安全、准确。与其他运输方式相比，航空运输的安全性较高，风险发生概率较低。另外航空公司的运输管理制度也比较完善，货物的破损率较低。

(4) 节约包装、保险、利息等费用。采用航空运输方式，货物周转速度快，企业存货可以相应地减少。一方面有利于资金的回收，减少利息支出，另一方面企业仓储费用也可以降低。又由于航空货物运输安全、准确，货损、货差少，所以保险费用较低。与其他运输方式相比，航空运输的包装简单，包装成本较低。这些都有利于企业隐性成本的下降，收益的增加。

当然，航空运输也有自己的局限性，主要表现为航空货运的运输费用较其他运输方式更高，不适合低价值货物；飞机的舱容有限，对大件货物或大批量货物的运输有一定的限制；飞机飞行安全容易受恶劣气候影响等等。但总体来讲，随着现代产品更趋向薄、轻、短、小及高价值，管理者更重视运输的及时性和可靠性，航空运输的作用会日益重要。

二、国际航空运输的方式

1. 班机运输

班机运输（schedule airline transport）是指定期开航的、指定目的港、指定途经站的飞机运输。一般航空公司都使用客货混合型飞机，既搭载旅客，又运送少量货物。但一些较大的航空公司在一些航线上开辟定期的货运航班，使用全货机运输。

班机由于航线固定、停靠港固定和定期开航，便于收货人、发货人确切掌握货物起运和到达的时间，这对市场上急需的商品、鲜活易腐货物，以及贵重商品的运送是非常有利的。但是班机运输一般是客货混载，因此，舱位有限，不能使大批量的货物及时出运，往往需要分期分批运输。这是班机运输的不足之处。

2. 包机运输

包机运输（chartered carrier transport）是指航空公司按照约定的条件和费率，将整架飞机租给一个或若干个包机人（包机人指发货人或航空货运代理公司），从一个或几个航空站装运货物至指定目的地。包机运输适合于大宗货物运输，费率低于班机，但运送时间则比班机要长。包机运输方式可分为整架包机和部分包机两种。

（1）整架包机即包租整架飞机，指航空公司按照与租机人事先约定的条件及费用，将整架飞机租给包机人，从一个或几个航空港装运货物至目的地。它适用于运输大批量货物，运费一次一议。整架包机具有舱位充足、节省时间、可办理多次发货的手续、不用中转、减少货损货差、在空运旺季缓解航班紧张状况等方面的优点。

（2）部分包机是指由几家航空货运公司或发货人联合包租一架飞机或者由航空公司把一架飞机的舱位分别卖给几家航空货运公司装载货物。它适用于托运量不足一整架飞机舱容，但货量又较重的货物运输。

3. 集中托运

集中托运（consolidation transport）是指集中托运人将若干批单独发运的货物组成一整批，向航空公司办理托运，采用一份航空总运单集中发运到同一目的站，由集中托运人在目的地指定的代理人收货，再根据集中托运人签发的航空分运单分拨给各实际收货人的运输方式，也是航空货物运输中最为普遍的一种运输方式，是航空货运代理的主要业务之一。

与货运代理人不同，集中托运人的地位类似于多式联运中的多式联运经营人。他承担的责任不仅仅是在始发地将货物交给航空公司，在目的地提取货物并转交给不同的收货人，而且还有货物的全程运输。集中托运人在运输中具有双重角色。他对各个发货人负货物运输责任，地位相当于承运人；而在与航空公司的关系中，他又被视为集中托运的一整批货物的托运人。集中托运具有以下优点：

（1）节省运费。航空货运公司的集中托运运价一般都低于航空协会的运价。发货人可得到低于航空公司的运价，从而节省费用。

（2）便利货主。将货物集中托运，可使货物到达航空公司到达地点以外的地方，延伸了航空公司的服务，方便了货主。

（3）提早结汇。发货人将货物交与航空货运代理后，即可取得货物分运单，可持分运单到银行尽早办理结汇。

在实际业务中由于航空运输的特殊性质，集中托运这一业务形式受到了不同程度的限制：集中托运只适合办理普通货物，对于等级运价的货物，如贵重物品、危险品、活动物以及文物等不能办理集中托运；目的地相同或临近的货物可以办理集中托运，其他则不宜办理。

集中托运方式已在世界范围内普遍开展，形成了较完善、有效的服务系统，为促进国际贸易发展和国际科技文化交流起到了良好的作用。集中托运成为我国进出口货物的主要运输方式之一。

4. 航空快递业务

航空快递业务又称航空急件传送，是目前国际航空运输中最快捷的运输方式。它由一个专门经营快递业务的机构与航空公司密切合作，设专人以最快的速度在货主、机场、收件人之间传送急件，特别适用于急需的药品、医疗器械、贵重物品、图纸资料、货样及单证等的传送，被称为“桌到桌运输”(desk to desk service)。

三、航空运单

1. 航空运单的性质和作用

航空运单（airway bill）是承运人与托运人之间签订的运输契约，也是承运人或其代理人签发的货物收据。航空运单与海运提单有很大的不同，却与国际铁路运单相似。它是由承运人或其代理人签发的重要的货物运输单据，是承托双方的运输合同，其内容对双方均具有约束力。航空运单还可作为核收运费的依据和海关查验放行的基本单据。但航空运单不是货物所有权的证明，不得转让，是一种不可议付的单据。在航空运单的收货人栏内，必须详细填写收货人的全称和地址，而不能做成指示性抬头。货物到达目的地后，收货人凭承运人的到货通知单提取货物。

航空运单的性质和作用主要有：

（1）航空运单是发货人与航空承运人之间的运输合同。与海运提单不同，航空运单不仅能证明航空运输合同的存在，而且本身就是发货人与航空运输承运人之间缔结的货物运输合同，在双方共同签署后产生效力，并在货物到达目的地交付给运单上所记载的收货人后失效。

（2）航空运单是承运人签发的已接收货物的证明。航空运单也是货物收据，在发货人将货物发运后，承运人或其代理人就会将其中一份交给发货人（即发货人联），作为已经接收货物的证明。除非另外注明，它是承运人收到货物并在良好条件下装运的证明。

（3）航空运单是承运人据以核收运费的账单。航空运单分别记载着属于收货人负担的费用，属于应支付给承运人的费用和应支付给代理人的费用，并详细列明费用的种类、金额，因此可作为运费账单和发票。承运人往往也将其中的承运人联作为记账凭证。

（4）航空运单是报关单证之一。出口时航空运单是报关单证之一；在货物到达目的地机场进行进口报关时，航空运单通常是海关查验放行的基本单证。

（5）航空运单可同时作为保险证书。如果承运人承办保险或发货人要求承运人代办保险，则航空运单也可作为保险证书。

（6）航空运单是承运人办理内部业务的依据。航空运单随货同行，证明了货物的身份。运单上载有有关该票货物发送、转运、交付的事项，承运人会据此对货物的运输做出相应安排。

航空运单的正本一式三份，每份都印有背面条款，其中第一份交给发货人，是承运人或其代理人接收货物的依据；第二份由承运人留存，作为记账凭证；最后一份随货同行，在货物到达目的地、交付给收货人时作为核收货物的依据。

2. 航空运单的种类

航空运单主要分为两大类：

（1）航空主运单（master air waybill，MAWB）。凡由航空运输公司签发的航空运单就称为主运单。它是航空运输公司据以办理货物运输和交付的依据，是航空公司和托运人订立的运输合同，每一批航空运输的货物都有相对应的航空主运单。

（2）航空分运单（house air waybill，HAWB）。集中托运人在办理集中托运业务时签发的航空运单被称作航空分运单。

在集中托运的情况下，除了航空运输公司签发主运单外，集中托运人还要签发航空分运单。航空分运单作为集中托运人与托运人之间的货物运输合同，合同双方分别为各个货主和集中托运人；而航空主运单作为航空运输公司与集中托运人之间的货物运输合同，当事人则为集中托运人和航空运输公司。货主与航空运输公司之间没有直接的契约关系。

不仅如此，由于在起运地货物由集中托运人交付给航空运输公司，在目的地由集中托运人或其代理从航空运输公司处提取货物，再转交给收货人，因而货主与航空运输公司之间也没有直接的货物交接关系。

四、航空运价

航空运价是承运人为货物的航空运输所收取的报酬，只是从始发机场至到达机场的运价，不包括提货、报关、仓储等其他费用，航空运价仅适用于单一方向。

航空运价一般以货物的实际重量（公斤）和体积重量（6 000 立方厘米或 366 立方英寸体积折合 1 公斤）两者中较高者为准。针对航空货物运输的不同性质和种类，航空公司规定了特种货物运价、货物的等级运价、一般货物运价和集装设备运价等不同的计收方法。

第四节 其他运输方式

一、集装箱运输

（一）集装箱的含义及其种类

集装箱（container）又称“货柜”，原义是一种容器，具有一定的强度和刚度，是能反复使用并便于机械操作和运输的运输辅助设备。

国际标准化组织对集装箱下的定义为，集装箱是一种运输设备，应满足以下要求：（1）具有耐久性，其坚固强度足以反复使用；（2）为便于商品运送而专门设计，在一种或多种运输方式中，运输工具转换时无须中途换装；（3）设有便于装卸和搬运的装置，特别是便于从一种运输工具转移到另一种运输工具；（4）设计时应注意便于货物装满或卸空；（5）内容积为 1 立方米或以上。

国际标准化组织为统一集装箱的规格，推荐了 3 个系列 13 种规格的集装箱，而在国际航运上使用的主要为 20 英尺和 40 英尺两种。随着集装箱运输的发展，为适应装载不同种类货物的需要，出现了不同种类的集装箱。这些集装箱不仅外观不同，而且结构、强度、尺寸等也不相同。除了通用的干货集装箱外，还有开顶集装箱、台架式及平台式集装箱、通风集装箱、冷冻集装箱、牲畜集装箱、散货集装箱等很多种类。

（二）集装箱运输的优点

集装箱自产生以来发展迅速，主要是因为与传统运输相比，它具有以下优点：（1）以机械装卸代替人力，可以节约劳动力；（2）可以减少装卸作业，缩短装卸时间，提高运输效率，并且加快运输工具的周转速度和运送速度；（3）保证货物完好，提高货运质量，减少货损货差；（4）节约包装材料和费用，降低运输成本；（5）可以露天堆放，节约仓库容积，提高仓位的利用率；（6）可以更有效地在各种运输方式间开展联运。

（三）集装箱货物的交接方式

由于集装箱运输是建立在大规模生产方式基础上的，所以，它必须将分散的小批量货源预先在内陆的某几个点加以集中，等组成大批量货源后，通过内陆运输，将其运至集装箱码头。只有采用这样的货源组织方式，将小批量货源组成大批量货源，才能使货物运输的总成本降至最低。在上述集装箱货物的流通过程中，货物的集散方式有两种形态，一种叫整箱货（FCL），另一种叫拼箱货（LCL）。

整箱货是指由货主负责装箱，以箱为单位托运的货物。习惯上整箱货只有一个发货人、一个收货人。除有些大的货主自己备有集装箱外，一般都是向承运人或集装箱租赁公司租用一定的集装箱。空箱运到工厂或仓库后，货主自行装箱、填写装箱单，并加海关封志。集装箱交给承运人后取得场站收据（dock receipt），最后凭此单据换取提单或运单。

拼箱货是指承运人收取货主托运的数量不足整箱的小票货物后，负责对货物分类整理，把去往同一目的地的货物装箱，填写装箱单，并加海关封志，习惯上拼箱货涉及多个发货人、多个收货人。拼箱货的分类、整理、集中、装箱、交货等工作在承运人码头集装箱货运站或内陆集装箱转运站进行。

在集装箱运输中，根据货物集散方式的不同，主要的交接方式有：

1. 门到门交接

门到门交接（door to door）习惯上只有一个发货人、一个收货人，由承运人负责内陆运输，也就是说，在发货人工厂或仓库接收货箱后，承运人负责将货箱运至收货人的工厂或仓库，门到门交接的货物为整箱货。

2. 门到场交接

门到场交接（door to CY）是在发货人的工厂或仓库接收货箱后，由承运人负责运至卸船港集装箱码头堆场交货，目的地的内陆运输则由收货人自己负责安排。

3. 门到站交接

门到站交接（door to CFS）是在发货人的工厂或仓库接收货箱后，由承运人负责运至目的地集装箱货运站交货，即整箱货接收、拼箱货交付。

4. 场到门交接

场到门交接（CY to door）是指在装船港集装箱码头堆场接收货箱，由承运人负责运至收货人工厂或仓库交货的交接方式，即整箱货接收、整箱货交付。

5. 场到场交接

场到场交接（CY to CY）是一种在装船港集装箱码头堆场接收货箱，并将其运至卸船港集装箱码头堆场的交接方式。

6. 场到站交接

场到站交接（CY to CFS）是一种在装船港集装箱码头堆场接收货箱，并将其运至目的地集装箱货运站的交接方式。

7. 站到门交接

站到门交接（CFS to door）是一种在起运地集装箱货运站接收货箱后，将其运至收货人工厂或仓库的交接方式。

8. 站到场交接

站到场交接（CFS to CY）是一种在起运地集装箱货运站接收货箱后，将其运至卸船港集装箱码头堆场的交接方式。

9. 站到站交接

站到站交接（CFS to CFS）是一种从起运地集装箱货运站接收货箱后，将其运至卸船港的集装箱货运站的交接方式。

（四）集装箱海运运费

国际集装箱海运运费的计算办法与普通班轮运费的计算办法一样，也是根据费率本规定的费率和计费办法计算运费，同样也有基本运费和附加费之分。不过，由于集装箱货物既可以交集装箱货运站（CFS）装箱，也可以由货主自行装箱整箱托运，因而在运费计算方式上有所不同。主要表现在当集装箱货物是整箱托运，并且使用的是承运人的集装箱时，集装箱海运运费计收有“最低计费吨”和“最高计费吨”的规定，此外，对于特种货物运费以及附加费的计算也有其规定。

1. 最低运费的计算

整箱货最低运费的标准不是金额，而是运费吨。凡以整箱货托运的货物，为避免运费收入低于运输成本，对不同规格的集装箱规定最低应计收的运费吨或尺码吨。如果实际运费低于最低运费，则运费按最低运费标准计算。

2. 最高运费的计算

对最高运费的规定是集装箱运输所独有的特点。这是因为一个集装箱有时装有几种类型的货物，而其中部分种类货物缺少正确的衡量单位，且计费等级和费率又不相同，最高运费就是为计算这部分货物的运费而规定的。最高运费的标准是运费吨，主要是尺码吨。目前，国际上对最高运费吨的规定一般是 20 英尺集装箱为 31 立方米，40 英尺集装箱为 67 立方米。如果所装货物超出上述尺码，则超过部分免计运费。

（五）集装箱运输的主要单据

集装箱运输单据主要有场站收据、集装箱装货单、提单、集装箱联运提单或多式运输单据。另外还有设备交接单、收（交）货记录等。

二、公路运输

公路运输也是对外贸易货物运输的一种方式，与铁路运输一样属于陆上运输的基本方式。

与其他运输方式相比，公路运输最显著的优点就是它的灵活性，主要表现在以下几个方面：（1）空间上的灵活性，可以实现“门到门”运输。（2）时间上的灵活性，公路货运通常可实现即时运输，即根据货主的需求随时起运。（3）批量上的灵活性，公路运输的起运批量最小。（4）运行条件的灵活性，公路运输的服务范围不仅包括等级公路，还可延伸到等级外的公路。（5）服务上的灵活性，具体表现为能够根据货主的具体要求提供有针对性的服务。但是公路运输的运量较小，运输成本较高，且运行持续性较差，安全性较低，环境污染较大。

公路运输在我国对外贸易运输中具有一定的地位，它是我国边疆地区与邻国物质交流的主要手段，对加强我国与周边邻国的经济合作、促进与邻国的贸易往来具有重要意义。另外，我国内地与香港、澳门经济特区的部分进出口货物运输也是通过公路运输完成的。

三、内河运输

内河运输是使用船舶通过国际江、湖、河、川等天然或人工水道，运送货物和旅客的一种运输方式。它是水上运输的一个组成部分，是内陆腹地和沿海地区的纽带，也是边疆地区与邻国边境河流的连接线，在现代化的运输中起着重要的辅助作用。

内河运输具有投资少、运量大、成本低的特点。

目前我国一些主要河流的内河港口已对外开放，我国与一些邻国还有国际河流相通连，这为发展我国外贸内河运输提供了有利的条件。

四、邮政运输

邮政运输，是指通过邮局寄交进出口货物的一种运输方式。邮政运输比较简便，只要卖方根据买卖合同中双方约定的条件和邮局的有关规定，向邮局办理寄送包裹手续，付清邮费，取得收据，就算完成了交货任务。

国际邮政运输分为普通邮包和航空邮包两种，对每件邮包的重量和体积都有一定的限制。如一般规定每件长度不得超过 1 米，重量不得超过 20 公斤，但各国规定也不完全相同，可随时向邮局查询。邮政运输一般适合量轻体小的货物，如精密仪器、机械零配件、药品、样品和各种生产上急需的物品。

知识链接

万国邮政联盟

万国邮政联盟（Universal Postal Union，UPU），简称“万国邮联”或“邮联”，是商定国际邮政事务的政府间国际组织，其前身是 1874 年 10 月 9 日成立的“邮政总联盟”，1878 年改为现名。

万国邮联自 1978 年 7 月 1 日起成为联合国关于国际邮政事务的一个专门机构，总部设在瑞士首都伯尔尼。其宗旨是组织和改善国际邮政业务，发展邮政方面的国际合作，以及在力所能及的范围内给予会员国所要求的邮政技术援助。

五、管道运输

管道运输是用管道作为运输工具的一种长距离输送液体和气体物资的特殊运输方式，货物在管道内借助高压气泵的压力进行运输，专门用于石油、煤和化学产品由生产地向市场的输送。

管道运输不仅运输量大、连续、迅速、经济、安全、可靠、平稳，以及投资少、占地少、费用低，而且可实现自动控制。

管道运输在美国、欧洲等许多国家的石油运输中起到了积极的作用。我国的管道运输起步较晚，但这些年随着我国石油工业的发展迅速发展起来。中国已逐渐形成跨区域的油气管网供应格局。随着中国石油企业"走出去"战略的实施，其在海外的合作区块和油气产量不断增加，海外份额油田或合作区块的外输原油管道也得到了发展。

六、大陆桥运输

大陆桥运输是指将横贯大陆的铁路（公路）运输系统作为中间桥梁，把大陆两端的海洋连接起来的集装箱连贯运输方式。简单地说，就是两边是海运，中间是陆运，大陆把海洋连接起来，形成海陆联运，而大陆起到了"桥"的作用，所以称之为"陆桥"。海陆联运中的大陆运输部分就称为大陆桥运输。

大陆桥运输一般都是以集装箱为媒介，中途要经过多次装卸，如果采用传统的海陆联运，不仅增加了运输时间，而且大大增加了装卸费用和货损货差，以集装箱为运输单位，则可大大简化理货、搬运、储存、保管和装卸等作业环节，同时集装箱经海关铝封，中途不用开箱检验，可以迅速直接地转换运输工具，故采用集装箱是开展大陆桥运输的最佳方式。

目前世界上主要的大陆桥有北美大陆桥、西伯利亚大陆桥和新亚欧大陆桥。

七、国际多式联运

国际多式联运（international multimodal transport）简称多式联运，是在集装箱运输的基础上产生和发展起来的，是指按照多式联运合同，以至少两种不同的运输方式，由多式联运经营人将货物从一国境内的接管地点运至另一国境内指定交付地点的货物运输方式。国际多式联运适用于水路、公路、铁路和航空多种运输方式。在国际贸易中，由于85%～90%的货物是通过海运完成的，故海运在国际多式联运中占据主导地位。

第五节 合同中的装运条款

国际货物买卖合同中的装运条款通常包括装运时间、装运港（地）和目的港（地）、分批装运和转运条款、装运通知、滞期和速遣条款等内容。

一、装运时间

装运时间是买卖合同的主要交易条件，卖方必须严格按照规定时间装运货物，如果提前或延迟，均构成违约，买方有权拒收货物、解除合同，同时提出损害赔偿要求。

（一）装运时间的规定方法

目前常用的有以下几种规定方法：

1. 明确规定具体装运时间

明确规定具体的时间，如“Shipment during March 2010”，或规定跨月、跨季度装运。这种规定使卖方有一定时间备货和安排运输，因此，在国际贸易中应用较广。

2. 规定在收到信用证后一定时间内装运

如规定“Shipment within 30 days after receipt of L/C”。对某些外汇管制较严的国家和地区，或专为买方制造的特定商品，为了防止买方不按时履行合同而造成损失，可采用这种规定方法。

3. 笼统规定近期装运

这种规定方法不规定具体期限，只是用“立即装运”“尽速装运”等词语表示。由于这类词语在国际上无统一解释，为了避免不必要的纠纷，应尽量避免使用。

（二）规定装运时间时应注意的事项

装运时间的规定应明确具体，应注意船货衔接的问题，以免造成有货无船或有船无货的局面。规定装运时间时必须根据需要和可能，结合下列情况考虑决定：

（1）货源情况。货源是履行出口合同的基础，在出口业务中规定交货时间必须与库存货物的规格和数量相适应。对尚待生产的货物，要考虑生产安排的可能性和生产周期的长短。对于大宗交易的商品，如粮油、矿砂、煤炭等，因交货数量大，一般采取跨月交货条款为宜。

（2）运输情况。合同规定由我方负责安排运输时，对交货时间的规定要考虑我国与有关国家间的运输能力、航线、港口条件等情况：对有直达船和航次较多的港口，装运期可规定得短一些；对无直达船或较偏僻的港口，以及虽有直达船但航次较少的港口，装运期要规定得长一些。对某些国家，还要尽量避开冰冻期或雨季。必要时还应规定分批装运条款。

（3）市场情况。规定装运期要与国外市场需求的季节性相适应，特别是对节日供应商品和临时有特殊需要的商品，还要适当考虑航程远近等因素。对进口商品应根据国内需求和国外市场供应情况规定装运期。

（4）商品情况。规定装运期时应考虑商品本身的性质和特点。例如有些商品易受潮发霉，不宜在雨季装运；有些商品易受热融化，应避开在夏季装运。此外，还应考虑商品的加工、包装、检验和国内运输等需要花费的时间。

二、装运港（地）和目的港（地）

装运港（port of shipping）是指货物起始装运的港口。装运港一般由出口商提出，经进口方同意后确定。目的港（port of destination）是货物最后卸货的港口。目的港则由进口方提出，经出口商同意后确定。装运港和目的港可分别规定一个，也可分别规定两个或两个以上，还可以规定选择港。

在规定装运港和目的港时注意：应力求明确具体；不接受内陆城市作为装运港或目的港；应注意装卸港的具体条件；应注意国外港口有无重名问题；选择港口不宜过多，并在一条航线上等。

三、分批装运条款和转运条款

（一）分批装运条款

分批装运又称分期装运（partial shipment），是指一个合同项下的货物分若干期或若干次装运。凡数量较大，或受运输、市场销售、资金等条件限制的货物，都可在买卖合同中规定分批装运条款。根据国际商会《跟单信用证统一惯例》的规定，如果运输单据表面上已注明是使用同一运输工具装运并经同一路线运输，即使运输单据上注明的装运日期不同，以及（或）装货港、接受监管地或发运地点不同，只要运输单据注明是同一目的地，就不视为分批装运。该惯例还规定，如信用证规定在指定的时期内分期支款及（或）分期装运，任何一期未按信用证所规定的期限支款或装运时，信用证对该期及以后各期均告失效。对于这类条款，受益人应严格遵守，必须按信用证规定的时间装运货物。

（二）转运条款

转运（transhipment）包括运输过程中的转船、转机，以及从一种运输工具上卸下货物再装上另一种运输工具的行为。卖方在交货时，如果到目的港没有直达船、船期不定或航次间隔太长，为了便于装运，则需在合同中订明“允许转船”。根据国际商会《跟单信用证统一惯例》的规定，除信用证另有规定外，可准许转船。

四、装运通知

为了明确双方责任，便于买卖双方相互配合，搞好船货衔接工作和办理货运保险，不论采取什么贸易术语成交，买卖双方都承担相互告知的义务。因此装船通知也是装运条款的一项重要内容。

五、滞期、速遣条款

在国际贸易中，大宗商品大多采用租船运输。由于装卸时间直接关系到船方的利益，如果装卸货物由租船人负责，船方通常要对装卸时间予以规定，并约定滞期费和速遣费（关于装卸时间、装卸率、滞期费和速遣费问题前面已经讲过，在此不再赘述）。

但是，在实际业务中，负责装卸货物的不一定是租船人，也可能是买卖合同的一方当事人。因此，负责租船的一方（如CIF合同下的卖方、FOB合同下的买方）为了促使对方及时完成装卸任务，也在买卖合同中规定装卸时间、装卸率和滞期、速遣条款。

本章小结

1.海洋运输是国际货物运输最常用的一种运输方式，按经营方式的不同分为班轮运输和租船运输。班轮运输具有“四固定”的特点，其运费一般由基本运费和附加运费两部分构成。租船运输主要有定程租船、定期租船和光船租船几种形式。海洋运输的主要运输单据是海运提单和海运单。

2.国际货物运输常用的运输方式还有铁路运输、航空运输、集装箱运输以及公路运输、内河运输、邮政运输、管道运输、大陆桥运输、国际多式联运等。集装箱运输目前已经成为国际上普遍采用的一种运输方式。

3.在国际货物买卖合同中要订立装运条款，通常包括装运时间、装运港（地）和目的港（地）、分批装运和转运条款、装运通知、滞期和速遣等内容。

关键词

班轮运输；班轮运费；定程租船；定期租船；海运提单；铁路运输；航空运输；集装箱运输；大陆桥运输；国际多式联运；分批装运；转运；滞期费；速遣费

复习与思考

一、单项选择题

1. 班轮运输的运费应该包括(　　)。

A. 装卸费，不计滞期费、速遣费

B. 装卸费，但计滞期费、速遣费

C. 卸货费和滞期费，不计速遣费

D. 卸货费和速遣费，不计滞期费

2. 在进出口业务中，能够作为物权凭证的运输单据有(　　)。

A. 铁路运单　　B. 海运提单　　C. 航空运单　　D. 邮包收据

3. 下列单据中，只有(　　)才可以用来结汇。

A. 大副收据　　B. 海运提单副本

C. 场站收据副联　　D. 海运提单正本

4. 航空集中托运与零星托运相比，其优势在于(　　)。

A. 运输时间快　　B. 运输更安全　　C. 运输距离短　　D. 运费低廉

5. 在香港地区的铁路运输中，(　　)是在港收货人的提货凭证。

A. 国内铁路运单　　B. 承运货物收据

C. 供港货物委托书　　D. 出口货物报关单

二、多项选择题

1. 班轮运输的特点是(　　)。

A. 定线、定港、定期和相对稳定的运费费率

B. 由船方负责货物的装卸，运费中包括装卸费，不规定滞期、速遣条款

C. 承运货物的品种、数量较为灵活

D. 双方权利、义务、责任豁免以船公司签发的提单的有关规定为依据

2. 海运提单的性质与作用主要是(　　)。

A. 它是海运单据的唯一表现形式

B. 它是承运人或其代理人出具的货物收据

C. 它是代表货物所有权的凭证

D. 它是承运人与托运人之间订立的运输契约的证明

3. 租船运输包括(　　)。

A. 定期租船　　B. 集装箱运输　　C. 班轮运输　　D. 定程租船

4. 为了统一提单背面条款的内容，国际上先后签署的国际公约有(　　)。

A. 海牙规则　　B. 维斯比规则　　C. 汉堡规则　　D. 鹿特丹规则

5. UCP600 对分批装运所作的规定主要有(　　)。

A. 运输单据表明货物是使用同一运输工具并经由同一路线运输的，即使运输单据注明装运日期及装运地不同，只要目的地相同，也不视为分批装运

B. 除非信用证另有规定，允许分批装运

C. 除非信用证另有规定，不允许分批装运

D. 如果信用证规定在约定的时间内分批装运，当其中任何一批未按约定的时间装运时，则信用证对该批和以后各批均告失效

三、判断题

1. 重量吨和尺码吨统称为运费吨。(　　)

2. 海运提单如有三份正本，则凭其中任何一份即可在卸货港向船公司或船代理提货。(　　)

3. 国际铁路货物联运的运单副本，可以作为发货人结算货款的凭证。(　　)

4. 清洁提单是指不载有任何批注的提单。(　　)

5. “场站到门”运输方式比较适合整箱交、拆箱接的货物交接方式。(　　)

6. 海运提单、铁路提单、航空运单都是物权凭证，都可以通过背书转让。(　　)

7. 合同中的装运条款为“9/10 月份装运”，我出口公司需将货物于 9 月、10 月两个月，每月各装一批。(　　)

8. 按照国际惯例，凡是装在同一航次及同一条船上的货物，即使装运时间与装运地点不同，也不作为分批装运论处。(　　)

9. 空白抬头、空白背书的提单是指既不填写收货人又不要背书的提单。(　　)

10. 使用班轮运输货物时，货方不再另行支付装卸费，船货双方也不计算滞期费、速遣费。(　　)

11. 铁路运单、航空运单性质上与海运提单相同，都可作为物权凭证在市场上流通转让。(　　)

12. 我出口公司按照合同的规定于 8 月 1 日发运了货物并取得提单，于 8 月 30 日向银行提交全套合格单据要求付款。按照 UCP500 的规定，只要未超过信用证有效期，银行就有义务付款。(　　)

13. 按照 UCP500 的规定，除非信用证另有规定，允许分批和转船。(　　)

四、简答题

1. 什么叫班轮运输？班轮运输有哪些特点？

2. 买卖合同中的装运条款包括哪些内容？装运时间如何规定？

3. 什么叫国际多式联运？

4. 何谓滞期费和速遣费？在买卖合同中为什么要规定滞期、速遣条款？

5. 什么叫分批装运？什么叫转运？《跟单信用证统一惯例》对分批装运和转运问题有何规定？

案例分析

1. 我某进出口公司对外出口 100 箱货物，货物按时装运并取得清洁提单，货到目的港卸货时，发现只有 90 箱，卖方为此赔付 10 箱货款，是否有道理？

2. 有一份 CIF 合同，货物在合同规定的时间和装运港装船，受载船离港 4 小时后触礁沉没。第二天，当卖方凭手中持有的提单、发票等装运单据要求买方付款时，买方以货物全部损失为由拒绝接受单据与付款，于是双方发生争执。问：此案应如何解决？为什么？（提示：风险划分界限、交货性质等。）

3. 有一 CIF 合同，规定："CIF 汉堡，卖方必须提交提单、保险单和商品检验证书三项单据，买方凭单据付款。"事后，买方发现提单和商检证书有擦改的痕迹，买方提出疑议并暂停付款，事后查明，擦改的是配舱的舱位号，而且是在单据签字前擦改的，试问，买方能否坚持拒收单据和拒付货款？

实训模块

实训主题：海运提单。

实训目的：熟悉海运提单的基本内容。

实训要求：根据下面提供的海运提单回答问题（见图 1）。

(1) 这笔业务中进出口方分别是哪家公司？

(2) 这份提单在使用过程中可以转让吗？如果能转让，需要履行背书手续吗？

(3) 这是一份直达提单还是联运提单？装货港和卸货港分别是哪个？

(4) 提单的签发日期是哪天？一共签发了几份正本提单？

(5) 这笔贸易可能采用的贸易术语是什么？

<table>
<tr><td colspan="4">SHIPPER:
NANJING CANTI IMPORT AND EXPORT LTD.
120 MX STREET, NANJING, CHINA</td><td colspan="5" rowspan="3">B/L NO.: 123456

COSCO

OCEAN BILL OF LADING</td></tr>
<tr><td colspan="4">CONSIGNEE:
TO ORDER</td></tr>
<tr><td colspan="4">NOTIFY:
BERNARD & COMPANY LIMITED
UNIT 1001 - 3 10/F YUE XIU BLDG, 160 - 174
LOCKHART ROAD
WANCHAI HONG KONG</td></tr>
<tr><td colspan="2">PRE CARRIAGE BY</td><td colspan="3">PORT OF LOADING
SHANGHAI, CHINA</td><td colspan="4">PORT OF RECEIPT</td></tr>
<tr><td colspan="2">OCEAN VESSEL / VOYAGE NO.
BERLIN EXPRESS V. 06W01</td><td colspan="3">PORT OF DISCHARGE
SYDNEY, AUSTRALIA</td><td colspan="4">PLACE OF DELIVERY</td></tr>
<tr><td>MKS & NOS.
CONTAINER / SEAL NO.</td><td colspan="2">NOS AND
KIND OF PKGS</td><td colspan="3">DESCRIPTION OF GOODS</td><td colspan="2">GROSS WEIGHT</td><td>MEASUREMENT</td></tr>
<tr><td>ID COM
PART OF 1×40′GP
MLCU4578618/C423776</td><td colspan="2">372CNTS</td><td colspan="3">SAID TO CONTAIN:
LUGGAGE SET OF 5PCS</td><td colspan="2">8 484KGS</td><td>47.768CBM</td></tr>
<tr><td colspan="9">TOTAL NO. OF CONTAINERS
OR PACKAGES (IN WORDS): SAY THREE HUNDRED AND SEVENTY CARTONS ONLY</td></tr>
<tr><td colspan="3" rowspan="3">OVERSEA OFFICE OR DESTINATION PORT AGENT</td><td colspan="4">NO. OF ORIGINAL B/Ls
THREE
(3)</td><td colspan="2">FREIGHT PAYABLE AT
DESTINATION</td></tr>
<tr><td colspan="4">ON BOARD DATE
2016 - 04 - 08</td><td colspan="2">PLACE & DATE OF ISSUE
SHANGHAI, 16 - 04 - 08</td></tr>
<tr><td colspan="4">SIGNED BY:

AS AGENT FOR THE CARRIER</td><td colspan="2"></td></tr>
</table>

图 1　海运提单

第五章 国际货物运输保险

/ 本章重点 /

1. 了解保险的基本原则；
2. 掌握海上国际货物运输保险保障的范围；
3. 熟悉我国海、陆、空、邮运输货物保险业务；
4. 了解伦敦保险业协会海运货物条款；
5. 掌握合同中保险条款的内容及规定方法。

/ 案例导入 /

G公司以CIF价格条件引进一套英国产检测仪器，因合同金额不大，合同采用简式标准格式，保险条款一项只简单规定“保险由卖方负责”。仪器到货后，G公司发现一部件变形影响其正常使用。G公司向外商反映要求赔偿，外商答复仪器出厂经严格检验，有质量合格证书，非他们责任。后经商检部门检验认为是运输途中部件受到振动、挤压造成的。

G公司于是向保险公司索赔，保险公司认为此情况属“碰损、破碎险”承保范围，但G公司提供的保险单上只保了“协会货物条款”(C)，没保“碰损、破碎险”，所以无法赔付。G公司无奈只好重新购买此部件，既浪费了金钱，又浪费了时间。

在国际货物买卖过程中，货物在由出口商所在地向进口商所在地转移的整个过程中，包括运输、装卸、储存等各个环节，都可能遇到难以预测的风险而遭到损失。为了使在途货物遇险受损时能够得到一定的经济补偿，货方就需要预先办理货物运输保险。根据国际货物运输时采用的运输工具不同，货物运输保险可分为海洋运输货物保险、陆上运输货物保险、航空运输货物保险和邮包保险。在各种货物运输保险中，起源最早、历史最悠久的是海上运输货物保险，其他种类的货运保险都是借鉴海运货物保险的基本原则和做法并在此基础上发展而来的，所以海运货物保险在国际贸易中占有重要地位。

第一节 保险的基本原则

保险的基本原则是在保险的发展过程中逐步形成并为国际保险业所公认的，投保人和保险人在订立保险合同时需共同遵守的原则。按照保险标的的不同，保险可分为财产保险、责任保险、信用保险和人身保险，国际货物运输保险是财产保险的一种。无论哪一种保险，其投保人和保险人都应遵守下列原则。

一、保险利益原则

保险利益又称可保利益，是指投保人（或被保险人）对保险标的因具有各种利害关系而享有的、法律上承认的经济利益。就货物运输保险而言，保险利益反映在运输货物上的利益，主要是货物本身的价值，但也包括与此相关联的运费、保险费、预期利润等费用。

投保人（或被保险人）对保险标的具有保险利益是保险合同生效的前提条件，也是索赔的重要依据。但是国际货物运输保险不像其他保险那样要求投保人（或被保险人）在投保时便具有保险利益，而仅要求其在保险标的物发生损失时必须具有保险利益。也就是说，在国际货物运输保险中，在投保人投保时尚不具有保险利益的情况下，可视为其具有预期的保险利益，保险人可予以承保；但保险标的物发生损失时，投保人必须对其具有保险利益，否则他与保险人订立的保险合同就是无效的，就不能得到保险人的赔偿。

二、最大诚信原则

最大诚信原则是指保险合同的双方当事人在签订和履行保险合同时，必须保持最大限度的诚意，双方都应遵守信用，互不欺骗和隐瞒。保险人应当向投保人说明保险合同的条款内容，并可以就保险标的物或被保险人的有关情况提出询问，投保人应当如实告知。对被保险人来说，最大诚信原则主要有两方面的要求：一是重要事实的申报，即投保人在投保时应将自己知道的或者在通常业务中应当知道的有关保险标的物的重要事实如实告知保险人，以便保险人判断是否同意承保或决定承保的条件；二是保证，即被保险人在保险合同中保证要做或不做某种事情，保证某种情况的存在，或保证履行某一条件。

保险合同是以最大诚信原则为基础的，如果一方当事人不遵守最大诚信原则，另一方当事人可以声明该保险合同无效。如在国际货物运输保险中，投保人没有向保险人提供保险标的物、运输条件、航程、包装条件等方面的真实情况，或者违反了保险单中的保证条款，则保险人有权解除合同。

三、补偿原则

补偿原则是海上保险合同最基本的原则之一，它是指保险合同生效后，如果发生保险合同责任范围内的损失，被保险人有权按照合同的约定，获得全面、充分的赔偿；保险赔偿弥补被保险人由于保险标的遭受损失而失去的经济利益，即保险人对被保险人的赔偿恰好使保险标的恢复到未出险前的状况，被保险人不能因保险赔偿而获得额外的经济利益。

知识链接

补偿原则的派生原则

◆ 代位追偿原则：是指当保险标的发生保险责任范围内的由第三者责任造成的损失时，保险人向被保险人履行损失赔偿责任后，有权在其已经赔付金额的限度内取得被保险人在该项损失中向第三者责任方要求赔偿的权利。保险人取得该项权利后，即可取代被保险人的地位向第三者责任方索赔。

◆ 重复保险分摊原则：是指投保人向多个保险人重复投保时，投保人的索赔只能在保险人之间分摊，赔偿金额不得超过损失金额。

当保险标的发生保险责任范围内的损失时，保险人在对被保险人理赔时，对补偿原则掌握的标准是：（1）赔偿金额既不能超过保险金额，也不能超过实际损失。（2）被保险人必须对保险标的具有可保利益。同时，赔偿金额也以被保险人在保险标的中所具有的保险利益为限。（3）被保险人不能通过保险赔偿得到额外利益。因此，如果保险标的遭受部分损失，仍有残值，保险人在计算赔偿时，对残值作相应扣除；保险标的由于第三者责任导致损失，保险人向被保险人支付保险赔款后，依法取得对第三者的索赔权，被保险人不能再从第三者那里得到任何赔偿。在重复保险的情况下，当保险事故发生时，各保险人应采取适当的分摊方法分配赔偿责任，使被保险人既能得到充分的补偿，又不会超过实际损失而获得额外的利益。

四、近因原则

所谓的“近因”是指引起保险标的损失的直接、有效、起决定作用的因素，而引起保险标的损失的间接的、不起决定作用的因素，称为“远因”。在保险理赔中，近因原则的运用具有普遍的意义。

近因原则是指在处理赔偿案件时，赔偿的条件是，造成保险标的损失的近因必须属于保险责任。若造成保险标的损失的近因属于保险责任范围内的事故，则保险人承担赔付责任。只有当保险事故的发生与损失的形成有直接因果关系时，才构成保险人赔付的条件。

损失与近因存在直接的因果关系，因而，要确定近因，首先要确定损失的因果关系。确定因果关系的基本方法有从原因推断结果和从结果推断原因两种。从近因认定和保险责任认定看，可分为下述两种情况：

（1）损失由单一原因所致。若保险标的损失由单一原因所致，则该原因为近因。若该原因属于保险责任事故，则保险人应负赔偿责任；反之，若该原因属于责任免除项目，则保险人不负赔偿责任。

（2）损失由多种原因所致。如果保险标的遭受损失系两个或两个以上的原因所致，即一果多因或同果异因的情况，则应区别分析。一般来说，保险人只对承保风险与损失之间有直接因果关系的损失负责赔偿，而对于非直接由承保风险所致的损失，则不负责赔偿。

第二节 海洋货物运输保险保障的范围

海洋货物运输保险保障的范围主要包括风险、损失和费用。国际保险市场对其保障的风险、损失和费用都有特定的解释，为了能够正确选择投保险别和正确处理保险索赔问题，我们首先必须对保险人所承保的风险、损失和费用有准确的理解。

一、风险

风险是造成损失的原因。“风险”一词在保险单中的含义通常是指灾害事故发生的可能性和人们对灾害事故发生在认识上的不确定性。海洋货物运输保险保障的风险，并非泛指一切发生在海上的风险，而是有其特定的含义和范围。海洋货物运输保险保障的风险分为海上风险和外来风险两类。

（一）海上风险

海上风险又称海难，一般是指船舶或货物在海上运输过程中发生的或随海上运输所发生的风险，包括自然灾害和意外事故。

自然灾害是指不以人的意志为转移的自然界力量所引起的灾害。如恶劣气候、雷电、海啸、地震、洪水、火山爆发、浪击落海等。这些灾害在保险业务中都有其特定的含义。

意外事故是指偶然的、难以预料的原因造成的事故，如船舶搁浅、触礁、沉没、焚毁、互撞、遇流冰或与其他固态物体碰撞，以及失火、爆炸等原因造成的事故。

需要指出的是，海上风险并不包括所有发生在海上的风险，另外海上风险也并不局限于海上发生的灾害和事故，凡是与海运相连的，发生在陆上、海陆、海河或与驳船相连接之处的灾害和事故也属于海上风险。

（二）外来风险

外来风险（extraneous risks）是指海上风险以外的其他外来原因引起的风险。外来风险又可分为一般外来风险和特殊外来风险两种。

一般外来风险是指一般外来原因造成的风险，如雨淋、短量、偷窃、玷污、渗漏、破碎、受潮、受热、串味、锈损和钩损等。

特殊外来风险主要是军事、政治、国家政策法令以及行政措施等特殊外来原因导致的风险，如战争、罢工、交货不到、拒收等。

二、损失

被保险货物在海上运输过程中遭遇各类灾害所造成的损失或灭失被称为海上损失，简称海损。按货物的损失程度，海损可以分为全部损失和部分损失。

(一) 全部损失

全部损失（total loss）简称全损，是指整批被保险货物在运输途中全部遭受损失。全部损失按损失情况的不同又分为实际全损和推定全损。

1. 实际全损

实际全损（actual total loss）是指该批被保险货物在运输途中完全灭失，或者完全变质而失去原有的使用价值，或者被保险人对被保险货物的所有权已无可挽回地被完全剥夺，或者载货船舶失踪达一定时间（例如两个月）仍没有获知其消息。被保险货物在遭到实际全损时，被保险人可按其投保金额获得保险公司对全部损失的赔偿。

2. 推定全损

推定全损（constructive total loss）是指被保险货物在运输途中受损后，虽未达到完全灭失的状态，但认为实际全损已经不可避免，或者为避免发生实际全损所需支付的恢复、修复受损货物的费用与继续将货物运抵目的地的费用之和超过保险价值。

被保险货物发生推定全损时，被保险人可以要求保险人按部分损失补偿，也可以要求保险人按全部损失补偿。如果要求按全部损失补偿，被保险人必须向保险人发出委付通知（notice of abandonment）。所谓委付，就是被保险人表示愿意将保险标的的一切权利和义务转移给保险人，并要求保险人按全部损失赔偿的一种行为。委付必须经保险人同意方能生效，但是保险人应当在合理的时间内将接受委付或不接受委付的决定通知被保险人。委付一经保险人接受，不得撤回。

(二) 部分损失

部分损失（partial loss）是指被保险货物的损失没有达到全部损失程度的损失。在保险业务中，按照造成损失的性质不同，部分损失又分为共同海损与单独海损两种。

1. 共同海损

共同海损（general average）是指在同一海上航程中，船舶、货物和其他财产遭遇共同危险，为了解除共同危险，有意地、合理地采取救难措施所直接造成的特殊牺牲和支付的特殊费用。根据惯例，共同海损的牺牲和费用，应由受益方，即船舶、货物和运费三方根据最后获救价值按比例进行分摊。这种分摊被称为共同海损分摊。可见共同海损涉及船、货各方的利害关系。

构成共同海损，必须具备以下条件：第一，导致共同海损的危险必须是真实存在的或不可避免的；第二，船方所采取的措施，必须是为了解除船、货的共同危险，有意识且合理的；第三，所做的牺牲具有特殊性，支出的费用是额外的，是为了解除危险，而不是由危险直接造成的；第四，牺牲和费用的支出最终必须是有效的，也就是说经过采取某种措施，船舶和（或）货物的全部或一部分最后安全抵达航程的终点港或目的港，从而避免了船、货同归于尽的局面。

知识链接

共同海损理算

共同海损理算（adjustment of general average）：指共同海损事故发生后，采取合理措施所引起的共同海损牺牲和支付的共同海损费用，由全体受益方共同分摊。为此，需要确定作为共同海损受到补偿的牺牲和费用的项目及金额，应参加分摊的受益方及其分摊价值，各受益方的分摊额以及最后应付的金额和结算办法，编制理算书等。这一系列调查研究和审计核算工作，称为共同海损理算。

进行共同海损理算的原则是：在调查研究的基础上，明确责任，实事求是、公平合理地处理各项损失和费用的补偿和分摊。

共同海损理算应该依据合同约定的理算规则进行。当前，国际上最广为接受的一个理算规则是《约克-安特卫普规则》。这个规则虽然只是一个民间规则而不是国际公约，但由于其悠久的历史和广泛的接受性，在统一和协调各国的理算工作方面起着积极作用。合同没有约定理算规则的，共同海损理算应该依据理算地的法律进行。

2. 单独海损

单独海损（particular average）是指被保险货物由保险事故造成的、不属于共同海损的一种部分损失。即被保险货物遭遇海上风险受损后，其损失未达到全损程度，而且该损失应由受损方单独承担。

单独海损与共同海损均属部分损失，两者的主要区别为：单独海损是由海上风险直接造成的货物损失，没有人为因素在内；而共同海损则是采取人为的措施而导致的损失。单独海损的损失由受损方自行承担；而共同海损的损失由各受益方按获救财产价值的多少，按比例共同分摊。

三、费用

当海洋货物运输发生海上危险事故时，为避免损失的发生和扩大，而采取适当措施所引起的费用，保险人按其性质和赔付原则给予赔偿。保险人负责赔偿的海上费用主要包括施救费用和救助费用两种。

（一）施救费用

施救费用是指保险标的在遭遇保险责任范围内的灾害事故时，被保险人或其代理人、雇用人员和保险单受让人对保险标的所采取的各种抢救、防止或减少货损的措施而支出的合理费用。保险人对这种施救费用负责赔偿。

（二）救助费用

救助费用是指保险标的遭遇保险责任范围内的灾害事故时，由保险人和被保险人以外的第三者采取救助措施并获得成功而向其支付的报酬。保险人对这种费用也负责赔偿。

施救费用与救助费用的主要区别有：

第一，采取行为的主体不同。施救行为是由被保险人及其代理人等做出的；而救助是由保险人和被保险人之外的第三者采取的行为。

第二，给付报酬的原则不同。施救是无论有无效果，都给予赔偿；而救助行为通常采取“无效果、无报酬”原则。

第三，保险人的赔偿责任不同。施救费用可在保险货物本身的保险金额以外，再赔一个保额；而救助费用的赔偿责任以不超过获救财产的价值为限。

第四，救助行为一般总是与共同海损联系在一起，而施救行为并非如此。

第三节 中国海洋货物运输保险条款

在海洋运输保险业务中，保险人的承保责任范围，都是通过各种不同的保险条款规定的。在我国，进出口货物运输保险最常用的保险条款是《中国保险条款》（China Insurance Clause，CIC）。《中国保险条款》按运输方式分为海洋、陆上、航空和邮包运输保险条款及其他各种专门条款。其中，《中国人民保险公司海洋运输货物保险条款》是我国进出口贸易中投保货物保险时的重要依据。海运货物保险分为基本险和附加险两类，其中基本险是可以单独投保的，而附加险必须在投保某种基本险之后才能加保。

一、基本险

中国人民保险公司规定的基本险包括平安险（free from particular average，FPA）、水渍险（with average or with particular average，WA or WPA）和一切险（all risks）三种。

（一）基本险承保的责任范围

1. 平安险

平安险这一名称是我国的习惯叫法，其英文原意是指单独海损不负责赔偿，这里的单独海损指的是部分损失，也就是说平安险原来只赔偿全部损失，但当前平安险的责任范围已经超出了只赔偿全损的限制。平安险的责任范围主要包括以下几项：

（1）在运输途中恶劣气候、雷电、海啸、地震、洪水等自然灾害造成整批被保险货物的全部损失或推定全损。

（2）运输工具遭受搁浅、沉没、触礁、互撞、与流冰或其他物体碰撞，以及失火、爆炸等意外事故，造成货物的全部或部分损失。

（3）在运输工具已经发生搁浅、触礁、沉没、焚毁等意外事故的情况下，货物在此前后又在海上遭受恶劣气候、海啸等自然灾害所造成的部分损失。

（4）在装卸或转运时一件或数件整件货物落海造成的全部或部分损失。

（5）被保险人对遭受承保责任范围内危险的货物采取抢救措施、防止或减少货损的措施而支付的合理费用，但以不超过该批被救货物的保险金额为限。

（6）运输工具遭遇海难后，在避风港由卸货引起的损失，以及在中途港、避难港由于卸货、存仓以及运送货物所产生的特别费用。

（7）共同海损的牺牲、分摊和救助费用。

（8）运输契约订有“船舶互撞责任”条款，根据该条款规定应由货方偿还船方的损失。

上述平安险的责任范围表明，在投保平安险的情况下，保险公司主要是对自然灾害造成的全部损失和对意外事故造成的全部损失及部分损失予以赔偿。此外，对于海上意外事故发生前后，自然灾害造成的部分损失也予以赔偿。

2. 水渍险

水渍险所承保的责任范围，除平安险的各项责任外，还包括被保险货物由于恶劣气候、海啸、地震、洪水等自然灾害所遭受的部分损失。可见，水渍险的责任范围比平安险大，投保水渍险时，保险公司对自然灾害和意外事故造成的全部损失或部分损失均负责赔偿。

3. 一切险

一切险的责任范围除平安险和水渍险的各项责任外，还包括货物在运输过程中一般外来原因造成的全部或部分损失。所以，一切险实际上是平安险、水渍险和一般附加险的总和。

（二）基本险的除外责任

基本险的除外责任是指保险人不负责赔偿的损失或费用。它包括以下几方面：

（1）被保险人的故意行为或过失造成的损失。

（2）属于发货人的责任所引起的损失。

（3）在开始承担保险责任前，被保险货物已存在由品质不良或数量短差所造成的损失。

（4）被保险货物的自然损耗、本质缺陷、特性及市价跌落、运输延迟所引起的损失或费用。

（5）战争险条款和罢工险条款所规定的责任及除外责任。

（三）承保责任的起讫期限

《中国人民保险公司海洋运输货物保险条款》规定的保险责任起讫期限，采用国际保险业中惯用的“仓至仓”条款（warehouse to warehouse clause，W/W clause），即在保险公司的保险期间，自货物从保险单载明的起运港（地）发货人的仓库或储存处所开始运输时生效，到货物运达保险单载明目的港（地）收货人的最后仓库或被保险人用作分配、分派或非正常运输的其他储存处所为止；如未抵达上述仓库或储存处所，则以被保险货物在最后目的港（地）卸离海轮满60日为止；在货物未运抵收货人仓库或储存处所并在卸离海轮60日内，需转运到非保险单载明的目的地时，以该项货物开始转运时终止。这里指的运输包括海上、陆上、内河和驳船运输的整个运输过程。

二、附加险

附加险是对基本险的扩大和补充。在海运保险业务中，进出口商除了投保货物的上述基本险别外，还可以根据货物的特点和实际需要选择若干适当的附加险别投保。附加险别包括一般附加险和特殊附加险。

(一) 一般附加险

一般附加险是指由一般外来原因引起的一般风险造成各种损失的险别。一般附加险有下列 11 种险别：

1. 偷窃、提货不着险（theft，pilferage and non-delivery risk，T. P. N. D.）

在投保平安险和水渍险的基础上加保此险，保险人负责赔偿被保险货物被偷窃，以及被保险货物运抵目的地后整件未交的损失。

2. 淡水雨淋险（fresh water and rain damage risk，F. W. R. D.）

在投保平安险和水渍险的基础上加保此险，保险人负责赔偿承保的货物在运输途中遭受雨水、淡水以及雪融水浸淋造成的损失，包括船上淡水舱、水管漏水以及舱汗所造成的货物损失。

3. 渗漏险（leakage risk）

在投保平安险和水渍险的基础上加保此险，保险人负责赔偿承保的流质、半流质、油类货物在运输途中由容器损坏引起的渗漏损失，或用液体储藏的货物因液体渗漏而腐烂变质造成的损失。

4. 短量险（shortage risk）

在投保平安险和水渍险的基础上加保此险，保险人负责赔偿承保的货物外包装破裂或散装货物发生数量和实际重量短缺所造成的损失，但不包括正常运输途中的自然损耗。

5. 混杂、玷污险（intermixture and contamination risk）

在投保平安险和水渍险的基础上加保此险，保险人负责赔偿承保的货物在运输过程中因混进杂质或被玷污，影响货物质量所造成的损失。

6. 碰损、破碎险（clash and breakage risk）

在投保平安险和水渍险的基础上加保此险，保险人负责赔偿承保的金属、木质等货物因震动、颠簸、碰撞、挤压而遭受的损失，或易碎性货物在运输途中因装卸野蛮粗鲁、运输工具的颠震而破裂、断碎的损失。

7. 串味险（taint of odour risk）

在投保平安险和水渍险的基础上加保此险，保险人负责赔偿承保的货物在运输过程中配载不当而受其他物品影响，从而串味的损失。例如茶叶、香料，与皮张、樟脑等堆放在一起会产生异味，不能使用。

8. 受潮受热险（sweat and heating risk）

在投保平安险和水渍险的基础上加保此险，保险人负责赔偿承保的货物因气温突然变化或船上通风设备失灵致使船舱内水汽凝结，从而受潮或受热所造成的损失。

9. 钩损险（hook damage risk）

在投保平安险和水渍险的基础上加保此险，保险人负责赔偿在运输过程中使用手钩、吊钩装卸，致使承保的货物（一般是袋装、箱装或捆装货物）包装破裂或直接钩破货物所造成的损失，及对包装进行修理或调换所支出的费用。

10. 包装破裂险（breakage of packing risk）

在投保平安险和水渍险的基础上加保此险，保险人负责赔偿承保的货物在运输过程中因搬运或装卸不慎造成包装破裂所引起的损失，以及因继续运输安全的需要修补或调换包装所支出的费用。

11. 锈损险（rust risk）

在投保平安险和水渍险的基础上加保此险，保险人负责赔偿承保的货物在运输过程中生锈而造成的损失。

（二）特殊附加险

特殊附加险是指特殊外来原因引起的风险造成损失的险别。主要是由政治、军事、国家政策法令、行政措施等特定的外来原因而造成的。特殊附加险包括以下几种：

1. 战争险（war risk）

根据《中国人民保险公司海洋运输货物战争险条款》的规定，战争险的保险责任包括：（1）直接由于战争、类似战争行为和敌对行为、武装冲突或海盗行为所致的损失。（2）由于上述原因引起的捕获、拘留、扣留、禁制、扣押所造成的损失。（3）各种常规武器，包括水雷、鱼雷、炸弹所致的损失。（4）由于上述原因引起的共同海损的牺牲、分摊和救助费用。但对敌对行为使用原子或热核制造的武器（如原子弹、氢弹等）所致的损失和费用，以及根据执政者、当权者或其他武装集团的扣押、拘留引起的承保航程的丧失和挫折而提出的任何索赔不负赔偿责任。

海运战争险的责任期仅以水上危险为限，即从货物装上海轮时开始，到卸离海轮时终止；或从该海轮到达目的港的当日午夜起算满 15 天为限。如果货物在中途转船，也不得超过 15 天。只有在此期限内装上续运海轮，保险责任才继续有效。

2. 罢工险（strike risk）

该险承保责任范围是，由于罢工者、被迫停工工人，或参加工潮、民众斗争的人员的行为，或任何人的恶意行为所造成的直接损失及上述行动和行为引起的共同海损的牺牲、分摊和救助费用。罢工险对罢工行为所致的间接损失不负责任，如罢工造成劳动力不足或无法使用劳动力，而使货物无法正常运输、装卸以致损失，属于间接损失，保险人不予负责。

罢工险的保险期限以“仓至仓”条款为依据，保险人负责货物从卖方仓库起，到存入买方仓库止的整个运输过程的风险。

3. 进口关税险（import duty risk）

该险承保的是被保险货物受损后，仍得在目的港按完好货物交纳进口关税而造成相应货损部分的关税损失。

4. 舱面险（on deck risk）

该附加险承保装载于舱面（船舶甲板上）的货物被抛弃或被海浪冲击落水所致的损失。

5. 黄曲霉素险（aflatoxin risk）

该附加险承保被保险货物（主要是花生、谷物等易产生黄曲霉素的货物）在进口港或进口地经卫生当局检验证明，其所含黄曲霉素超过进口国限制标准，而被拒绝进口、没收或强制改变用途所造成的损失。

6. 拒收险（rejection risk）

当被保险货物出于各种原因，在进口港被进口国政府或有关当局拒绝进口或没收而产生损失时，保险人依拒收险对此承担赔偿责任。

7. 交货不到险（failure to deliver risk）

该险承保自被保险货物装上船舶时开始，在六个月内不能运到原定目的地交货所造成的损失。不论何种原因造成交货不到，保险人都按全部损失予以赔偿。

8. 出口货物到香港（包括九龙在内）或澳门存仓火险责任扩展条款（fire risk extension clause for storage of cargo at destination HongKong，Including Kowloon，or Macao，F. R. E. C.）

这是一种扩展存仓火险责任的特别附加险。它对被保险货物自内地出口运抵香港（包括九龙）或澳门，卸离运输工具，直接存放于保险单载明的过户银行所指定的仓库期间发生火灾所受的损失，承担赔偿责任。

三、海洋运输货物专门保险

在我国海洋运输货物保险中，还有专门适用于海运冷藏货物的海洋运输冷藏货物保险、适用于海运散装桐油的海洋运输散装桐油保险，以及活牲畜、家禽运输保险。这三种保险属于基本险性质。

（一）海洋运输冷藏货物保险

海洋运输冷藏货物保险分为冷藏险和冷藏一切险两种，被保险货物遭受损失时，保险人按照保险单上订明承保险别的条款规定，负赔偿责任。

冷藏险的责任范围除水渍险承保的责任外，还包括冷藏机器停止工作连续达 24 小时以上所造成的被保险货物的腐败或损失。

冷藏一切险的责任范围除包括上列冷藏险的各项责任外，还包括被保险货物在运输途中由外来原因所致的腐败或损失。

海洋运输冷藏货物保险的除外责任除上述海运货物保险的除外责任外，还包括如下内容：被保险货物在运输过程中的任何阶段因未存放在有冷藏设备的仓库或运输工具中，或辅助运输工具没有隔温设备所造成的货物腐败；被保险货物在保险责任开始时因未保持良好状态（包括整理加工和包装不妥，冷冻上的不合规定及骨头变质）所引起的货物腐败和损失。

（二）海洋运输散装桐油保险

海洋运输散装桐油保险是专门以散装桐油作为保险标的物的一种海上货物运输险种。它承保散装桐油在海上运输过程中，因遭受保险范围内的自然灾害或意外事故而受到的损失。我国各保险公司开办的海洋运输散装桐油保险以 1981 年 1 月 1 日修订的《中国人民保险公司海洋运输散装桐油保险条款》为依据。

海洋运输散装桐油保险的责任范围，除了涵盖一般海洋运输货物保险的保险责任以外，还包括下述各项损失和费用：（1）不论何种原因所致被保险桐油的短少、渗漏的损失；（2）不论何种原因所致被保险桐油的玷污或变质的损失；（3）被保险人因对遭受承保风险的桐油采取抢救、防止或减少货损的措施所支出的合理费用，但以该批被救桐油的保险金额为限。

（三）活牲畜、家禽运输保险

活牲畜、家禽运输保险是指保险公司对活牲畜、家禽在运输途中的死亡负责赔偿。但对下列原因造成的死亡不负赔偿责任：在保险责任开始前，被保险活牲畜、家禽健康状况不好；被保险活牲畜、家禽，因怀仔、防疫注射或接种所致的死亡；因传染病、患病，经管理当局命令屠杀或缺乏饲料而致的死亡；被禁止进口或出口或检验规格不符所引起的死亡。

第四节 我国其他货运保险险别与条款

一、陆上运输货物保险险别与条款

（一）陆运险与陆运一切险

陆上运输货物保险是货物运输保险的一种，分为陆运险和陆运一切险两种。

1. 陆运险的责任范围

被保险货物在运输途中遭受暴风、雷电、地震、洪水等自然灾害，或由于陆上运输工具（主要指火车、汽车）遭受碰撞、倾覆或出轨，如在驳运过程中，包括驳运工具搁浅、触礁、沉没，或由于遭受隧道坍塌、崖崩、火灾、爆炸等意外事故而全部损失或部分损失。保险公司对陆运险的承保范围大致相当于海运险中的水渍险。

2. 陆运一切险的责任范围

除包括上述陆运险的责任外，保险公司对被保险货物在运输途中由外来原因造成的短少、短量、偷窃、渗漏、碰损、破碎、钩损、雨淋、生锈、受潮、发霉、串味、玷污等损失，也负责赔偿。

3. 陆上运输货物保险的除外责任

（1）被保险人的故意行为或过失所造成的损失。

（2）属于发货人所负责任或被保险货物的自然消耗引起的损失。

（3）战争、工人罢工或运输延迟所造成的损失。

4. 保险责任起讫期限

陆上运输货物保险的保险责任的起讫期限与海洋运输货物保险的“仓至仓”条款基本相同，是从被保险货物运离保险单所载明的起运地发货人的仓库或储存处所开始运输时生效，包括正常陆运和有关水上驳运在内，直至该项货物送交保险单所载明的目的地收货人仓库或储存处所，或被保险人用作分配、分派或非正常运输的其他储存处所为止。但货物如未运抵上述仓库或储存处所，则保险责任以被保险货物到达最后卸载的车站后 60 天为限。

（二）陆上运输冷藏货物险

陆上运输冷藏货物险是陆上运输货物险中的一种专门险。保险公司除负责赔偿陆运险所列举的各项损失外，还负责赔偿冷藏机器或隔温设备在运输途中损坏所造成的被保险货物解冻而腐败的损失。但对于由战争、工人罢工或运输延迟而造成的被保险冷藏货物的腐败或损失，以及被保险冷藏货物在保险责任开始时未能保持良好状况，整理、包装不妥或冷冻不合规格所造成的损失则除外。此外，被保险人对遭受承保责任内危险的货物采取抢救、防止或减少货损的措施而支付的合理费用，保险公司也负责赔偿，但以不超过该批被救货物的保险金额为限。一般的除外责任条款也适用于本险别。陆上运输冷藏货物险的保险责任期限也采用“仓至仓”条款，但是以被保险货物到达目的地车站后 10 天为限。

（三）陆上运输货物战争险

陆上运输货物战争险（火车）是陆上运输货物险的特殊附加险，只有在投保陆运险或陆运一切险的基础上方可加保。加保陆上运输货物战争险后，保险公司负责赔偿在火车运输途中由战争、类似战争行为和敌对行为、武装冲突所致的损失，以及各种常规武器包括地雷、炸弹所致的损失。但是，敌对行为使用原子或热核武器所致的损失和费用，以及执政者、当权者或其他武装集团的扣押、拘留引起的承保运程的丧失和挫折而造成的损失除外。

陆上运输货物战争险的责任起讫以货物置于运输工具时为限，即自被保险货物装上保险单所载起运地的火车时开始，到在保险单所载目的地卸离火车时为止。如果被保险货物不卸离火车，则以火车到达目的地的当日午夜起计算，满 48 小时为止；如果在运输中途转车，不论货物在当地卸载与否，保险责任都以火车到达该中途站的当日午夜起计算，满 10 天为止；如果货物在此期限内重新装车续运，保险责任仍恢复有效。但如果运输契约在保险单所载目的地以外的地点终止，该地即被视作本保险单所载目的地，在货物卸离该地火车时为止；如不卸离火车，则保险责任以火车到达该地当日午夜起满 48 小时为止。

二、航空运输货物保险险别与条款

（一）航空运输险与航空运输一切险

保险公司承保通过航空运输的货物，保险责任是以飞机作为主体来加以规定的。航空运输货物保险也分为航空运输险和航空运输一切险两种。

航空运输险负责赔偿被保险货物在运输途中遭受雷电、火灾、爆炸或由于飞机遭受恶劣气候或其他危难事故而被抛弃，或飞机遭碰撞、倾覆、坠落或失踪等意外事故所受到的全部或部分损失，以及被保险人对遭受承保责任内危险的货物采取抢救、防止或减少货损的措施而支付的合理费用，但以不超过该批被救货物的保险金额为限。航空运输一切险的责任范围除上述航空运输险责任外，还包括被保险货物由外来原因所致的全部或部分损失。

航空运输货物保险的除外责任与海洋运输货物保险的除外责任相同。

航空运输货物保险的责任起讫期限也采用“仓至仓”条款，即保险责任自被保险货物运离保险单所载明的起运地仓库或储存处所开始运输时生效，包括正常运输过程中的运输工具在内，直至该项货物运达保险单所载明目的地收货人的最后仓库或储存处所或被保险人用作分配、分派或非正常运输的其他储存处所为止。如货物未运抵上述仓库或储存处所，则以被保险货物在最后卸载地卸离飞机后满30天为止。如在上述30天内被保险货物需转送到非保险单所载明的目的地，则以该项货物开始转运时终止。

（二）航空运输货物战争险

航空运输货物战争险是航空运输货物险的一种附加险，只有在投保航空运输险或航空运输一切险的基础上方可加保。

航空运输货物战争险的责任范围包括直接由战争、类似战争行为和敌对行为、武装冲突所致的损失；战争和类似战争行为等引起的捕获、拘留、扣留、禁制、扣押所造成的损失，以及各种常规武器包括炸弹所致的损失。

加保航空运输货物战争险，保险公司对因敌对行为使用原子或热核制造的武器所受的损失和费用，以及执政者、当权者或其他武装集团的扣押、拘留引起的承保航程的丧失和挫折而提出的任何索赔不负责赔偿。

航空运输货物战争险的保险责任自被保险货物装上保险单所载起运地飞机时开始，到卸离保险单所载目的地的飞机为止。如果被保险货物不卸离飞机，本保险责任最长期限以飞机到达目的地的当日午夜起算满15天为止。如被保险货物在中途港转运，保险责任以飞机到达转运地的当日午夜起算满15天为止，待装上续运的飞机时再恢复有效。

三、邮包运输保险险别与条款

（一）邮包险和邮包一切险

邮包运输保险承保通过邮政局邮包寄递的货物在邮递过程中发生保险事故所受的损失。以邮包方式将货物发送到目的地可能通过海运，也可能通过陆上或航空运输，或者经过两种或两种以上的运输工具运送。不论通过何种运送工具，凡是以邮包方式将贸易货物运达目的地的保险均属邮包保险。邮包运输保险按其保险责任分为邮包险和邮包一切险两种。前者与海洋运输货物保险水渍险的责任相似，后者与海洋运输货物保险一切险的责任基本相同。

邮包险的责任范围为被保险邮包在运输途中由于恶劣气候、雷电、海啸、地震、洪水等自然灾害，或由于运输工具遭受搁浅、触礁、沉没、碰撞、倾覆、出轨、坠落、失踪，或由于失火、爆炸等意外事故所遭受的全部或部分损失；还包括被保险人对遭受承保责任内危险的货物采取抢救、防止或减少货损的措施而支付的合理费用，但以不超过该批被救货物的保险金额为限。

邮包一切险的责任除上述邮包险的各项责任外，还包括被保险邮包在运输途中由外来原因所致的全部或部分损失。

邮包运输货物保险的除外责任和被保险人的义务与海洋运输货物保险相比较，实质上是一致的。

邮包运输货物保险的责任起讫为自被保险邮包离开保险单所载起运地点寄件人的处所运往邮局时开始生效，直至该项邮包运达本保险单所载目的地邮局，自邮局签发到货通知书当日午夜起算满15天终止。但是在此期限内，邮包一经交至收件人的处所，保险责任即行终止。

（二）邮包战争险

邮包战争险是邮包保险的一种附加险，只有在投保邮包险和邮包一切险的基础上方可加保。加保邮包战争险须另支付保险费。

加保邮包战争险后，保险公司负责赔偿在邮包运输过程中由战争、敌对行为或武装冲突，以及各种常规武器包括水雷、鱼雷、爆炸所造成的损失。此外，保险公司还负责被保险人对遭受以上承保责任内危险的物品采取抢救、防止或减少损失的措施而支付的合理费用。但保险公司不承担使用原子或热核制造的武器所造成的损失的赔偿。

邮包战争险的保险责任自被保险邮包经邮政机构收讫后从储存处所开始运送时生效，直至该项邮包运达本保险单所载目的地邮局送交收件人为止。

第五节 伦敦保险协会海运货物保险条款

在国际保险市场上，英国伦敦保险协会制定的《协会货物条款》(Institute Cargo Clauses，ICC）对世界各国影响颇大。目前，世界上许多国家在海运保险业务中直接采用该条款，还有许多国家在制定本国保险条款时参照或采用该条款的内容。

一、ICC海运货物新条款的种类与特点

《协会货物条款》最早制定于1912年，后来进行过多次修订和补充。2009年1月1日，联合货物保险委员会推出了新的条款ICC2009。新的条款拓展了保险责任起讫期，对保险人援引免责条款做出了一定限制，对条款中易产生争议的用词做出了更加明确的规定。新条款中的文字、结构等更加简洁、严密，便于阅读和理解。

《协会货物条款》包括七个险别：

（1）协会货物条款（A）[Institute Cargo Clause（A），ICC（A）]。

（2）协会货物条款（B）[Institute Cargo Clause（B），ICC（B）]。

（3）协会货物条款（C）[Institute Cargo Clause（C），ICC（C）]。

（4）协会战争险条款（货物）（Institute War Clauses Cargo）。

（5）协会罢工险条款（货物）（Institute Strikes Clauses Cargo）。

（6）恶意损害险条款（Malicious Damage Clauses）。

（7）偷窃、提货不着险（Theft，Pilferage and Non-delivery Clause）。

以上七个险别中，ICC（A）、ICC（B）、ICC（C）可以独立投保；协会战争险和罢

工险，也可以征得保险人的同意，独立投保；但恶意损害险和偷窃、提货不着险属于附加险，不能单独投保。

二、ICC 主要险别的承保风险与除外责任

（一）ICC（A）条款的承保风险与除外责任

1. ICC（A）的承保风险

ICC（A）大体相当于中国人民保险公司规定的一切险，其责任范围最广。伦敦保险协会对 ICC（A）的承保风险采用“一切风险减除外责任”的办法予以规定，即除了“除外责任”项下所列风险保险人不予负责外，其他风险均予负责。

2. ICC（A）的除外责任

ICC（A）的除外责任分为四大类，如下所示：

（1）一般除外责任。包括：被保险人故意的不法行为所造成的损失或费用；自然渗漏、自然损耗、自然磨损、包装不足或不当造成的损失或费用；保险标的内在缺陷或特性造成的损失或费用；直接由延迟所引起的损失或费用；船舶所有人、租船人经营破产或不履行债务所造成的损失或费用；使用任何原子或热核武器所造成的损失或费用。

（2）不适航、不适货除外责任。指保险标的在装船时，如果被保险人或其受雇人已经知道船舶不适航，以及船舶、装运工具、集装箱等不适货，则保险人不负赔偿责任。

（3）战争除外责任。包括：战争、内战、敌对行为等造成的损失或费用；被捕获、拘留、扣留等（海盗除外）所造成的损失或费用；漂流水雷、鱼雷等造成的损失或费用。

（4）罢工除外责任。罢工者、被迫停工工人造成的损失或费用，以及罢工、被迫停工所造成的损失或费用等。

（二）ICC（B）条款的承保风险与除外责任

1. ICC（B）的承保风险

ICC（B）大体相当于中国人民保险公司规定的水渍险，它比 ICC（A）责任范围小，故采用列明风险的方法，即在条款的首部开宗明义地把保险人所承保的风险一一列出。因此，对于灭失或损失合理归因于下列因素之一的风险，ICC（B）予以承保：（1）火灾、爆炸；（2）船舶或驳船触礁、搁浅、沉没或倾覆；（3）陆上运输工具倾覆或出轨；（4）船舶、驳船或运输工具同水以外的外界物体碰撞；（5）在避难港卸货；（6）地震、火山爆发、雷电；（7）共同海损牺牲；（8）抛货；（9）浪击落海；（10）海水、湖水或河水进入船舶、驳船、运输工具、集装箱、大型海运箱或贮存处所；（11）货物在装卸时落海或摔落造成整件的全损。

2. ICC（B）的除外责任

它与 ICC（A）条款的除外责任基本相同，但有下列两点区别：

（1）ICC（A）仅规定保险人对被保险人故意的不法行为所致的损失或费用不负赔偿责任；而 ICC（B）则规定保险人对被保险人以外的其他人的故意非法行为所致的风险不负赔偿责任。可见，在 ICC（A）中，恶意损害的风险被列为承保风险，即对被保险人之外的任何个人或数人的故意损害要负赔偿责任；而在 ICC（B）中，保险人对此项风险却

不负赔偿责任。

（2）在 ICC（A）中，“海盗行为”不属于除外责任；而在 ICC（B）中，保险人对此项风险不承担保险责任。

（三）ICC（C）条款的承保风险与除外责任

1. ICC（C）的承保风险

ICC（C）的承保风险比 ICC（A）和 ICC（B）要小得多，它只承保“重大意外事故”，而不承保“自然灾害及非重大意外事故”。其具体承保风险包括：（1）火灾、爆炸；（2）船舶或驳船触礁、搁浅、沉没或倾覆；（3）陆上运输工具倾覆或出轨；（4）船舶、驳船或运输工具同水以外的外界物体碰撞；（5）在避难港卸货；（6）共同海损牺牲；（7）抛货。

2. ICC（C）的除外责任

ICC（C）的除外责任与 ICC（B）完全相同。

协会战争险和罢工险的承保风险与我国现行的海运战争险和罢工险条款相似。恶意损害险是新增的附加险别，保险人承保的是被保险人以外的其他人（如船长、船员）的故意破坏行为（如沉船、纵火等）所致被保险货物的灭失或损害。但是，恶意损害如果是有政治动机的人的行为，则保险人免责。由于恶意损害险的承保责任范围已被列入 ICC（A）的承保风险，所以只有在投保 ICC（B）和 ICC（C）的时候，才需在必要时加保。

第六节　国际货物运输保险实务与合同中的保险条款

一、国际货物运输保险实务

在 CIF 术语下，按照买卖合同的约定，应由卖方向保险公司办理投保并支付保险费。在 FOB 及 CFR 术语下，应由买方自负费用和承担风险，并办理在途货物保险。货运保险的一般程序如下所示。

（一）确定保险金额

所谓保险金额，是指一个保险合同项下保险公司承担赔偿或给付保险金责任的最高限额，即投保人对保险标的的实际投保金额；同时又是保险公司收取保险费的计算基础。在财产保险合同中，对保险价值的估计和确定直接影响保险金额的大小。在海运货物保险中，保险价值一般包括货价、运费、保险费，以及预期利润。保险金额由保险人与被保险人约定，保险金额不得超过保险价值；超过保险价值的，超过部分无效。

在进出口业务中，海运保险的保险金额通常以 CIF（或 CIP）价为基础，并适当加成以补偿贸易过程中支付的各项费用（手续费、利息、往来函电费）及利润损失。故保险金额的计算公式为：

$$保险金额=CIF(或\ CIP)价\times(1+保险加成率)$$

由此可见，投保海运保险后，一旦货物遭遇保险事故损失，被保险人不但可以收回货款、运费、保险费及其他开支，还能获得正常的预期利润的补偿，得到较充分的保障。

在实际业务中，保险加成率通常为 CIF（或 CIP）价的 10%。但如果有的交易利润比较高，进口商所提出的保险加成率就会大于 CIF（或 CIP）价的 10%，比如为 CIF（或 CIP）价的 30%。经过保险双方的协商，保险人综合考虑货物在当地的价格、进口商的资信和其所在地区的情况后，如果认为风险较小，一般同意接受投保人提出的高于 10% 的加成率。在具体业务中，为防止被动，如果国外进口商要求较高的保险加成率，出口商应事先征求保险人意见，保险人表示同意后才能接受买方的保险条件。

保险金额的确定以 CIF 价或 CIP 价为基础。若进口方报的是 CFR 价或 CPT 价，却要求出口商代为办理货运保险，或是要求改报 CIF 价或 CIP 价，则应先把 CFR 价或 CPT 价转化为 CIF 价或 CIP 价，然后再计算保险金额。计算公式如下：

$$CIF(或\ CIP)价=\frac{CFR(或\ CPT)价}{1-保险费率\times(1+保险加成率)}$$

例如：某公司出口一批服装到美国，原定价为每 210 美元 CFR 纽约，保险费率为 0.8%，按加成 10%作为保险金额，改报成 CIF 价后的保险金额计算方法如下：

$$CIF\ 价=\frac{210}{1-0.8\%\times(1+10\%)}=211.86(美元)$$

$$保险金额=211.86\times(1+10\%)=233.05(美元)$$

（二）约定保险险别

按 FOB 条件成交时，运输途中的风险由买方承保，保险费由买方负担。按 CIF 或 CIP 条件成交时，运输途中的风险本应由买方承保，但一般约定保险费由卖方负担，因此货价中包括保险费。买卖双方约定的险别通常为平安险、水渍险、一切险三种基本险别中的一种。但有时也可根据货物特性和实际情况加保一种或若干种附加险。如果约定采用英国伦敦保险协会的《协会货物条款》，也应根据货物特性和实际需要约定该条款的具体险别。在双方未约定险别的情况下，按惯例卖方可按最低的险别投保。

CIF 或 CIP 货价一般不包括加保战争险等特殊附加险的费用，因此，如果买方要求加保战争险等特殊附加险，应自负费用。

（三）办理投保和交付保险费

出口合同采用 CIF 或 CIP 条件时，保险由出口商办理。出口企业在向当地的保险公司办理投保手续时，应根据买卖合同或信用证规定，在备妥货物并确定装运日期和运输工具后，按规定格式逐笔填制投保单，送交保险公司投保并交付保险费。

投保人交付保险费，是保险合同生效的前提条件。保险费率是计算保险费的依据。目前，我国出口货物保险费率按照不同商品、不同目的地、不同运输工具和不同险别分别制定为“一般货物费率”和“指明货物附加费费率”两大类，前者适用于所有的货物，后者仅适用于特别指明的货物。进口货物保险费率有进口货物保险费率和特约费率两种。

保险费的计算公式是：

保险费＝保险金额×保险费率

＝CIF(或 CIP)价×(1＋保险加成率)×保险费率

例如：中国A公司对外出售一批货物，合同规定：数量100公吨，单价每公吨1 000英镑CIF伦敦，卖方按发票金额加成10％投保水渍险和短量险，保险费率分别为0.3％和0.2％。试计算A公司应付多少保险费。

解：保险费＝CIF价×(1＋保险加成率)×保险费率

＝1 000×100×(1＋10％)×(0.3％＋0.2％)

＝550(英镑)

（四）取得保险单据

交付保险费后，投保人即可取得保险单据。保险单据是保险人与被保险人之间订立保险合同的证明文件，它反映了保险人与被保险人之间的权利和义务关系，也是保险人的承保证明。当发生保险责任范围内的损失时，它又是保险索赔和理赔的主要依据。保险单据有以下几个种类：

1. 保险单

保险单俗称大保单，是使用最广的一种保险单据。货运保险是承保一个指定航程内某一批货物的运输保险的单据。其内容除载明被保险人、保险标的、运输工具、险别、起讫地点、保险期限、保险价值和保险金额等项目外，还附有关于保险人责任范围以及保险人和被保险人的权利和义务等方面的详细条款。它具有法律效力，对双方当事人均有约束力。

2. 保险凭证

保险凭证俗称小保单，是保险人签发给被保险人，证明货物已经投保和保险合同已经生效的文件。保险凭证上无保险条款，其余内容与保险单相同。它与保险单的法律效力相同，但近些年不少保险公司已废弃此类保险单证。

3. 联合凭证

联合凭证，亦称联合发票，是一种发票和保险单相结合的比保险单更为简化的保险单证。保险公司将承保的险别、保险金额，以及保险编号加注在投保人的发票上，并加盖印戳，其他项目均以发票上列明的为准。这种单证曾在我国采用，并且仅限于港澳地区的少数客户。目前已不再使用。

4. 预约保单

预约保单又称预约保险合同，它是被保险人与保险人之间订立的合同。订立这种合同的目的是简化保险手续，以及使货物一经起运即可获得保障。合同中规定承保货物的范围、险别、费率、责任、赔款处理等条款，凡属合同约定的运输货物，在合同有效期内自动承保。预约保单主要适用于进口货物的保险。

（五）保险索赔

索赔是指被保险货物在保险期限内遭受保险责任范围内的风险损失时，被保险人按保险单有关规定向保险人要求赔偿损失的一种行为。在索赔工作中，被保险人应做好下列工作：

（1）被保险人获悉或发现被保险货物遭受损失后，应立即通知保险公司，并尽可能保留现场。

（2）被保险人或其代理人在提货时发现被保险货物整件短少或有明显残损痕迹，除向保险公司报损外，还应立即向承运人或有关当局索取货损货差证明。如货损涉及第三方责任，应首先向有关责任方提出索赔或声明保留追偿权利。

（3）被保险货物受损后，被保险人应迅速对受损货物采取必要、合理的施救和整理措施，防止损失扩大。如果保险公司对施救、整理提出要求，被保险人应按照保险公司的要求去做。

（4）备妥索赔单证，在规定的时期内提出索赔。索赔单证主要包括：保险单或保险凭证正本；运输单据，包括海运单、海运提单等；发票；装箱单或重量单；向承运人等第三者责任方请求赔偿的函电及其他必要的单证或文件；货损货差证明；海事报告摘录；列明索赔金额与计算依据，以及有关费用的项目和用途的索赔清单。

二、买卖合同中的保险条款

买卖双方在磋商和签订进出口合同时，一般都要订立有关货物运输的保险条款（见图5-1）。一般来说，保险条款涉及的内容有保险金额、投保险别、保险费、保险单证和保险适用条款等。因为保险条款与价格条款有着必然的联系，所以采用不同的价格条款，或投保人不同，保险条款的订立方法亦不相同。一般情况下，如保险不涉及双方当事人利益，保险条款就比较简单。在以 EXW、FAS、FOB、FCA、CFR、CPT 贸易术语签订合同时，买方承担货物在运输途中的风险，并负责办理投保、支付保险费。若不涉及卖方利益，合同中的保险条款只要明确由买方办理即可。保险条款可作如下规定：保险由买方办理（insurance is to be covered by the buyers）。

在以 DPU、DAP、DDP 贸易术语签订合同时，卖方承担货物在运输途中的风险，并负责办理投保、支付保险费。若不涉及买方利益，合同中的保险条款只要明确由卖方办理即可。保险条款可作如下规定：保险由卖方办理（insurance is to be covered by the sellers）。

在以 CIF 或 CIP 贸易术语签订合同时，由卖方负责投保并支付保险费，但运输途中的风险由买方承担，这样，保险就涉及买卖双方利益，合同中的保险条款就应详细、明确订立，以便顺利履行合同。保险条款须明确规定投保人、投保险别，以及确定保险金额的方法和保险适用条款，并注明该条款的生效时间。在 CIF、CIP 合同中，保险条款可作如下规定：由卖方按发票金额的110%投保一切险和战争险，按1981年1月1日中国人民保险公司海洋运输货物保险条款投保（Insurance is to be covered by the sellers for 110% of the invoice value against All Risks and War Risks as per Ocean Marine Cargo Clause of the People's Insurance Company of China dated Jan. 1, 1981）。

中国人民保险公司
THE PEOPLE'S INSURANCE COMPANY OF CHINA
总公司设于北京　　一九四九年创立
Head Office：BEIJING　Established in 1949

发票号码　　保险单　　保险单号次
Invoice No.　　**INSURANCE POLICY**　　Policy No.

中国人民保险公司（以下简称本公司）
This Policy of Insurance witnesses that The People's Insurance Company of China (hereinafter called "The Company")
根据
at the request of
（以下简称被保险人）的要求，由被保险人
(hereinafter called the " Insured ") and in consideration of the agreed premium
向本公司缴付约定的保险费，按照本保险单
paying to the Company by the Insured，Undertakes to insure the undermentioned
承保险别和背面所载条款与下列特款承保
Goods in transportation subject to the conditions of this Policy as per Clauses
下述货物运输保险，特立本保险单。
printed overleaf and other special clauses attached hereon.

标　记 Marks & No. s	包装及数量 Quantity	保险货物项目 Description of Goods	保险金额 Amount Insured

总保险金额：
Total amount insured
保费　　费率　　装载运输工具
Premium　　as arranged rate　　as arranged per conveyance S. S
开航日期　　自　　至
Slg. on or abt　　From　　To
承保险别
Conditions
所保货物，如遇出险，本公司凭本保险单及其他有关证件给付赔款。
Claims，if any，payable on，surrender of this policy together with other relevant documents.
所保货物，如发生本保险单项下负责赔偿的损失或事故，应立即通知本公司下述代理人查勘。
In the event of accident whereby loss or damage may result in a claim under this policy immediate notice applying for survey must be given to the company's agent as mentioned hereunder.

中国人民保险公司
THE PEOPLE'S INSURANCE CO. OF CHINA

赔款偿付地点
Claim payable at
日期
DATE

图 5－1　保险单样单

在 FOB 或 CFR 合同下，如果买方委托卖方代办保险，由买方负担保险费时，可订为：由买方委托卖方按 CIF 发票金额的×%代为投保海洋运输险，按 1982 年 1 月 1 日协会货物条款（A）订立，保险费由买方负担。(Insurance is to be covered by the Sellers on behalf of the Buyers for ×% of invoice value against Marine Risks as per Institute Cargo Clause (A) dated Jan. 1, 1982, Premium to be for Buyer's account.)

本章小结

1.保险利益原则、最大诚信原则、补偿原则、近因原则是保险的基本原则，投保人和保险人在订立保险合同时需共同遵守。

2.海洋货物运输保险保障的范围主要包括风险、损失和费用。海上风险包括自然灾害和意外事故。海上损失按照损失程度分为全部损失和部分损失，而部分损失按照成因分为共同海损和单独海损。保险人负责赔偿的海上费用主要包括施救费用和救助费用两种。

3.《中国保险条款》按运输方式分为海洋、陆上、航空和邮包运输保险条款及其他各种专门条款。其中,海洋运输货物保险条款是我国进出口贸易中投保货物保险时的重要依据，分为基本险和附加险两类。基本险包括平安险、水渍险和一切险，附加险包括一般附加险和特殊附加险。

4.伦敦保险协会海运货物保险条款主要包括协会货物条款（A），协会货物条款（B），协会货物条款（C），协会战争险条款（货物），协会罢工险条款（货物），恶意损害险条款以及偷窃、提货不着险条款七种。

5.进出口合同中的保险条款主要包括保险金额、投保险别、保险费、保险单证和保险适用等内容。

关键词

可保利益；海上风险；外来风险；实际全损；推定全损；共同海损；单独海损；施救费用；救助费用；基本险；附加险；平安险；水渍险；一切险；“仓至仓”条款；保险金额；保险单

复习与思考

一、单项选择题

1. 在海上货物保险中，一般附加险通常(　　)。

A. 与一切险共同使用　　B. 与特殊附加险共同使用

C. 与平安险或水渍险共同使用　　D. 自己单独使用

2. 下列险别中，(　　)不适用“仓至仓”条款。

A. 一切险　　B. 偷窃、提货不着险

C. 水渍险　　D. 战争险

3. 一批货物在海运途中发生承保范围内的损失，其修理费用超过货物修复后的价格，这种损失属于(　　)。

A. 实际全损　　B. 推定全损　　C. 共同海损　　D. 单独海损

4. 由保险双方当事人商定的，保险人承担损失补偿的最高责任限额称为(　　)。

A. 保险金额　　B. 保险价值　　C. 保险标的　　D. 保险费

5. 伦敦保险协会海运货物保险条款的三种主要险别中，保险人责任最低的险别是(　　)。

A. A险　　B. B险　　C. C险　　D. 恶意损害险

二、多项选择题

1. 共同海损分摊时，涉及的受益方包括(　　)。

A. 货方　　B. 船方　　C. 运费方　　D. 救助方

2. 土畜产公司出口蜂蜜一批，为了防止在运输途中容器破坏而引起渗漏损失，应该投保(　　)。

A. 一切险加保渗漏险　　B. 一切险

C. 水渍险加保渗漏险　　D. 平安险加保渗漏险

3. 在海上保险业务中，构成被保险货物实际全损的情况有(　　)。

A. 保险标的物完全灭失

B. 保险标的物损失已无法挽回

C. 保险标的物发生变质，失去原有使用价值

D. 船舶失踪达到一定时期

4. 保险的基本原则有(　　)。

A. 可保利益原则　　B. 最大诚信原则　　C. 补偿原则　　D. 近因原则

5. 海上货物运输保险中的部分损失从性质上可分为(　　)。

A. 实际损失　　B. 推定损失　　C. 单独海损　　D. 共同海损

三、判断题

1. 托运出口玻璃制品时，被保险人在投保一切险后，还应加保破碎险。(　　)

2. CIF 投保加成率都是 10%。(　　)

3. 按照我国现行货物保险条款的规定，凡已投保战争险，若再加保罢工险，则不另行收费。(　　)

4. 保险公司对战争险的责任起讫与基本险的责任起讫相同，都采用“仓至仓”条款。(　　)

5. 海上保险业务中的意外事故仅限于发生在海上的意外事故。(　　)

6. 在投保一切险的情况下，保险公司对所承保的货物在运输途中由自然灾害、意外事故和一切外来风险所导致的损失均负赔偿责任。(　　)

7. 水渍险指保险人仅对货物遭受海水水渍的损失负责。(　　)

8. 单独海损的损失仅由受损者单独负担。(　　)

9. 共同海损是承保风险直接造成的船货损失。(　　)

10. 在发生保险事故时，由保险人或被保险人以外的第三者采取救助行为而花费的

费用叫施救费用。（　）

11. 一切险并不承保一切风险所造成的被保险货物的一切损失。（　）

12. 一般附加险和特殊附加险可以单独投保。（　）

13. 战争险的责任起讫范围和三个基本险的责任起讫范围相同，都采用“仓至仓”条款。（　）

14. 航空运输基本险的保险责任采用与海运保险责任一样的“仓至仓”条款。（　）

15. 本着避免风险和节省保费的原则，以FOB进口玻璃器皿，可仅投保破碎险。（　）

四、简答题

1. 什么叫推定全损？推定全损有哪几种情况？

2. 构成共同海损应具备哪些条件？如何进行分摊？

3. 共同海损和单独海损的区别是什么？

4. 三种基本险的保险人除外责任有哪些？

5. 根据《中国人民保险公司海洋运输货物保险条款》的规定，平安险的责任范围有哪些？

6. “仓至仓”条款和战争险的责任起讫有什么不同？

7. 根据现行伦敦保险协会《海运货物保险条款》规定，ICC（A）的除外责任有哪些？

案例分析

1. 某外贸公司按CIF术语出口一批货物，装运前已向保险公司按发票总值110%投保平安险，6月初货物装妥顺利开航。载货船舶于6月13日在海上遇到暴风雨，致使一部分货物受到水渍，损失价值2 100美元。数日后，该轮又突然触礁，致使该批货物又遭到部分损失，价值为8 000美元。试问：保险公司对该批货物的损失是否赔偿？为什么？

2. 某货物从天津新港驶往新加坡，在航行途中船舶货舱起火，大火蔓延到机舱，船长为了船、货的共同安全，决定采取紧急措施，往舱中灌水灭火。火虽被扑灭，但由于主机受损，无法继续航行，于是船长决定雇用拖轮将货船拖回新港修理。检修后重新驶往新加坡。事后调查，这次事件造成的损失有：①1 000箱货被火烧毁；②600箱货由于灌水灭火受到损失；③主机和部分甲板被烧毁；④拖船费用；⑤额外增加的燃料和船长、船员工资。从上述各项损失性质来看，它们各属于什么海损？

3. 我国某外贸公司向日、英两国商人分别以CIF和CFR价格出售蘑菇罐头，有关被保险人均办理了保险手续。（1）这两批货物自启运地仓库运往装运港的途中均遭受损失，问这两笔交易中各由谁办理货运保险手续？该货物损失的风险与责任各由谁承担？保险公司是否给予赔偿？并简述理由。（2）货物在主运输途中均遭受损失，在这两笔交易中的货物损失由谁承担，由谁办理索赔？

实训模块

实训主题：出口货运保险实务。

实训目的：了解出口货运保险的办理流程和相关单据的制作。

实训要求：根据下面提供的材料完成投保单的填制（见图 1 和图 2）。

背景资料：2016 年 3 月 9 日，上海凯通国际货运代理有限公司通知南京唐朝纺织服装有限公司其所订舱位已经确认，该批货物将于 3 月 20 日装上由上海港开往加拿大蒙特利尔港的“HUA CHANG”轮 V. 09981 船次。在得到了船公司关于确认订舱的配舱回单后，南京唐朝纺织服装有限公司即于 3 月 16 日按照信用证的有关规定填写投保单，并随附商业发票向中国人民保险公司南京分公司办理保险手续。信用证要求按 CIF 发票金额加一成投保中国保险条款的一切险、战争险和罢工险，提供一份正本保险单和一份副本保险单。

<table>
<tr><td colspan="2">ISSUER
NANJING TANG TEXTILE GARMENT CO.，LTD.
HUARONG MANSION RM2901 NO. 85 GUANJIAQIAO，
NANJING 210005，CHINA</td><td colspan="3" rowspan="2">商业发票
COMMERCIAL INVOICE</td></tr>
<tr><td colspan="2" rowspan="2">TO
FASHION FORCE CO.，LTD
P. O. BOX 8935 NEW TERMINAL，ALTA，
VISTA OTTAWA，CANADA</td></tr>
<tr><td colspan="3">NO.　NTC1FF004　　DATE　Mar. 9，2016</td></tr>
<tr><td colspan="2" rowspan="2">TRANSPORT DETAILS
SHIPMENT FROM SHANGHAI TO MONTREAL BY VESSEL</td><td colspan="3">S/C NO.　F01LCB05127　　L/C NO.　63211020049</td></tr>
<tr><td colspan="3">TERMS OF PAYMENT
L/C AT SIGHT</td></tr>
<tr><td rowspan="2">Marks and Numbers</td><td rowspan="2">Number and kind of package
Description of goods</td><td rowspan="2">Quantity</td><td>Unit Price</td><td>Amount</td></tr>
<tr><td colspan="2">USD</td></tr>
<tr><td rowspan="2">FASHION FORCE
F01LCB05127
CTN NO.
MONTREAL
MADE IN CHINA</td><td colspan="4">CIF MONTREAL，CANADA</td></tr>
<tr><td>LADIES COTTON BLAZER
(100% COTTON，40SX20/140X60)</td><td>2 550PCS</td><td>USD12. 80</td><td>USD32 640. 00</td></tr>
<tr><td colspan="5">Total：　2 550PCS　　USD32 640. 00
SAY TOTAL：USD THIRTY TWO THOUSAND SIX HUNDRED AND FORTY ONLY

SALES CONDITIONS：CIF MONTREAL/CANADA
SALES CONTRACT NO. F01LCB05127
LADIES COTTON BLAZER (100% COTTON，40SX20/140X60)
STYLE NO.　PO NO.　QTY/PCS　USD/PC
46－301A　10 337　2 550　12. 80</td></tr>
</table>

图 1　商业发票

<table>
<tr><td>发票号码</td><td>NT001FF004</td><td colspan="2">投保条款和险别</td></tr>
<tr><td rowspan="2">被保险人</td><td>客户抬头</td><td colspan="2" rowspan="13">(　　) PICC CLAUSE
(　　) ICC CLAUSE
(　　) ALL RISKS
(　　) W. P. A. /W. A.
(　　) F. P. A.
(　　) WAR RISKS
(　　) S. R. C. C.
(　　) STRIKE
(　　) ICC CLAUSE A
(　　) ICC CLAUSE B
(　　) ICC CLAUSE C
(　　) AIR TPT ALL RISKS
(　　) AIR TPT RISKS
(　　) O/L TPT ALL RISKS
(　　) O/L TPT RISKS
(　　) TRANSHIPMENT RISKS
(　　) W TO W
(　　) T. P. N. D.
(　　) F. R. E. C.
(　　) R. F. W. D.
(　　) RISKS OF BREAKAGE
(　　) I. O. P.</td></tr>
<tr><td>过户（进口公司名称）</td></tr>
<tr><td rowspan="3">保险金额</td><td>USD　(　　　　　)</td></tr>
<tr><td>HKD　(　　　　　)</td></tr>
<tr><td>(　　)(　　　　　)</td></tr>
<tr><td>启运港</td><td></td></tr>
<tr><td>目的港</td><td></td></tr>
<tr><td>转内陆</td><td></td></tr>
<tr><td>开航日期</td><td></td></tr>
<tr><td>船名航次</td><td></td></tr>
<tr><td>赔款地点</td><td></td></tr>
<tr><td>赔付币别</td><td></td></tr>
<tr><td>正本份数</td><td></td></tr>
<tr><td>其他特别条款</td><td colspan="3"></td></tr>
<tr><td colspan="4">以下由保险公司填写</td></tr>
<tr><td>保单号码</td><td></td><td>费率</td><td></td></tr>
<tr><td>签单日期</td><td></td><td>保费</td><td></td></tr>
</table>

投保日期：　　　　　　　　　　　　投保人签章：

图 2　出口货物运输保险投保单

第六章 国际贸易结算

/ 本章重点 /

1. 了解国际贸易结算中使用的各种结算工具；
2. 熟悉国际贸易结算中常用的结算方式；
3. 学会各种结算方式在国际贸易中的使用方法。

国际货物买卖一方面产生物的空间位移，另一方面必然会产生资金的流动。国际市场形势的风云变幻，给国际货款收付带来了诸多不稳定的因素。因此，学会正确地选择和使用各种支付方式和支付工具是十分必要的。

第一节 结算工具

一、汇票

（一）汇票的定义

汇票是一个人向另一个人签发的，要求其在即期、定期或将来可以确定的时间支付一定金额给某人、其指定人或持票人的无条件的书面支付命令。该定义准确地描述了汇票的含义及特征。常见的汇票的英文表达有 bill of exchange 和 draft。

《中华人民共和国票据法》（以下简称《票据法》）对汇票做了如下解释：汇票是出票人签发的，委托付款人在见票时或者在指定日期无条件支付确定的金额给收款人或者持票人的票据。

（二）汇票的法定记载内容

汇票是一种要式有价证券。所谓“要式”，即票据上的记载项目必须齐全而且符合法律规定，否则会导致票据无效。各国的相关法律都对此作出了明确的规定。根据我国《票据法》的规定，汇票必须记载下列事项：

（1）表明“汇票”的字样；

（2）无条件支付的委托；
（3）确定的金额；
（4）付款人名称；
（5）收款人名称；
（6）出票日期；
（7）出票人签章。

上述七项内容为我国《票据法》规定的汇票必须记载的事项，缺一不可，否则汇票无效。日内瓦《统一汇票本票法》的规定与我国基本相同。而英国的《票据法》规定：汇票必须记载的项目只有五个，即除上述（1）和（6）项目以外的五项内容。

在实际业务中，付款日期、付款地点和出票地点等内容也十分重要，也常常在汇票上列明，如果没有记载也不会影响汇票的效力，因为这些内容可以间接确定。

1. 付款日期

付款日期指付款人履行付款义务的日期。根据我国《票据法》的规定，汇票上未记载付款日期的，为见票即付。

2. 付款地点

付款地点指持票人提示票据请求偿付的地点。根据我国《票据法》的规定，汇票上未记载付款地点的，以付款人的营业场所、住所或者经常居住地为付款地。

3. 出票地点

未记载出票地点的，以出票人的营业场所、住所或者经常居住地为出票地点。

汇票样式如图 6－1 所示。

BILL OF EXCHANGE

No. ____________Shenyang，China(1)，____________2020(1)

Exchange(2) for ____________(3)

At ________sight(4) of this FIRST Bill of Exchange (SECOND of the same tenor and date being unpaid(5)) pay(6) to the order of ______________________________(7)

the sum of ____(3)

Drawn under ____(8)

To(9)：

For and on behalf of(10)

图 6－1　汇票样式

汇票样式说明如下：
（1）出票地点及出票时间；
（2）“汇票”字样；
（3）汇票金额（上小写，下大写）；
（4）付款时间；
（5）“付一不付二”汇票作废条款；
（6）支付命令（英文中的命令句式）；

(7) 收款人；

(8) 出票依据（合同号码或信用证号码或订单号码）；

(9) 受票人；

(10) 出票人签字。

根据上述汇票的样式，除汇票的必要项目和相对必要的项目外，还有出票依据、“付一不付二”的汇票作废条款等项目。这些项目被称为任意记载项目，它是指由出票人根据需要记载的限制或免除责任的内容，这些项目一旦被接受，即产生约束力。

（三）汇票的种类

1. 银行汇票与商业汇票

按照出票人的不同，汇票可以分为银行汇票与商业汇票。银行汇票指在国际结算中，一家银行向另一家银行签发的书面支付命令。该种汇票的出票人与受票人同为银行。商业汇票指由工商企业、公司或个人签发的汇票，受票人没有限制，公司、企业、银行均可。在国际贸易中，商业汇票或银行汇票通常由出口方开立，向国外进口方或银行收取货款时使用。商业汇票大都跟随货运单据。

2. 即期汇票与远期汇票

按照付款时间的不同，汇票可以分为即期汇票与远期汇票。即期汇票指在汇票付款时间栏中采用见票即付（at sight）的汇票，即汇票上注明付款人在见票时或经持票人提示时立即付款的汇票。远期汇票指在汇票上载明付款人在将来一个可以确定的日期付款的汇票。

远期汇票付款日期的四种记载方法如下所示：

(1) 规定在某一个特定日期（on the 10th of October，2022）付款；

(2) 付款人见票后若干天（at × days after sight）付款；

(3) 出票后若干天（at × days after the date of draft）付款；

(4) 装运后若干天（at × days after the date of shipment）付款。

3. 商业承兑汇票与银行承兑汇票

按照承兑人的不同，可以将汇票划分为商业承兑汇票和银行承兑汇票。商业承兑汇票是由工商企业或个人承兑的远期商业汇票。银行承兑汇票指由银行承兑的远期商业汇票，通常由出口方出具。银行对汇票承兑后即成为该汇票的主债务人，而出票人则成为次债务人。银行承兑汇票建立在银行信用的基础之上，便于在金融市场上流通。

4. 光票与跟单汇票

按照汇票在流转时是否附有货运单据，可以将汇票分为光票与跟单汇票。光票是指汇票在使用时不需要附带货运单据。光票的出票人可以是工商企业、个人或银行；付款人也可以是工商企业、个人或银行。跟单汇票是指汇票使用时需要跟随运输单据（提单）。跟单汇票的付款以交付货运单据为条件，汇票的付款人要取得货运单据提取货物，必须付清货款或提供一定的担保。跟单汇票在国际贸易中被广泛应用。

（四）汇票的使用

汇票作为一种有价证券，通常被用来抵销当事人之间的债权债务关系。它在流转的过程中大致经过出票、背书、提示、承兑、付款、拒付与追索等环节。

1. 出票

出票（to draw）是指出票人在空白的汇票上根据交易的具体情况填写必要的项目后将其交给收款人的行为。出票人通过出票设立债权后，成为票据的主债务人，即承担汇票被付款人承兑或付款的责任。倘若汇票遭付款人拒付，持票人可凭其向出票人追索。

2. 背书

背书（endorsement）是转让票据权利的一种法定程序，即持票人在汇票背面签上自己的名字（转让人）或再加上受让人的名字，并把汇票交给受让人的行为。汇票经过背书后，便从转让人转让给了受让人，原持票人成为背书人，以担保受让人凭所持汇票得到承兑或付款，受让人相应地成为被背书人即持票人。持票人可以通过背书将汇票再次进行转让，直到付款人付款把汇票收回。对于受让人来说，在他前面的所有背书人和出票人都是他的“前手”；对于转让人来说，在他后面的所有受让人都是他的“后手”。前手对于后手有担保汇票到期必然被支付或承兑的义务，后手有向前手追索的权利。汇票转让次数越多，为汇票权利作担保的人也越多。

背书的方式主要有三种：

（1）限制性背书（restrictive endorsement），指背书人在票据背面指定某人为被背书人或记载有“不得转让”字样的背书，含义是对汇票的转让进行限制。例如：

汇票的正面：PAY TO THE ORDER OF MR. BROWN.

汇票的背面：PAY TO JOHN SMITH ONLY.

BROWN（SIGNATURE）

（2）空白背书（blank endorsement）。空白背书也称不记名背书，即票据背面只有转让人的名称而无其他指定内容。例如：

汇票的正面：PAY TO THE ORDER OF THE BANK OF CHINA.

汇票的背面：THE BANK OF CHINA.

（SIGNATURE）

汇票经持票人做成空白背书后，如受让人再转让此汇票，便无需再次背书，仅凭此交付即可。此类背书在进出口业务中最为常见。

（3）记名背书（special endorsement）。记名背书又称指示性背书，它是指汇票持有人将权利转让给其指定人的一种行为。例如：

汇票的正面：PAY TO THE ORDER OF MR. BROWN.

汇票的背面：PAY TO MR. SMITH OR ORDER.

BROWN（SIGNATURE）

3. 提示

提示（presentation）是指持票人向付款人出示汇票要求承兑或付款的行为。付款人见到汇票，即为见票。提示分为两种：（1）承兑提示，指远期汇票的持票人要求付款人承诺到期付款的提示。（2）付款提示，指即期汇票的持票人持即期汇票或到期的远期汇票要求付款人付款的提示。不论是承兑提示还是付款提示，均应在规定的时间内进行，否则将丧失向前手及出票人行使追索权的权利。

4. 承兑

承兑（acceptance）是指远期汇票的付款人在为持票人做承兑提示时，在汇票的正面签字，明确表示同意按出票人的指示付款的行为。承兑行为包括两个动作：一是付款人在汇票上写“承兑”（accepted）字样，并注上日期和签名；二是把承兑的汇票交还持票人或另制承兑通知书交给持票人。远期汇票一经承兑，付款人便成为承兑人。承兑人因承兑而跃居汇票的主债务人，而出票人则退居次债务人。

5. 付款

付款（payment）是即期汇票的付款人和远期汇票的承兑人经过付款提示后，履行付款义务的行为。持票人获得票款时，应在汇票上签收，并将汇票交给付款人留存备查。汇票一经付款，汇票的债权债务关系即告结束。

6. 拒付

拒付（dishonour）也称为退票，是指持票人在向付款人提示汇票要求承兑或付款时，遭到付款人的拒绝。拒付的原因有很多，付款人破产、死亡、避而不见，均属此范围。拒付发生时，持票人要委托当地的公证机关出具证明文件以证明拒付事实的存在，这就是拒付证书（protest）。持票人以此向前手行使追索权。

7. 追索

追索权（right of recourse）是指汇票遭到拒付时，持票人对背书人、出票人等前手请求偿还汇票金额的权利。持票人如要享受追索权，就要在相关法律规定的时间内向付款人提示汇票，向前手通知拒付事实及委托当地的公证机关做出拒付证书。持票人在向前手追索时，如遇到“不受追索”的前手，在背书时注明“without recourse to us”字样，则可将其绕开，其他前手不受顺序限制。

二、本票

（一）本票的定义

本票（promissory note）是一个人向另一个人签发的，保证即期、定期或在将来可以确定的时间，对某人或其指定人或持票人支付一定金额的无条件书面承诺。

我国《票据法》对本票的定义是：本票是由出票人签发的，承诺自己在见票时无条件支付确定的金额给收款人或持票人的票据。这里所说的本票是指银行本票，不包括个人和企业签发的商业本票。

（二）本票的内容

根据我国《票据法》的规定，本票必须记载的内容有六项：

（1）表明“本票”的字样；

（2）无条件支付的承诺；

（3）出票人签章；

（4）出票日期；

（5）确定的金额；

（6）收款人名称。

本票样式如图 6－2 所示。

PROMISSORY NOTE
No. ×
USD 32 000.00　　　　New York, March 25, 2017
On demand we promise to pay to the order of MA Co., the sum of U.S. DOLLAR THIRTY TWO THOUSAND ONLY.
For GO Co., New York
Manager (Signature)

图 6－2　本票样式

（三）本票的种类

本票通常按出票人的身份不同，分为商业本票和银行本票。

1. 商业本票

由工商企业或个人签发的本票，称为商业本票。由于商业本票的基础是商业信用，因而使用的范围有很大的局限性。在我国，工商企业不能签发本票。

2. 银行本票

银行本票是指由银行签发的本票。一般情况下，银行本票是由申请人将款项交存银行，由银行签发本票，用此来承诺自己在见票时无条件支付确定的金额给收款人或者持票人的票据。我国《票据法》规定，在我国，仅限于中国人民银行审定的银行或其他金融机构可签发银行本票，而且银行本票均为见票即付。

（四）本票与汇票的区别

本票具有一般票据所共有的性质，但又具有不同于汇票和支票的一些特点。

主要表现为：

（1）票据的付款人不同。本票是自付（约定本人付款）证券，汇票是委付（委托他人付款）证券，但受托人只限于银行或其他法定金融机构。

（2）我国的票据在使用区域上有区别。本票只可用于同一票据交换地区，汇票在同城和异地都可以使用。

（3）付款期限不同。在我国，本票多为即期本票，远期本票无须承兑，付款期为两个月，若逾期兑付，则银行不予受理；而远期汇票必须承兑，直至付款到期，持票人方能兑付。当商业承兑汇票到期而付款人账户不足以支付时，其开户银行应将商业承兑汇票退给收款人或被背书人，由其自行处理。

三、支票

（一）支票的定义

支票是以银行为付款人的即期汇票，它是银行存款人委托授权银行对某人或其指定人或持票人支付一定金额的无条件的支付命令。因此，支票也可以看作汇票的特殊形式。出票人为支票账户的开户人，受票人为开户行。支票金额不得超出其户头的存款金额，如果存款低于支票金额，这种支票被称为空头支票，银行将拒付，出票人要负法律责任。

我国《票据法》对支票的定义如下：支票是由出票人签发，委托办理支票存款业务的银行或者其他金融机构在见票时无条件支付确定的金额给收款人或持票人的票据。

（二）支票的内容

我国《票据法》第84条规定，支票必须记载下列事项：

（1）表明“支票”的字样；

（2）无条件支付的委托；

（3）确定的金额；

（4）付款人名称；

（5）出票日期；

（6）出票人签章；

支票上未记载前款规定事项之一的，支票无效。

支票样式如图6-3所示。

No. ×
Check for USD 32 000.00　　　　New York，March 25，2017
Pay to the order of MA Co.，the sum of U. S. DOLLAR THIRTY TWO THOUSAND ONLY.
To：Bank of ×，New York
For GO Co.，New York
Manager (Signature)

图6-3 支票样式

（三）支票的种类

1. 记名支票与不记名支票

记名支票（check payable to order）是指在支票的收款人一栏，写明收款人姓名，如“限付某人”（pay A only）或“指定人”（pay A or order），取款时须由收款人签章，方可支取的支票。记名支票除非有限制转让的文字，否则视为指示性抬头的支票，可以通过背书转让。

不记名支票（check payable to bearer）又称空白支票或来人支票。支票上不记载收款人姓名，只写“付来人”（pay bearer）。取款时持票人无须在支票背后签章，即可支取。此种支票仅凭交付而转让。

2. 划线支票与未划线支票

划线支票（crossed check）是指在支票正面划两道平行线的支票。划线支票非由银行不得领取票款，故只能委托银行代收票款入账。这种支票相当于我国的转账支票，即不得提现，只能转账。使用划线支票的目的是在支票遗失或被人冒领时，还有可能通过银行代收的线索追回票款。而未划线支票（uncrossed check）是指未经划线的普通支票。这种支票既可提现，又可转账，相当于我国的现金支票。

3. 保付支票

为了避免出票人开出空头支票，使支票顺利使用，付款银行可以在支票的正面加上

“保付”字样，使该支票成为保付支票（certified check）。支票的收款人或持票人可要求银行对支票保付，以表明在支票提示时一定付款。支票一经保付，付款责任即由银行承担。出票人、背书人都可免于追索。付款银行对支票保付后，即将票款从出票人的账户转入一个专户，以备付款，所以保付支票提示时，不会退票。

4. 银行支票

银行支票（banker’s check）是指由一家银行给另一家银行签发的支票，也就是银行即期汇票。在银行代客户办理票汇汇款时，可以开立银行支票。

5. 旅行支票

旅行支票（traveler’s check）是银行或旅行社为旅游者发行的一种固定金额的支付工具。1891 年 4 月 25 日美国运通公司发行了全球第一张旅行支票，继而推广至全球，至今已有百余年的历史。

第二节 汇付与托收

一、汇付

汇付（remittance），又称汇款，是指付款人通过当地的银行设在国外的分行或代理行将款项汇交收款人的一种结算方式。

（一）汇付的基本当事人

汇付的当事人有四个。

1. 汇款人（remitter）

汇款人即付款人，指向汇出行提出申请，委托汇出行将款项交给收款人的当事人。

2. 收款人（payee）

收款人是指接受汇款人款项的当事人。

3. 汇出行（remitting bank）

汇出行是指接受汇款人的委托或申请汇出款项的银行。

4. 汇入行（paying bank）

汇入行是接受汇出行的委托向收款人解付款项的银行。

（二）汇付的种类及其业务程序

根据汇出行向汇入行发出转移资金指示方式的不同可将汇付分为三种方式。

1. 电汇（telegraphic transfer，T/T）

电汇是指汇出行应汇款人的申请，拍发加押电报或电传给在另一国家的分行或代理行（即汇入行），要求其解付一定金额给收款人的一种汇款方式。

电汇方式的优点在于资金传递快速准确。随着现代通信技术的发展，电汇经历了电报到电传乃至 SWIFT 的通信方式的演变。电汇是目前使用较多的一种方式，但其费用较高。

2. 信汇（mail transfer，M/T）

信汇是汇出行应汇款人的申请，用航空信函的形式，指示汇入行解付一定金额给收款人的汇款方式。信汇的优点是费用较低廉，但收款人收到汇款的时间较长。

3. 票汇（remittance by banker's demand draft，D/D）

票汇是指汇出行应汇款人的申请，代汇款人开立以汇入行为付款人的银行即期汇票，交汇款人自行寄给或交给国外的收款人，由收款人凭票主动向汇入行取款的汇款方式。

票汇与电汇、信汇的不同之处在于，票汇的汇入行无须通知收款人取款，而由收款人持票登门取款，这种汇票除非有限制流通的规定，否则经收款人背书后，可以转让流通，而电汇、信汇的收款人则不能将收款权利转让给他人。

汇付支付程序如图 6－4 所示。

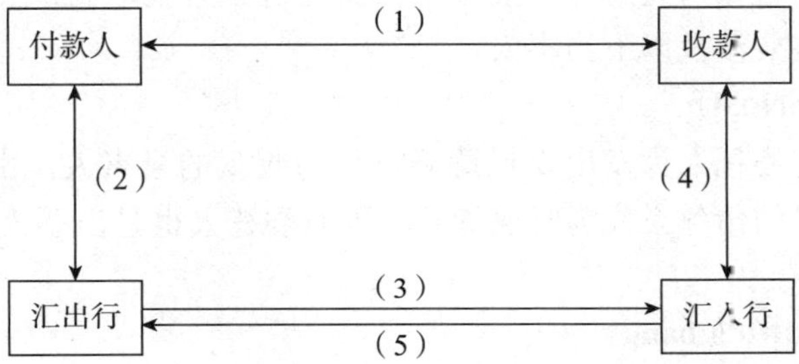

图 6－4　汇付支付流程图

说明：

（1）买卖双方在合同中约定以汇付方式付款。

（2）汇款人按要求填写汇款申请书，将所汇款项交汇出行，汇出行确认后交付回执。

（3）汇出行依照申请书的内容，将汇款金额、收款人和汇款人的姓名和地址等内容，以电报、电传（电汇）或银行信件（信汇）方式通知给汇入行委托解付。

（4）汇入行收到委托通知后，通知收款人取款。

（5）汇入行将付讫借记通知书邮寄给汇出行，告知货款解付完毕。

（三）汇付方式的性质及其在国际贸易中的应用

汇付是指由债务人主动将款项交于本国银行，委托其采用其种结算工具将款项汇交国外债权人的汇款方式。因其采用的结算工具和资金的流向相同，行业内习惯称之为顺汇；反之，如果采用的结算工具和资金的流向相反，便称之为逆汇。汇付属于商业信用。

在国际贸易中以汇付方式来结算货款，无非就是先出后结或先结后出，或者先支付一部分，货到后再结清。所谓的先出后结就是指“货到付款”或“单到付款”，即双方签订合同后，卖方先发货，货到或单到后买方再付款。如果是货到付款，便与“赊销”（open account）和“延期付款”（deferred payment）无甚差异。行业里所谓的“先进后结”实际和“先出后结”是同一回事，只不过角度不同罢了。前者是站在进口方的角度，比如沃尔玛即采用这种方法向全球采购货物；后者则是站在出口商角度，显然此方式下的资金占压问题是出口商不容回避的问题。

先结后出是指买方先将货款的全部或者部分通过银行汇交卖方，卖方在收到货款后，再按约定将合同标的运出，该方式又被称为预付货款。在我国外贸实践中，汇付一般只用来支付订金、货款尾数或佣金等项费用，与其他支付方式一起配合使用完成大宗货款的结算。在发达国家之间，由于大量的贸易是跨国公司的内部交易，而且外贸企业在国外有可靠的贸易伙伴和销售网络，因此，汇付成为主要的结算方式。

二、托收

（一）托收的定义

托收（collection）是指出口商按照合同要求发货后，出具以进口方为付款人的汇票（附或不附货运单据），委托出口地银行通过它在进口地的分行或代理行向进口方收取货款的一种结算方式。托收采用的是逆汇法，属于商业信用。

（二）托收的当事人

根据上述定义，银行为完成托收业务，需要通过国外的联行或代理行等一系列当事人配合共同完成。主要涉及以下当事人：

1. 委托人（principal）

在托收业务中，委托人为发出委托请银行代为收款的当事人。由于委托人通过出具汇票委托银行向国外的债务人代为收取货款，因而委托人也是出票人（drawer），或称发货人（consignor）。

2. 托收行（remitting bank）

托收行指接受委托人的委托，通过国外代收行完成收款业务的银行。

3. 代收行（collecting bank）

代收行指接受托收行的委托向付款人收取款项的银行。该银行一般为托收行在付款人所在地的分行、联行或代理行。

4. 提示行（presenting bank）

在托收方式下，由于委托人通过出具汇票委托银行代为收款，因此必须找一家银行负责向付款人提示汇票，要求其付款或承兑。故提示行就是指负责向付款人提示汇票的银行。提示行通常与代收行为同一家银行，如果代收行与付款人处于异地或与付款人无往来关系，代收行可委托另一家银行作为提示行。

5. 付款人（payer）

付款人即托收业务中的债务人，因其为汇票的受票人，因而该方当事人亦称为 drawee。

（三）托收业务的种类及其业务程序

根据委托人出具的汇票是否需要跟随货运单据，托收可分为光票托收和跟单托收两种。

1. 光票托收

光票托收（clean collection）是指在办理托收业务时，委托人仅凭光票，即汇票跟随非货运单据（如发票、账单），委托托收行向付款人收款。这种结算方式多用于贸易的从属费用、货款尾数、佣金、样品费的结算和非贸易结算。

2. 跟单托收

跟单托收（documentary collection）是指出口商根据合同发货后，向进口方出具汇票，将汇票及全套的货运单据一起交给银行，委托其代为收取货款。按委托人的交单指令不同，跟单托收可分为付款交单和承兑交单两种。

（1）付款交单（documents against payment，D/P）。它是指托收行按照委托人的请求，指示代收行必须在进口方付款后方能将单据交予进口方的方式。付款交单按汇票的付款期限不同，可分为即期付款交单（D/P at sight）和远期付款交单（D/P at… days after sight）。即期付款交单是指出口商出具即期汇票，交付银行代收货款，进口方见票后须立即支付货款获取单据。而远期付款交单是指出口方开具远期汇票，经代收行提示之后进口方先承兑，在汇票到期日付清货款，领取货运单据。

远期付款交单条件下，在实践中经常存在"货等单"的问题，即在汇票到期之前，货物就已到达目的地，进口方往往由于远期汇票没有到期不能拿到单据，因此不能及时将货提出。进口方除了提前付款赎单和担保提货外还可以尝试另外一种方法，即"凭信托收据借单提货"。即汇票到期前代收行允许进口方在付款前出具一张信托收据（trust receipt，T/R）给银行，然后进口方凭此收据将单据从代收行手中借走，进口方提货出售，俟汇票到期后再将票款付清。这里信托的含义是进口方以代收行受托人的身份代为提货、报关及出售货物，待货物售出后，所得款项于汇票到期日前交付银行。

这种借单提货的做法当然存在一定的风险，至于由谁承担，取决于代收行有无委托人授权，如果此做法为委托人授权，风险则由委托人承担；否则由代收行承担。

（2）承兑交单（documents against acceptance，D/A）。它是指在使用远期汇票收款时，由代收行或提示行向进口方提示跟单汇票，进口方对单据检验合格后，便对汇票加以承兑，代收行随之向进口方交付单据。这种托收方式只适用于远期汇票的托收，承兑交单与付款交单相比，进口方取得了资金融通上的便利，但出口方的收汇风险加大了。托收业务的程序如图6-5所示。

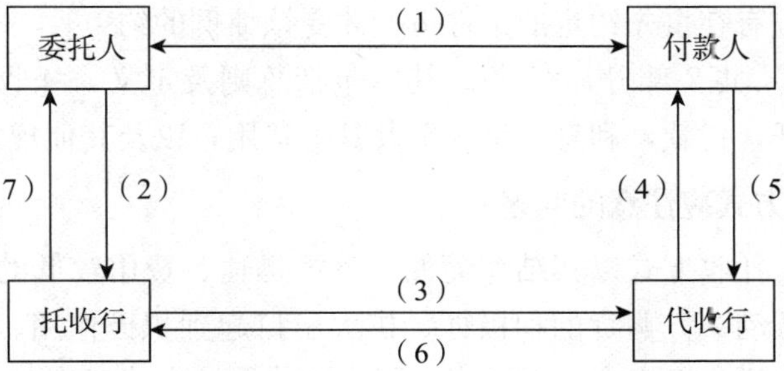

图6-5 托收业务流程图

说明：

（1）买卖双方在合同中约定用托收方式付款。

（2）出口商按合同要求发货后向进口方出具汇票并填写托收申请书，连同有关的货运单据一并交给托收行。

（3）托收行根据托收申请填制托收指示，随附跟单汇票邮寄至代收行。

（4）代收行根据托收指示向付款人提示跟单汇票。

（5）根据事先约定，如果是即期D/P，付款人立即付款，代收行交单；如果是远期D/P，付款人先承兑，俟汇票到期后再付款；如果是承兑交单，付款人承兑远期汇票之后，代收行交单，俟汇票到期，经代收行第二次提示后付款赎单。

（6）代收行将收妥的货款贷记托收行账户，并向托收行发出收妥贷记通知书。

（7）托收行在收到收妥贷记通知书后，将收妥的票款贷记到委托人账上。

（四）托收的性质及其在国际贸易中的应用

银行办理托收业务时，既没有检查货运单据正确与否或是否完整的义务，也没有确保付款人必须付款的责任，银行只是作为出口方的受托人行事，即只提供服务，不提供信用。出口方向进口方收取货款靠的仍是进口方的商业信用。

托收对出口方来说风险相对较大，D/A 较 D/P 风险更大。在跟单托收方式下，由出口方先发货，进口方后付款，如果进口方破产倒闭、丧失付款能力，或货物发运后进口地货物价格下跌、进口方借故拒不付款，或进口方事先没有领到进口许可证、没有申请到外汇及被禁止进口等，出口方不但无法按时收回货款，还可能遭受货款两空的损失。虽然出口方有权向进口方索赔，但是在贸易实践中，出口方即使可以追回部分赔偿，也难以弥补全部损失。

尽管托收方式风险较大，但出口方为了推销商品占领市场，有时也不得不采用托收方式。如果进口方信誉较好，出口方在国外又有自己的办事机构，则风险相对较小。

总之，托收对进口方比较有利，可以免去开证的手续以及预付押金。当然托收对进口方也不是毫无风险，进口方付款后才取得货运单据，领取货物后，如果发现货物与合同规定不符，或者是假货，也会因此蒙受损失。

（五）托收方式遵循的国际惯例

国际商会为统一托收业务的做法，减少托收业务各有关当事人可能产生的矛盾和纠纷，曾于 1958 年草拟《商业单据托收统一规则》（The Uniform Rules for Collection, ICC Publication No. 322）。1995 年，国际商会对之进行修订，更名为《托收统一规则》，即国际商会第 522 号出版物（简称 URC 522），1996 年 1 月 1 日起开始实施。《托收统一规则》自公布实施以来，被各国银行广泛采用，已成为从事托收业务需要遵循的重要国际惯例。这里需要注意的是，该规则为国际惯例，不是法律，因而对一般当事人没有约束力。有关当事人只有在事先约定的条件下，才受该惯例的约束。

《托收统一规则》共 7 部分，26 条。其中包括总则及定义，托收的形式和结构，提示方式，义务与责任，付款，利息、手续费及其他费用，以及其他规定。

（六）使用托收方式应注意的问题

在国际贸易中，托收方式以其结算简便、收汇迅速、费用较低的优势受到西方客户的普遍青睐，对于调动买方购货的积极性、扩大出口起到积极作用。由于托收属于商业信用，对于出口商来说收汇安全存在隐患，因而在使用该方式时出口商应注意以下事项：

（1）做好资信调查。认真调查和考察进口方的资信情况、经营能力和经营作风，掌握有关商品的市场信息并在此基础上妥善制定授信额度、近年成交金额与交货进度。

（2）找好代收行。为了顺利完成托收业务，代收行应由托收行指定。在一般情况下，代收行不能由进口方指定，如果有必要，应事先征得托收行同意，以防进口方指定的代收行不可靠，或往来渠道不畅致使收款延误。

（3）注意了解进口国的贸易管制和外汇管制情况。如果进口国属于贸易管制和外汇管制较严的国家，则在使用托收方式时应特别谨慎，一定在对方取得出口许可证和外汇审批额度后再发货。

（4）注意了解对方国家的习惯做法。使用远期 D/P 尤其要注意，国际商会认为该种方法不规范，一些拉美国家银行习惯将此按 D/A 来处理，从而加大了出口收汇的风险。

（5）加强出口合同的管理。在托收方式下，银行负责检查单据但不负责审核单据，出口商要严格按照出口合同规定装运货物、制作单据，以防被买方找到借口拒付货款。

（6）注意保险的应用。尽量采用CIF或CIP术语成交。如果采用CFR术语成交，应投保卖方利益险，或出口信用保险，避免自然灾害或意外事故导致货损，买方借故拒收货物进而拒付货款。

第三节 信用证

一、信用证的定义

根据《跟单信用证统一惯例》的解释，信用证（letter of credit，简称L/C）是一项不可撤销的安排，无论其名称或描述如何，该项安排都构成开证行对相符交单予以承付的确定承诺。通俗地讲，信用证是进口方的往来银行（即开证行）应进口方（即开证申请人）的请求向出口方（即受益人）开立的、有条件的保证付款的文件。这里的有条件指的就是定义中的“相符交单”。

二、信用证的性质和特点

从信用证的定义上看，开证行用自身的信用对受益人承担某种付款保证，因此信用证付款方式属于银行信用。信用证结算方式具有如下特点：

1. 开证行负第一付款责任

从信用证的定义上看，受益人只要做到“相符交单”，开证行就予以承付。可见，开证行已代替开证申请人处于第一付款人的位置，即用银行信用代替了商业信用。

2. 信用证是一项不依附于贸易合同的自足文件

信用证的开立要以合同条款为依据，信用证一旦开立出来，就成为独立于合同之外的文件。信用证下与支付相关的问题处理以信用证而不是合同为准。

3. 信用证是单据交易

从信用证的定义上看，开证行付款的前提是“相符交单”。可见，银行是否付款的依据是单据而不是货物。而实际业务亦是如此，只要受益人提交与信用证要求相符的单据，开证行便承担相应的承付责任，而不过问基础交易。

三、信用证的作用

信用证在使用的过程中主要起到以下两方面的作用：

1. 担保付款的作用

由于一国的卖方不了解另一国买方的信誉和支付能力，只有在先付货款，或有银行信用证的条件下才会发货，因此，买方银行的信用为卖方收汇提供了付款担保。

2. 融资作用

很多国家提供以信用证作为抵押发放贷款的业务，以鼓励出口。如我国外贸业务中的“打包贷款”就属此类，即货物出运前，将信用证抵押给银行取得部分款项，待出货后，按信用证要求，提交相符的全套单据取得其余款项。

四、信用证的当事人

一般而言，信用证下常见的当事人有六个。

1. 开证申请人（applicant）

开证申请人是指向银行提交申请书申请开立信用证的人，一般为进出口贸易业务中的进口商。

2. 信用证开证行（issuing bank）

开证行指应申请人（进口商）的要求向受益人（出口商）开立信用证的银行。该银行一般是进口商的往来银行。

3. 通知行（advising bank）

通知行是受开证行的委托，将信用证通知给受益人的银行，它一般为开证行在出口地的分行或代理行。

4. 信用证受益人（beneficiary）

受益人是信用证中指定的享受信用证权益的人，一般为出口商。

5. 议付行（negotiating bank）

议付行是指根据受益人的要求或开证行在议付信用证中的授权，负责向受益人垫款买进相符单据并向付款行或偿付行索回垫款的银行。议付行与通知行可为同一家银行。

6. 付款行（paying bank/drawee bank）

信用证的付款行就是在信用证下对“相符交单”承担付款责任的银行，或者是接受议付行索偿的银行。实际上，付款行就应该是开证行。但有时由于业务的需要，开证行在信用证中指定另一家异地银行为信用证下的付款行。付款行不享受追索权。

上述六个当事人被称为信用证业务中的基本当事人。除此之外，在实际中可能还涉及以下一些关系人：

1. 保兑行（confirming bank）

保兑行是应开证行或信用证受益人的请求，在开证行的付款保证之外对信用证进行保证付款的银行。

2. 偿付行（reimbursing bank）

在信用证业务中，如果开证行与议付行或付款行无账户关系，或者信用证采用第三国货币结算，开证行会指定另一家与之有账户关系的、位于货币所在国的银行充当偿付行。故偿付行是受开证行指示或由开证行授权，对信用证的付款行、承兑行、保兑行或议付行进行付款的银行。

3. 转让行（transferring bank）

转让行（或称转开行）是指在可转让信用证下，应第一受益人的要求负责办理信用证转让手续的银行。转让行一般为信用证的通知行。

五、信用证的基本内容

（一）信用证的有关说明

从当前业务中使用的信用证来看，全电开证较常见，如 SWIFT 系统下的全电信用证，信开本的信用证已很少出现。为了规范信用证的内容，国际商会在第 516 号出版物中明确规定了标准的信用证应包括如下内容：

1. 关于信用证本身的说明

（1）信用证类型；

（2）信用证号码；

（3）信用证的开证日期及地点；

（4）信用证的有效日期及地点；

（5）信用证金额；

（6）信用证的兑付方式；

（7）信用证总页数。

2. 信用证有关当事人

（1）开证行；

（2）开证申请人名称及地址；

（3）受益人名称及地址；

（4）通知行；

（5）议付行；

（6）付款行。

3. 关于运输事项的说明

（1）分批装运；

（2）转运；

（3）装运港、目的港和装船时间。

4. 关于货物和单据的说明

（1）货物描述；

（2）规定的单据；

（3）交单期限。

5. 对银行的指示

（1）对通知行的指示；

（2）银行至银行的指示；

（3）开证行签字；

（4）附加条件。

（二）SWIFT 信用证的开证内容

SWIFT 信用证的开证内容如下所示：

1. 信用证的类型（必选）

● 40A：Form of Documentary Credit，该信用证又可分为：

—Irrevocable（不可撤销跟单信用证）；

—Irrevocable Transferable（不可撤销可转让跟单信用证）；

—Irrevocable Standby（不可撤销备用信用证）。

2. 信用证号码（必选）

● 20：Documentary Credit Number。

3. 信用证的开证日期及地点（可选）

● 31C：Date of Issue，如果这项没有填，则开证日期为电文发送日期。

● 一般开证行所在地为开证地点。

4. 信用证有效日期和地点（必选）

● 31D：Date and Place of Expiry，该日期为最后交单的日期。

5. 开证申请人名称及地址（必选）

● 50：Applicant，一般为进口商。

6. 受益人名称及地址（必选）

● 59：Beneficiary，一般为出口商。

7. 通知行（可选）

● Advising Bank，一般收讯银行即为通知行。

● 57a："Advise Through" Bank，收讯银行以外的通知行。

8. 金额

● 32B：Currency Code，Amount，币别代号、金额（必选）。

● 39A：Percentage Credit Amount Tolerance，信用证金额加减百分率（可选）。

9. 信用证的兑付方式（必选）

● 41a：Available With …By…，向……银行押汇，押汇方式……

兑付的方式有五种：

—By Payment（即期付款）；

—By Acceptance（远期承兑）；

—By Negotiation（议付）；

—By Def Payment（延期付款）；

—By Mixed Payment（混合付款）。

● 如果是自由议付信用证，则对该信用证的议付地点不做限制，该项目代号为 41D，内容为 Any Bank In…（城市或国家名称）。

10. 分批装运（可选）

● 43P：Partial Shipments（分装条款），表示该信用证的货物是否可以分批装运。

11. 转运（可选）

● 43T：Transhipment，表示该信用证是直接到达，还是通过转运到达。

12. 买方投保

● Insurance Covered By Buyers。

13. 装运港、目的港和装船有效期（可选）

● 44A：Loading on Board/Dispatch/Taking in Charge at/from（装船、发运和接受监管的地点）。

- 44B：For Transportation to…（货物发运的最终地）。
- 44C：Latest Date of Shipment（最后装船期）。
- 44D：Shipment Period（船期）。
- 注：44C 与 44D 不能同时出现。

14. 货物描述（可选）

- 45A：Description of Goods And/Or Services（货物的情况、价格条款）。

15. 规定的单据（可选）

- 46A：Documents Required（单据要求），又可分为：

—商业发票；
—运输单据；
—保险单据；
—其他单据。

16. 交单期限（可选）

- 48：Period for Presentation，表明开立运输单据后多少天内交单。

17. 对通知行的指示（必选）

- 49：Confirmation Instructions（保兑指示），可分为以下几种：

—Confirm（要求保兑行保兑该信用证）；
—May Add（通知行可以对该信用证加具保兑）；
—Without（不要求通知行保兑该信用证）。

18. 银行至银行的指示：说明银行如何得到偿付（可选）

- 53A：Reimbursement Bank（偿付行）。

19. 信用证总页数（必选）

- 27：Sequence of Total（电文页次）In/In。

20. 开证行签字（可选）

- Name and Signature of The Issuing Bank。
- 51a：Applicant Bank（申请人的银行）。

21. 附加条件

六、信用证的种类

（一）跟单信用证与光票信用证

1. 跟单信用证（documentary L/C）

跟单信用证是凭跟单汇票或仅凭货运单据付款的信用证。国际贸易结算中所使用的信用证绝大部分是跟单信用证。

2. 光票信用证

光票信用证是凭光票付款的信用证，即信用证下的汇票不必跟随货运单据。

（二）可撤销信用证与不可撤销信用证

1. 可撤销信用证（revocable L/C）

可撤销信用证是指开证行对所开信用证不必征得受益人同意、有权随时修改和撤销的信用证。可撤销信用证对受益人利益无保障，实践中这种信用证很少见。因此，UCP600 中已删除可撤销信用证的概念及其有关规定。

2. 不可撤销信用证（irrevocable L/C）

不可撤销信用证是指信用证一经开出，在有效期内，非经信用证各有关当事人的同意，开证行不能片面修改或撤销的信用证，此种信用证在国际贸易中使用最多。

（三）即期信用证与远期信用证

1. 即期信用证（sight L/C）

即期信用证是指信用证要求开证行或付款行在收到符合信用证条款的汇票和单据后，立即履行付款义务的信用证。

2. 远期信用证（time L/C）

远期信用证是开证行或付款行在收到符合信用证的单据时，先对远期汇票承兑，等汇票到期时再履行付款义务的信用证。

（四）保兑信用证与不保兑信用证

1. 保兑信用证（confirmed L/C）

保兑信用证是指信用证经开证行以外的另一家银行加以保兑的信用证。一般对信用证加以保兑有两种原因：一是开证行自身的因素，开证行请另外一家银行对信用证加以保兑，便于信用证的顺利使用；二是受益人的原因，受益人为使自身收款权益得到更大的保障，从而要求他所信任的银行对信用证加以保兑。

保兑行和开证行（付款行）付款地位等同，受益人可根据实际情况向任何一方请求付款，但付款的前提条件都是单证相符（complying presentation）；否则，二者都有权拒付。

2. 不保兑信用证（unconfirmed L/C）

不保兑信用证与保兑信用证相反，只有开证行一家银行对受益人承担付款责任，没有其他银行担保。

（五）可转让信用证与不可转让信用证

1. 可转让信用证（transferable L/C）

可转让信用证是指允许将金额的全部或部分转让给除受益人以外的第三者，即第二受益人使用的信用证。信用证转让后，即由第二受益人办理发货事宜。但原证的受益人，即第一受益人，仍须负责买卖合同中卖方的责任。可转让信用证只能转让一次，如果信用证不允许分批装运，信用证只能全部转让给第二受益人使用；如果信用证规定允许分批装运，信用证可分别转让给若干个第二受益人，这种转让可看成一次转让。

2. 不可转让信用证（non-transferable L/C）

不可转让信用证是指受益人不能将信用证的权利转让给他人的信用证。信用证的受益人不得变更。

（六）付款信用证、承兑信用证、议付信用证

1. 付款信用证（payment L/C）

付款信用证是指开证行在信用证中指定某一银行为信用证的付款行，并指示该银行向受益人不受追索地付款的信用证。此种信用证一般不要求受益人出具汇票。

2. 承兑信用证（acceptance L/C）

承兑信用证是指信用证指定的付款行在收到信用证规定的远期汇票和单据，审单无误后，先在该远期汇票上履行承兑手续，等到该远期汇票到期，付款行才进行付款的信用证。由于这种信用证规定的远期汇票是由银行承兑的，所以，也称为“银行承兑信用证”（banker’s acceptance credit）。

3. 议付信用证（negotiation L/C）

议付信用证指开证行在信用证中指定某一银行或任何一家银行先行垫付，买进受益人相符单据，然后再向付款行索偿垫款。具体操作办法是：受益人开具汇票，连同单据一同交给指定银行。银行审单无误后扣除垫付资金的利息，将余款付给受益人，然后将汇票与单据按信用证规定的方法交与开证行索偿。议付行对受益人有追索权。

（七）预支信用证（anticipatory L/C）

预支信用证指在信用证上列入文字说明，授权议付行或保兑行在受益人交单前向受益人提前支付信用证金额的全部或部分，由开证行保证偿还并负担利息。在预支信用证下，受益人可凭光票预支款项，也有要求受益人附一份负责补交信用证规定单据的说明书。当货运单据交单后，付款行将扣除预支货款的利息，将剩余款项付清。

由于过去的信用证为信开形式，预支款项的文字部分通常用红字或绿字打印以示醒目，故预支信用证亦称“红条款信用证”或“绿条款信用证”。

（八）循环信用证（revolving L/C）

循环信用证是指当信用证金额被全部或部分使用后，仍恢复到原金额继续被使用的信用证。该种信用证适合大宗交易，由于买卖双方订立的合同期限长、成交量大，为了节省开证费用，或适应分批发货，往往开立一张信用证重复使用，既节省了开证的手续，也降低了开证的费用。循环信用证可分为按时间循环的信用证和按金额循环的信用证两种。

（九）对背信用证（back-to-back L/C）与对开信用证（reciprocal L/C）

对背信用证是指出口商收到信用证后，以此信用证作为抵押，要求通知行或其他银行以此证为基础给实际的供货商开立一张新证，新开立的第二张信用证就是对背信用证。该种信用证主要用于两国不能直接进行贸易时，通过第三方进行间接贸易。故对背信用证一般为中间商使用。

对开信用证是指买卖双方在进行易货贸易时，双方互相以对方为受益人开立信用证，第一张信用证的受益人就是第二张信用证的开证申请人；同样第一张信用证的开证申请人就是第二张信用证的受益人。因此，这两张信用证称为对开信用证。两证可同时生效，也可分别生效。

（十）备用信用证

备用信用证又称担保信用证、履约信用证，它是开证行根据申请人的请求，对受益人开立的承诺承担某项义务的凭证，即开证行保证在开证申请人未履行其应履行的义务时，受益人只要按照备用信用证的规定向开证银行开具汇票（或不开汇票），并提交开证申请人未履行义务的声明或证明文件，即可取得开证行的偿付。

备用信用证属于银行信用，开证行保证，在开证申请人不履行其义务时，即由开证行付款。如果开证申请人履行了约定的义务，该信用证则不必使用。因此，备用信用证对于受益人来说，是备用于开证申请人发生违约时取得补偿的一种方式，具有担保的性质。

七、信用证的基本运作程序

买卖双方约定采用信用证方式付款后，首先进口商应向当地一家银行申请开立以国外出口商为受益人的信用证。银行要求进口商即开证申请人提供一定比例或全部开证金额的押金后，银行接受进口商的申请，并按开证申请书的要求和指示，开出信用证。信用证开出后，开证行会委托出口地的一家银行将信用证通知给受益人，通知行收到信用证后，凭密押或印鉴验证信用证的真实性。然后将来证照录原文或正本直接交给出口商。出口商收到通知行转交的信用证后，要仔细审核该信用证所列条款是否与买卖合同中所列的条款相符。如果信用证经审核无误，出口商应立即以受益人身份按信用证的规定备货、发货，取得和缮制信用证规定的全部单据，开立汇票，并在规定的时间内连同全套单据和信用证一并送交信用证指定银行。在银行仔细确认受益人交来的单据符合信用证要求后，为受益人垫付货款。银行办理垫付货款后，立即将单据寄给开证行索偿。开证行收到单据后，对照信用证条款进行验单，验单无误后应在规定时间（5 个工作日）内按议付行的索汇指示办理付款。开证行履行偿付责任后，立即通知开证申请人（进口商），向其出示单据要求付款赎单。进口商核验单据无误后，向开证行付款赎单。信用证业务程序如图 6－6 所示。

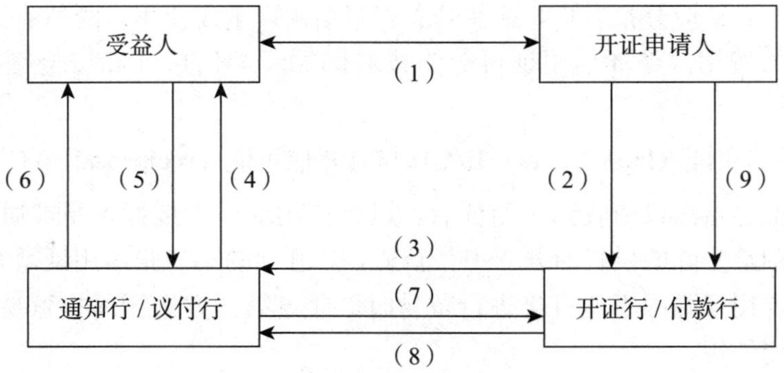

图 6－6　信用证业务流程图

说明：

（1）国际贸易双方当事人在贸易合同中约定采用信用证方式付款。

（2）买方向所在地银行申请开证。

（3）开证行根据申请书中的内容开立以卖方为受益人的信用证，委托其在卖方所在地的往来银行将信用证通知卖方。

（4）通知行接受开证行的委托，向受益人通知信用证。

（5）卖方接到信用证，审核无误后发货，卖方发货后，取得相关的装运单据，按照信用证规定，将全部相符单据提交给指定银行。

（6）银行根据信用证对有关单据进行审核，确认相符后，按照信用证金额扣除利息和手续费，将货款垫付给卖方。

（7）议付行将信用证和货运单据寄给开证行请求偿付。

（8）开证行收到信用证和有关单据后，审单无误付款，然后通知买方付款赎单。

（9）买方接到开证行的通知后，向开证行付款赎单。

八、信用证应遵循的国际惯例

为了统一规范各国对跟单信用证条款的解释和做法，明确各有关当事人的权利和义务，协调各有关当事人之间的矛盾，国际商会在1929年拟订了一套《商业跟单信用证统一规则》（Uniform Regulations for Commercial Documentary Credits），并于1930年公布实施，又称为国际商会第74号出版物。1933年，这套规则更名为《商业跟单信用证统一惯例》（Uniform Customs and Practice for Commercial Documentary Credits），成为国际商会第82号出版物。1951年，国际商会针对《商业跟单信用证统一惯例》颁布第一个修订本，出版物编号为第151号；1962年颁布第二个修订本，出版物编号为第222号，改称为《跟单信用证统一惯例》（Uniform Customs and Practice for Documentary Credits，UCP）。之后又于1974年、1983年和1993年，分别以第290号、第400号和第500号三个出版物，颁布第三个、第四个和第五个修订本。随着电子数据交换技术、互联网技术和运输技术的发展，通信工具的电子化、网络化，国际贸易、金融、保险、单据处理等也发生了巨大变化，为了适应新形势发展的需要，国际商会于2007年又颁布了最近一次的修订本，即《跟单信用证统一惯例》第600号出版物（简称UCP600）。

UCP600共有39个条款，在UCP500的基础上作了如下改动：

第一，把UCP500中难懂的词语改为简洁明了的语言，取消了易造成误解的条款，如“合理关注”“合理时间”及“在其表面”等。第二，UCP600取消了无实际意义的许多条款，如“可撤销信用证”、“风帆动力批注”、“货运代理提单”、UCP500第5条“信用证完整明确要求”及第12条有关“不完整不清楚指示”的内容都已删除。第三，UCP600的新概念描述极其清楚准确，如兑付定义了开证行、保兑行、指定行在信用证项下，除议付以外的一切与支付相关的行为；议付强调对单据（汇票）的买入行为，明确可以垫付或同意垫付给受益人，按照这个定义，远期议付信用证就是合理的。另外还有“相符交单”“申请人”“银行日”等等。第四，UCP600更换了一些定义，如对审单作出单证是否相符决定的天数，由“合理时间”变为“最多为收单翌日起第5个工作日”。又如，UCP600仅强调信用证本质是“开证行一项不可撤销的明确承诺，即兑付相符的交单”。第五，方便贸易和操作。UCP600有一些特别重要的改动，如对拒付后的单据处理，增加了“拒付后，如果开证行收到申请人放弃不符点的通知，则可以释放单据”；增加了拒付后单据处理的选择项，包括持单候示、退单、按预先指示行事，这样便利了受益人、申请人及相关银行的操作。

第四节　国际保理

一、国际保理的概念

国际保理（international factoring）的全称为国际保付代理业务，简称保理。它是国际保理商针对出口商以商业信用出口时提供的集商业资信调查与评估、应收账款的管理与追收、贸易融资与担保等服务为一体的综合金融服务手段。

该手段主要解决的是非信用证结算方式下的国际结算问题。进出口国保理商通力合作，承担买方的完全信用风险，向卖方预付大部分货款的同时承担卖方的账户管理和风险控制工作，受到进出口商的普遍欢迎。

二、国际保理的业务类型

由于各个国家和地区的商业交易习惯及法律法规不同，各国办理国际保理业务的内容以及做法也有所不同。根据保理业务的性质、服务内容、付款条件、融资状况等可以将保理业务做以下分类：

（一）融资保理（financial factoring）与到期保理（maturity factoring）

融资保理又叫预支保理，是一种预支应收账款业务。当出口商将代表应收账款的票据交给保理商时，保理商立即以预付款方式向出口商提供不超过应收账款80%的融资，剩余20%的应收账款待保理商向债务人（进口商）收取全部货款后，再进行清算。这是最典型的保理业务。

到期保理是指保理商在收到出口商提交的、代表应收账款的销售发票等单据时并不向出口商提供预付款的融资，而是在单据到期后，向出口商支付货款。

（二）公开型保理（disclosed factoring）与隐蔽型保理（undisclosed factoring）

公开型保理是指出口商必须以书面形式将保理商的参与通知给进口商，指示他们将货款直接付给保理商。目前的国际保理业务多是公开型的。隐蔽型保理是指保理商的参与是对外保密的，进口商并不知晓，货款仍由进口商直接付给出口商。这种保理方式往往是出口商为了避免让他人得知自己因流动资金不足而转让应收账款，并不将保理商的参与通知给买方，货款到期时仍由出口商出面催收，再向保理商偿还预付款。至于融资与有关费用的清算，则在保理商与出口商之间直接进行。

（三）无追索权保理（non-recourse factoring）与有追索权保理（recourse factoring）

在保理业务中，保理商根据出口商提供的企业名单进行资信调查，并为每个客户核准相应的信用额度，在已核定的信用额度内为出口商提供坏账担保。出口商在有关信用额度内的销售，因为已得到保理商的核准，所以保理商对这部分应收账款的收购没有追索权。国际保理业务大多是这类无追索权保理。在有追索权保理中，保理商不负责审核买方资信，只提供包括贸易融资在内的其他服务。如果债务人清偿能力不足而形成呆账、坏账，保理商有权向出口商追索。

（四）单保理（single factoring）与双保理（double factoring）

国际保理业务中一般采用双保理方式，即出口商委托本国出口保理商，本国出口保理商再选择进口保理商，双方签订代理协议。在整个业务过程中，进出口双方只需与各自的保理商往来。单保理是指仅涉及一方保理商的保理方式。

三、国际保理的当事人及基本运作程序

国际保理业务一般采用双保理方式。现以双保理为例介绍国际保理的当事人及基本运作程序。双保理方式主要涉及四方当事人，即出口商、进口商、出口保理商及进口保理商。保理业务程序如图 6－7 所示。

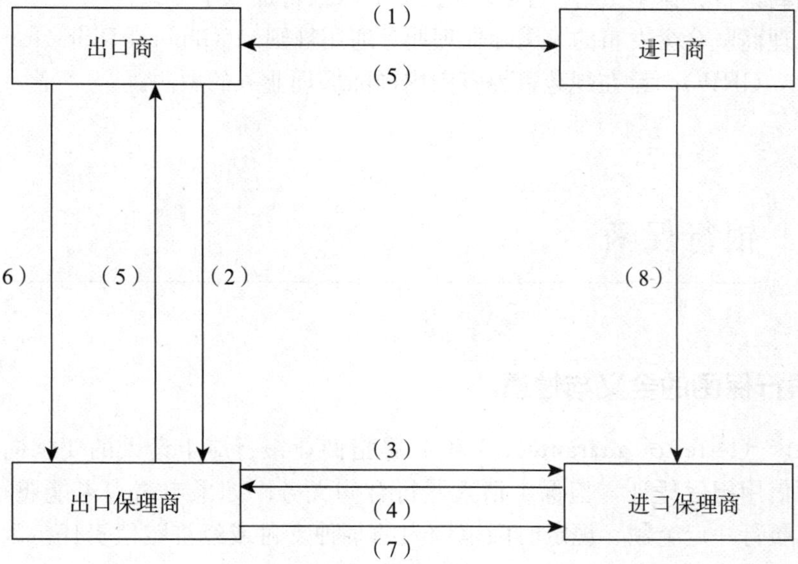

图 6－7　保理业务流程图

说明：

(1) 出口商采用赊销（O/A）方式出售商品。

(2) 在进出口双方交易磋商过程中，出口商首先找到国内某保理商（作为出口保理商），向其提出保理的业务申请。

(3) 国内保理商于当日选择进口地一保理商，通过由国际保理商联合会开发的保理电子数据交换系统 EDIFACTORING 将有关情况通知给进口保理商，请其对进口商进行信用评估。通常出口保理商选择已与其签订过《代理保理协议》、参加国际保理商联合会且在进口商所在地的保理商作为进口保理商。

(4) 进口保理商根据所提供的情况，通过各种信息来源对进口商的资信以及该商品的市场行情进行调查。若进口商资信状况良好且进口商品具有不错的市场，则进口保理商将为进口商初步核准一定信用额度，并于第 5 个工作日将有关条件及报价通知给我国保理商。按照国际保理商联合会的国际惯例规定，进口保理商最迟应在 14 个工作日内答复出口保理商。国内保理商将被核准的进口商的信用额度以及自己的报价通知出口商。

(5) 出口商接受国内保理商的报价，与其签订《出口保理协议》，并与进口商按 O/A 正式达成交易合同，比如，账期为发票日后 60 天。出口保理商向进口保理商正式申请信用额度。进口保理商于第 3 个工作日回复出口保理商，通知其信用额度的批准额、有效期等。

(6) 出口商按合同发货后，将正本发票、提单、原产地证书、质检证书等单据寄送进口商，将发票副本及有关单据副本（根据进口保理商要求）交国内出口保理商。同时，出口商还要向国内保理商提交《债权转让通知书》和《出口保理融资申请书》，前者用于应收账款的转让，后者用于向国内保理商申请资金融通。国内保理商按照《出口保理协议》向其提供相当于发票金额 80%的融资。

(7) 出口保理商在收到副本发票及相关单据后于当天将有关的详细内容通过 EDIFACTORING 系统通知给进口保理商，进口保理商于发票到期日前若干天开始向进口商催收。

(8) 发票到期后，进口商向进口保理商付款，进口保理商将款项付给出口保理商，出口保理商扣除融资本息及有关保理费用后，再将余额付给出口商。

四、与国际保理有关的国际组织和国际规则

为规范保理业务，协调国际保理业务中的有关问题，国际保理商协会应运而生。其

中，于1968年成立的总部位于荷兰的国际保理商联合会（Factors Chain International，FCI）规模最大。截至2020年，FCI有接近400名成员分别位于94个国家，其中绝大部分是国际性大银行的全资附属机构。中国银行于1993年2月加入该组织，成为国内首家被批准加入该组织的保理商。迄今为止，我国已有中国银行、交通银行、光大银行、中信银行、中国建设银行、上海浦东发展银行、中国农业银行、中国工商银行、汇丰银行（上海）、招商银行、民生银行、上海银行共12家银行加入了FCI。

国际保理商联合会发布的《国际保理业务通用规则》（General Rules for International Factoring，GRIF），旨在规范世界范围内国际保理业务的做法。

第五节 银行保函

一、银行保函的含义与性质

银行保函（letter of guarantee，L/G）是指商业银行应申请人的要求向受益人开立的一种书面信用担保凭证，担保申请人履行合同义务。如果申请人未能履行合同义务，由银行代其履行一定金额、规定时限范围内的某种支付或经济赔偿责任。因此银行保函以银行信用代替或补充商业信用，在国际结算领域广泛应用。

二、银行保函的基本内容

银行保函的内容根据交易的不同而有所不同，但通常包括以下内容：

（一）基本栏目

基本栏目主要包括：保函的编号，开立日期，各方当事人的名称、地址，有关交易或项目的名称，有关合同或标书的编号和订约或签发的日期等。

（二）责任条款

责任条款为出具保函的银行在保函中担负的责任的条款，它是银行保函的主体。

（三）保函金额

保函金额为出具保函的银行在该项担保业务中所承担的最高金额，可以是一个具体的金额，也可以是合同金额的百分之几。

（四）有效期

银行保函的有效期是指受益人的索偿要求可担保的最迟日期，或称到期日（expiry date），它既可以是一个具体的日期，也可以是在某一行为或某一事件发生后的一定时期。例如：在交货后一个月或三个月、工程结束后一个月等。

（五）索偿条件

索偿条件是指银行判断申请人是否违约和受益人凭以索偿的条件。对此，国际上有两种做法：一种是无条件的保函，或称“见索即付”保函（first demand guarantee），即担保行的偿付责任与申请人在基础交易合同下的义务无关，只要具备担保函规定的偿付条件，担保行就必须受理；另一种是有条件的保函（accessory guarantee），即凭申请人的违约证明付款。

三、银行保函的当事人

银行保证书的基本当事人有三个，即委托人、保证人和受益人。

委托人，又称申请人，即要求银行开立保函的一方，是与受益人订立合同的执行人和债务人。在投标保函项下为投标人；在出口保函项下为出口商；在进口保函项下为进口商；在还款保函项下为定金和预付款的收受人。

保证人（guarantor），也称担保人，即开立保函的银行，有时也可能是其他金融机构。保证人根据委托人的申请，并在委托人提供一定担保的条件下向受益人开具保函。

受益人，即收到保函并凭之要求银行担保的一方，是与委托人订立合同的执行人和债权人。

银行保函在使用的过程中还可能涉及以下当事人：

转递行（transmitting bank），即根据开立保证书的银行的要求将保函转递给受益人的银行。

保兑行（confirming bank），即由另一家银行在保函上加以保兑，因此受益人可得到双重担保。

四、银行保函的种类

（一）履约保函

履约保函可用于一般货物进出口交易，分为进口履约保函和出口履约保函。

1. 进口履约保函

进口履约保函是指担保人应进口商的申请开给出口商的保证承诺。保函规定，如果出口商按期交货后，进口商未按合同规定付款，则由担保人负责偿还。

2. 出口履约保函

出口履约保函是指担保人应出口商的申请开给进口商的保证承诺。保函规定，如果出口商未能按合同规定交货，则担保人负责赔偿进口商的损失。

（二）还款保函

还款保函又称预付款保函或定金保函，是指担保人应合同一方当事人的申请，向合同另一方当事人开立的保函。保函规定，如果申请人不履行他与受益人订立合同的义务，不将受益人预付或支付的款项退还给受益人，担保人则向受益人退还或支付款项。

（三）借款保函

借款保函指银行应借款人要求向贷款行做出的一种旨在保证借款人按照借款合约的规定按期向贷款方归还所借款项本息的付款保证承诺。

（四）融资租赁保函

融资租赁保函指承租人根据租赁协议的规定，请求银行向出租人出具的一种旨在保证承租人按期向出租人支付租金的付款保证承诺。

（五）补偿贸易保函

补偿贸易保函指在补偿贸易合同项下，银行应设备或技术引进方的申请，向设备或技术的提供方做出的一种旨在保证引进方在引进后的一定时期内，以其所生产的产成品或以产成品的外销所得，来抵偿所引进设备和技术的价款及利息的保证承诺。

（六）投标保函

投标保函指银行应投标人申请，向招标人做出的保证承诺，保证投标人在报价的有效期内，将遵守其诺言，不撤标、不改标、不更改原报价条件，并且在其中标后，按照招标文件的规定在一定时间内与招标人签订合同。

（七）预付款保函

预付款保函又称还款保函或定金保函，指银行应供货方或劳务承包方的申请向买方或业主方做出承诺，如果申请人未能履约或未能全部按合同规定使用预付款，则银行负责返还保函规定金额的预付款。

第六节 各种结算方式的选择使用

一、选择结算方式要考虑的因素

（一）客户的资信情况

在选择结算方式时，安全是需要首先考虑的重要问题。要做到安全收汇、安全用汇，就必须事先做好对客户的信用调查，以根据客户的具体情况，选用适当的结算方式。

（二）企业的经营意图

选用结算方式时，应结合企业的经营意图。货物畅销时，出口商不仅可以提高售价，而且可选择包括资金占用等各方面对他最有利的方式；而货物滞销或者竞争激烈时，出口商不仅可能要降低售价，在结算方式上也需作出必要让步，否则就难以达成交易。

（三）贸易术语

在国际贸易中使用不同的贸易术语，适合的结算方式也各不相同。在使用象征性交货贸易术语的交易中，如果卖方交货与买方收货不同时发生，转移货物所有权是以单据为媒介的，则可以选择跟单信用证方式结算货款。如果买方信用可靠，也可采用跟单托收，如付款交单方式。但是，在使用实际性交货术语的交易中，由于是卖方或通过承运人向买方或其代理人直接交付货物，卖方交货与买方收货同时发生，卖方无法通过控制单据来控制物权，因此除非有控制货物的可靠方法，否则一般不能使用托收和信用证方式。

（四）运输方式

如果货物采用海上运输方式，出口商装运货物后得到的运输单据为海运提单，因提单是货物所有权的凭证，是在目的港向船舶公司提取货物的凭证，所以在交付进口商前，出口商尚能控制货物，故可使用信用证和托收方式结算货款。若货物通过航空、铁路或邮政运输，出口商装运货物后得到的运输单据为航空运单、铁路运单或邮包收据，这些都不是货物所有权凭证，收货人提取货物时也不需要这些单据。因此，在这些运输方式下，一般不适合使用信用证和托收支付方式。

二、不同结算方式的结合使用

上述支付方式可单独使用，也可根据实际情况结合使用，常见的结合方式有以下四种：

（一）信用证与汇付结合

信用证与汇付结合是指一笔交易中，部分货款用信用证方式结算，部分用汇付方式结算。这种结算形式常用于初级产品的交易，其交货数量不宜精确，允许有一定的机动幅度。对此，经双方同意，信用证规定凭装运单据先付发票金额，余额待货到目的地（港）后或经再检验实际数量后用汇付方式支付。

（二）信用证与托收结合

考虑到进口方的资金占压问题，在实践中一笔交易有时可能部分采用信用证方式、部分采用托收方式结算。信用证部分货款和托收部分货款，要分别开立汇票；全套装船单据附托收项下的汇票，信用证项下为光票。这种做法使出口商收汇较为安全，而进口商也可减少垫金，易为双方接受。但信用证必须订明信用证的种类、支付金额和托收方式的种类，以及“在全部付清发票金额后方可交单”的条款。

（三）托收与汇付结合

托收与汇付相结合一般是指在跟单托收方式下，出口商要求进口商以汇付方式支付一定的押金或预付款。在货物出运后，出口商可从货款中扣除已预付的款项，余款通过银行托收。

（四）汇付与备用信用证或银行保函结合

汇付与备用信用证或银行保函结合使用的形式常见于成套设备、大型机械和大型交通运输工具（飞机、船舶等）等货款的结算。这类产品交易金额大、生产周期长，往往要求买方以汇付方式预付部分货款或定金，其余大部分货款则由买方按信用证规定或加开保函分期付款或延期付款。

第七节 合同中的支付条款

一、汇付条款

(1) 买方应于×年×月×日前，将全部（或部分）货款电汇（信汇）给卖方。

The buyer shall pay the total or partial value of the goods to the seller in advance by T/T or M/T before ×.

(2) 买方应于到货后的×日内，将发票金额电汇（信汇）给卖方。

The buyer shall pay the invoice value of the goods to the seller with in × days after arrival of the goods.

二、托收条款

(1) 买方应依据卖方出具的即期跟单汇票，于第一次见票时立即付款。单据于付款时交付。

The buyer shall pay against the documentary draft drawn by the seller at sight upon presentation. The shipping documents are to be delivered against payment.

(2) 买方应依据卖方出具的见票后×天付款的跟单汇票，于第一次见票时予以承兑，俟汇票到期时付款，单据于付款时交付。

The buyer shall duly accept the documentary draft drawn by the seller at × days after sight upon first presentation and make payment on its maturity. The shipping documents are to be delivered against payment.

(3) 买方应依据卖方出具的见票后×天付款的跟单汇票，于第一次见票时予以承兑，俟汇票到期时付款，单据于承兑时交付。

The buyer shall duly accept the documentary draft drawn by the seller at × days after sight upon first presentation and make payment on its maturity. The shipping documents are to be delivered against acceptance.

三、信用证条款

买方必须在×年×月×日前开立以卖方为受益人的不可撤销、可转让的即期信用证，注明允许分批装运和转船，信用证在装船后 15 天内在中国（出口地）议付有效。买方未在规定的时间内开出信用证的，卖方有权取消本合同，并对因此遭受的损失提出索赔。

The irrevocable and transferable L/C to be available by sight，draft should be established with the bank and reach the sellers before ____/____/____ and to remain valid for negotiation in China until 15 days after the time of shipment. Transhipment and partial shipments are to be allowed. If the buyer fails the establishment of relative Letter of Credit before the above-stipulated time，the seller shall have the right to rescind this contract and lodge a claim for the direct losses sustained，if any.

关键词

汇票；支票；本票；汇付；电汇；信汇；票汇；托收；付款交单；承兑交单；信用证

复习与思考

一、单项选择题

1. 在分批均匀交货的情况下通常采用的信用证是(　　)。

A. 循环信用证　　B. 对背信用证　　C. 对开信用证　　D. 备用信用证

2. 付款人主动通过银行或其他途径将款项汇交收款人的支付方式是(　　)。

A. 即期付款交单　　B. 汇付　　C. 托收　　D. 信用证支付

3. 信用证支付当中的第一付款人是(　　)。

A. 通知行　　B. 开证行　　C. 议付行　　D. 付款行

4. 在信用证结算方式下，汇票的收款人通常的抬头方式是(　　)。

A. 限制性抬头　　B. 指示性抬头　　C. 持票人抬头　　D. 来人抬头

5. 属于顺汇方法的支付方式是(　　)。

A. 汇付　　B. 托收　　C. 信用证　　D. 银行保函

6. 所谓信用证“严格相符”的原则，是指受益人必须做到(　　)。

A. 单证与合同严格相符　　B. 单证与信用证严格相符

C. 信用证与合同严格相符　　D. 单证与信用证、合同严格相符

7. 在国际贸易业务中，商业汇票的出票人通常是(　　)。

A. 买方　　B. 卖方

C. 买方的开户银行　　D. 卖方的开户银行

8. 无论是采用托收方式还是信用证方式，除个别来证另有规定外，汇票的受款人均应填写(　　)。

A. 开证行与通知行　　B. 开证行与保兑行

C. 托收行或议付行　　D. 通知行与议付行

9. 若汇票受款人一栏内写明“pay to the order of……”则该汇票(　　)。

A. 不可流通转让　　B. 可以经背书转让

C. 无须背书，即可流通转让　　D. 由出票人决定是否可以转让

10. 托收是出口人委托并通过银行收取货款的一种支付方式，在托收方式下，使用的汇票是(　　)，属于(　　)。

A. 商业汇票/商业信用　　B. 银行汇票/银行信用

C. 商业汇票/银行信用　　D. 银行汇票/商业信用

11. 下列几种结算方式中，对卖方而言风险最大的是（ ）。

A. 票汇 B. 承兑交单

C. 即期付款交单 D. 远期付款交单

12. 在信用证项下，出票人开具的汇票，如遭到付款人拒付，（ ）。

A. 开证行有权行使追索权 B. 保兑行有权行使追索权

C. 议付行有权行使追索权 D. 通知行有权行使追索权

13. 在信用证支付业务中，银行的责任是（ ）。

A. 只看单据，不管货物 B. 既看单据，又看货物

C. 只管货物，不看单据 D. 审核单据与货物是否相符

二、多项选择

1. 汇付的方式可以分为（ ）。

A. 汇款 B. 信汇 C. 电汇 D. 票汇

2. 跟单托收业务根据交单条件的不同可以分为（ ）。

A. 提示交单 B. 见票交单 C. 付款交单 D. 承兑交单

3. 信用证支付方式的特点是（ ）。

A. 信用证是一种商业信用 B. 信用证是一种银行信用

C. 信用证是一种单据的买卖 D. 信用证是一种自足的文件

4. 下列叙述中属于托收的特点是（ ）。

A. 它属于一种商业信用 B. 它是一种单证的买卖

C. 它有利于调动买方订货的积极性 D. 存在着难以收回货款的风险

5. 在国际贸易中，汇付多用于下列款项的支付（ ）。

A. 定金 B. 运杂费用 C. 佣金

D. 小额货款 E. 货款尾数

6. 可撤销信用证在下列情况下不能被撤销和修改（ ）。

A. 得到了议付 B. 得到了承兑 C. 保兑

D. 已转让给第二受益人 E. 得到了延期付款保证

7. 关于背书，正确的描述是（ ）。

A. 背书必须连续

B. 背书转让的应该是汇票的全部金额

C. 背书不得附有条件

D. 若汇票的收款人是两个或两个以上，则再背书转让票据权利需经全体收款人背书

E. 票据可以作成部分背书

8. 票据的提示必须在规定的时限内办理，否则，持票人将丧失对（ ）的追索权。

A. 出票人 B. 背书人 C. 前手

D. 被背书人 E. 承兑人

9. 在信用证付款条件下，目前我国出口商在银行办理出口结汇的做法有（ ）。

A. 收妥结汇 B. 付款交单 C. 承兑交单

D. 押汇 E. 定期结汇

10. 国际保理业务中的当事人有( )。

A. 供货商 B. 债务人 C. 债权人

D. 出口保理商 E. 进口保理商

11. 制作和审核结汇单据的基本原则是( )。

A. 正确 B. 完整 C. 及时

D. 简明 E. 整洁

12. 按 UCP500 规定，信用证( )。

A. 未规定是否保兑，即为保兑信用证

B. 未规定可否转让，即为可转让信用证

C. 未规定是否保兑，即为不保兑信用证

D. 未规定可否撤销，即为不可撤销信用证

13. 备用信用证与一般跟单信用证的区别主要是( )。

A. 备用信用证属于商业信用，而跟单信用证属于银行信用

B. 银行付款的条件不同

C. 适用的范围不同

D. 收款人要求银行付款时所需提供的单据不同

三、判断题

1. 在承兑交单情况下，是由代收行对汇票进行承兑后，向进口商交单。( )

2. 在票汇情况下，买方购买银行汇票径寄卖方，因采用的是银行汇票，故这种付款方式属于银行信用。( )

3. 在一般情况下，汇票一经付款，出票人对汇票的责任即告解除。( )

4. 受益人对修改的信用证可以全部接受，也可以部分接受。( )

5. 可撤销信用证在任何时候均可以撤销。( )

6. 对于卖方而言，D/A 60 天要比 D/P 60 天风险要大。( )

7. 汇票经背书后，是汇票的收款权利被转让给背书人，背书人日后若遭到拒付，可以向前手行使追索权。( )

8. 受益人若错过了信用证有效期到银行议付，只要征得开证人的同意，即可要求银行付款。( )

9. 只有银行承兑汇票才可在贴现市场上贴现。( )

10. 一般情况下汇票一经汇款，出票人对汇票的责任即告解除。( )

11. 汇票可以经过背书不断转让下去。( )

12. 签发汇票时，受款人一栏（俗称汇票抬头）通常有三种不同的写法，其中需背书方可转让的汇票为限制性抬头。( )

13. 支票是存款人签发给其存款银行的无条件支付一定金额的书面命令，因此，在任何情况下，银行都必须按支票票面金额付款。( )

14. 远期付款交单与承兑交单都需办理承兑手续，因而承兑的后果是一样的。( )

15. 根据国际惯例，凡信用证上未注明可否转让字样的，即视为可转让信用证。( )

16. 汇票只是一种无条件的书面支付命令，不是可转让的流通证券。( )

17. 根据UCP600的规定，受益人收到信用证修改书后，如不同意修改，应立即将信用证修改书退回通知行，否则视为同意修改内容。(　　)

18. 受益人对信用证修改书的内容，可以接受其中一部分，而拒绝不能接受的部分。(　　)

19. 保兑信用证的保兑行只有在开证行不履行付款义务时，才履行付款义务。(　　)

四、简答题

1. 汇票、支票和本票各自的含义是什么？它们之间有何异同？

2. 托收有哪些特点？采用托收方式应注意哪些问题？

3. 简述信用证的含义及特点。

4. 叙述信用证的业务流程。

5. 什么是银行保函？银行保函可用于哪些领域？

6. 什么是国际保理？使用国际保理对进出口双方有何好处？

案例分析

1. 我国某公司与外商按CIF条件签订一笔出口合同。合同规定装运期为8月，但未规定具体的开证日期，直到7月底也未见外商开证。我方见装运期临近，开始连续多次电催外商开证。8月5日，我方收到信用证。我方在审核信用证时发现有关单据做了与合同不符的规定，因而无法满足信用证的要求。于是，我方向进口方提出改证申请。此时装运期到了，我方并没有收到改证通知书。请问我方是否该按期装运？

2. 内地C公司向香港H客商按CIF香港出售商品，支付条件为D/P见票30天付款。C公司同意H客商指定的香港汇丰银行为代收行。C公司在合同规定的时间内装运，取得清洁提单后，出具跟单汇票，委托中国银行通过汇丰银行向H客商收取货款。5天后，所装运货物安全运抵香港。因当时该商品行情看涨，H客商凭信托收据向汇丰银行借单提货，并将部分货物出售。不料，因到货过于集中，货物价格迅速下跌，H客商遂以缺少保险单为由，在汇票到期时拒绝付款。你认为C公司应如何处理此事？

3. 我公司收到国外来证，信用证规定在一定时期内分三次等量装运。出口商第一次按期交货，正常结汇。出口商第二次没有按期交货。请问出口商能将两次的货物一次补齐吗？

4. 大连某服装进出口股份有限公司与日本奇田株式会社签订一批服装出口合同，日方按时开来跟单信用证。信用证规定：金额总计为200 000.00美元，货到后30天支付货款。在规定期限内出口方向议付行交单，单证相符，议付行向开证行提交单据。但当货到30天后，开证行以申请人称货物有问题为由拒绝付款。请问：开证行是否能拒绝付款？

5. 德国A公司与我国B公司签订了一份出口合同，双方在合同中规定信用证付款。合同订立后，B公司委托中国银行开出信用证。该信用证规定，货物最迟装运期为9月30日，信用证的到期日为10月15日，信用证未规定交单期。德国A公司于9月12日将货物装船并取得提单，提单日期为9月12日。10月5日，德国A公司向当地的银行交单议付，银行以已过交单期为由拒绝付款。试问：银行是否可以拒付？

实训模块

实训主题： 汇票的缮制。

实训目的： 掌握汇票的主要内容，学会正确缮制汇票。

实训要求： 根据下列信用证部分条款缮制汇票。

40A：Form of Documentary Credit：Irrevocable

20：Documentary Credit Number：1600143－0125－01535

31C：Date of Issue：20160520

31D：Date and Place of Expiry：20160622 in China

50：Applicant：Micopia

59：Beneficiary：Huali Ceramics Factory，Chaozhou City，Guangdong Province，China

32B：Currency Code，Amount：USD＄27 841.00

41D：Available With…By…Standard Chartered Bank by Negotiation

42C：Drafts At Sight

42A：Drawee：BCYPCY2NO10 BANK OF CYPRUS LTD

43P：Partial Shipments：Not Allowed

43T：Transhipment：Allowed

44A：Loading on Board/Dispatch/Taking in Charge at/From Shenzhen Port

44B：For Transportation To：Limassol Port

44C：Latest Date of Shipment：160601

45A：Description of Goods and/or Services

Sanitary Ware FOB SHENZHEN Port，INCOTERMS 2010

……

第七章 贸易争端的预防与处理

/ 本章重点 /

1. 掌握检验检疫的含义及确定检验时间和地点的方法；
2. 了解索赔和理赔的含义；
3. 了解不可抗力的含义及规定方法；
4. 掌握仲裁的含义及仲裁条款的内容。

货物到达目的港（地）后，买方首先要查看货物，即对货物进行检验，看其是否符合合同要求。如果与合同相符，买方则接受，一笔交易即宣告结束。如果检验结果与合同不相符，并由此给买方带来损害，买方会就所受损失向卖方提出赔偿要求。双方如果不能协商解决，很可能需要将争议提交仲裁。合同签订以后，如果发生当事人无法预料的事情，使合同无法履行，则当事人可以免责。本章将就相关内容进行介绍。

第一节 进出口商品的检验

一、进出口商品检验的含义

在国际货物买卖中，由商品检验机构或经政府注册的第三方民间公证鉴定机构，对进出口商品的质量、数量、规格、重量、包装、残损、安全性能、卫生方面的指标以及装运技术和装运条件等项目实施检验和鉴定工作，称为进出口商品检验，简称商检。进行商检的目的是确定商品是否与贸易合同、有关标准的规定相一致，是否符合进出口国有关法律和行政法规的规定。

二、检验机构

在对外贸易中，商品检验工作一般都由专业的检验机构接受申请而负责办理。国际上的进出口商品检验机构主要有官方、非官方和半官方三种类型。官方的检验机构是由国家或地方政府设置的，根据国家颁布的有关法令，对特定的进出口商品特别是有关安全、卫生、检疫、劳保、环保等方面的商品，执行强制性检验、检疫和监督管理。如美国联邦谷物检验局（FGIS）、美国食品药品监督管理局（FDA）、法国国家实验室检测中心、日本通商产业检查所等都是由国家政府设置的官方检验机构。非官方检验机构也称民间检验机构，一般是经政府注册登记，由一些具备专业检验鉴定技术业务能力和国际法律知识的审计署法人或私人建立的检验公司、公证行、鉴定公司等，如瑞士日内瓦通用公证行（SGS）、美国保险人实验室（UL）、英国劳氏公证行（Lloyd's Surveyor）、日本海事检定协会（NKKK）、香港天祥公证行等都属于民间检验机构。有时这些民间机构也接受政府的委托从事一定范围内的商检工作，成为半官方性质的检验机构。

2018 年 3 月，根据第十三届全国人民代表大会第一次会议批准的国务院机构改革方案，将国家质量监督检验检疫总局的职责整合，组建国家市场监督管理总局，负责统一管理检疫检测工作。推进检验检测机构改革，规范检验检测市场，完善检验检测体系，指导协调检验检测行业发展。进出口食品安全和认证认可、标准化等行政管理职能，分别交给国家认证认可监督管理委员会、国家标准化管理委员会。出入境检验检疫管理职责划入海关总署。将国家质量监督检验检疫总局的原产地地理标志管理职责整合划归重新组建的国家知识产权局。

三、检验时间和地点的确定

商品检验在何时何地进行，各国法律无统一规定。而货物的检验权又直接关系到买卖双方在货物交接过程中的权利和义务，因此买卖双方通常在合同中就买方如何行使检验权，包括检验时间和地点的确定都作出明确的规定。在国际货物买卖中，关于检验时间与地点的规定，基本做法有以下三种：

（一）在出口国检验

在出口国检验又可分为产地检验、装运前或装运时在装运港（地）检验。

1. 产地检验

货物在离开生产地点（如工厂、农场或矿山）之前，由出口商或其委托的检验人员或进口方的验收人员，对货物进行检验或验收。卖方承担离开产地之前的责任，而在运输途中出现的品质、数量等方面的风险则由买方承担。

2. 装运前或装运时在装运港（地）检验

即出口货物在装运港（地）装运前或装运时，以双方约定的商检机构对货物进行检验后出具的质量、重量、数量和包装等检验证书，作为决定交货质量、重量或数量的最后依据。

在上述情况下，卖方取得商检机构出具的各项检验证书，就意味着其所交货物的质量、重量或数量是与合同规定相符合的，买方无权对此提出任何异议。货物运抵目的港（地）后，买方在对货物进行复验时，即使发现问题，也无权再表示拒收或提出索赔。

（二）在进口国检验

若贸易合同规定在进口国检验，则商检应在货物运抵目的港（地）卸货后进行，或在买方营业处所或最终用户所在地进行。

1. 在目的港（地）卸货后检验

在贸易货物运抵目的港（地）卸货后的一定时间之内，由双方约定的目的港（地）的商检机构进行商检，并以该商检机构出具的检验证书作为决定交付货物的质量、重量或数量的最后依据。如果检验证书证明货物的质量、重量或数量与贸易合同不符系卖方责任，则卖方应予负责，当买方对此提出索赔时，卖方一般不得拒绝理赔。

2. 在买方营业处所或最终用户所在地检验

对于不方便在目的港（地）进行检验的贸易货物，如密封包装货物，或需要一定的检验条件或设备才能进行检验的货物，可以将检验地点和时间延伸推迟到货物运抵买方营业处所或最终用户所在地后的一定时间内进行，并由双方约定的该地的商检机构实施检验。以该检验机构对商品检验后出具的检验证书作为买卖双方决定交货质量、重量或数量的依据。

（三）在出口国检验、在进口国复验

贸易合同若规定在出口国检验、在进口国复验，则是指以装运港（地）的检验证书作为收付货款的依据，买方在货物运抵目的港（地）卸货后的一定时间内仍有权复验，这时双方约定的目的港（地）的商检机构对货物检验后出具的检验证书才是最后依据，如果发现由卖方责任而造成交货的质量、重量或数量与贸易合同不符，买方仍有权凭该商检证书向卖方提出索赔。这种做法对于买卖双方来说都比较方便而且公平合理，因而已为国际贸易中绝大多数当事人所接受，成为一条公认的原则。

四、进出口商品检验工作程序

商检机构对进出口商品实施检验的工作程序一般包括：报验、抽样、检验鉴定、签证放行四个环节。

（一）报验

报验一般是指对外贸易关系人按照法律、行政法规、合同的规定，或根据需要向商检机构申请办理检验、鉴定工作的手续。它是进出口商品检验工作的第一个环节。报验人申请商品检验时，必须先填写商检局提供的商品检验申请单，并应提供相关的单证和资料。

申请出口商品检验时，报验人要先填写《出口商品检验申请单》，并且应在装运、报关前十天向各地商检局（处）申报。根据输往地点、运输工具以及收货人不同分别填报；对于同一合同、同一信用证，但标记及号码不同者，也应分别填报。出口商品报验应提供的相关单证主要有：对外贸易合同或售货确认书，包括合同附件、信用证、制造商产品出厂和检验合格证明、其他的有关单证和函电等。此外，报验法定检验出口商品，必须提供商检机构签发的运输包装容器性能检验合格证书；申请办理卫生注册及出口质量许可证的商品，必须提供商检机构签发的卫生注册证书、出口质量许可证和厂方合格证；申请鉴定重量的出口商品，应附重量明细单；经生产、经营单位检验的出口商品，应加附厂方合格证或货验单；合同规定凭样品成交的出口商品，应提供买卖双方确认的样品；报验申请普惠制产地证的出口商品，应提供原产地证明文件。

商检部门接受报验的范围：列入我国《商检机构实施检验的进出口商品种类表》（以下简称《种类表》）内的进出口商品、出口食品的卫生检验、出口动物产品的检疫、出口危险品包装容器的性能鉴定和使用鉴定、装运出口易腐烂变质食品的船舱和集装箱的鉴定、法律或行政法规或贸易合同规定必须经商检机构检验的商品、对外贸易关系人申请的鉴定业务和委托检验业务等。

商检部门一般不接受报验的范围：未经检验已装运出口的商品、已被商检局吊销注册证书或质量许可证的出口商品、已超过规定的索赔有效期或质量保证期而失去索赔权的进口商品、在有关规定与国际惯例允许的合理误差损耗等免赔范围以内的进口商品、缺少应随附单据和检验资料而没有检验依据的商品、按分工不属于商检工作范围的，以及其他不符合商品检验和鉴定规定的业务。

（二）抽样

商检抽样，就是根据对外贸易合同，依据技术标准或操作规程所规定的抽样方法和抽样工具，从报验的整批商品中随机抽取少量的、在质量上能代表整批商品的样品，通过对该样品的检验，对整批商品的质量做出评估。抽样是商检机构接受报验之后的首要环节。

（三）检验鉴定

1. 进出口商品检验的内容

商检机构对于进出口商品检验和鉴定的具体内容，根据商品的特性、法律法规的规定、合同中的具体规定，以及申请委托人的意愿不同而不同。一般来说，商品检验的项目和内容主要包括品质检验、数量和重量检验、包装鉴定、装运技术检验、卫生检验、残损鉴定、货载衡量鉴定，以及对商品的标记、产地和价值等方面的检验和鉴定等。

2. 进出口商品检验的依据

进出口商品检验的目的是，通过实施检验和鉴定，确定进出口商品是否与贸易合同的有关标准相一致，是否符合进出口国有关法律和法规的规定。因此，进出口商检的主要依据是法律、法规、合同、相关标准及有关商业文件。

3. 进出口商品检验的方法

进出口商品检验工作是在规定的条件、要求和时效限制下，对进出口商品的外观、内在质量和性能进行检验和鉴定，并做出综合评价，判断其是否符合相关标准。在这个过程中，当然要运用科学的方法，有时还要借助先进的仪器设备。

进出口商品检验常用的方法有感官检验法、物理检验法、化学检验法和生物学检验法。

（四）签证放行

商检机构在检验鉴定工作完成之后，根据申请人的要求，按照商检部门的签证管理规定签发相应的证书或放行通知单，统称签证放行。

对于进口商品，经商检机构检验、鉴定，符合合同、标准及有关法律法规规定的，商检机构对内签发《检验情况通知单》并且在进口货物报关单上加盖戳记，海关据以放行；而不符合合同、标准及有关法律法规规定的，以及凭贸易合同规定、凭商检证书进行结算的，商检机构对外签发商检证书，即索赔证书。

对于出口商品，经商检机构预验补评合格，商检机构对内签发预验结果单或出口商品检验换证凭单。列入《种类表》的出口商品和一切出口食品，经检验合格的，商检机构对内签发放行通知单或在出口货物报关单上加盖放行章，并根据要求对外签发有关证书。而对于经检验、鉴定不合格的出口商品，或船舱、集装箱，商检机构对内签发不合格通知单。

五、商检证书

商品检验机构对进出口商品进行检验检疫或鉴定后，根据不同情况、不同的检验结果或鉴定项目，签发的各种检验证书、鉴定证书和其他证明书，统称为商检证书（inspection certificate）。在国际贸易中，商检证书是买卖双方进行货物交接、结算货款以及进行索赔和理赔的依据之一，也是报关验放、计算关税和运费的重要凭据，还是证明装运条件、明确贸易关系人责任、处理经济纠纷的有效凭证；在使用信用证方式结算货款的情况下，商检证书通常也是银行议付货款和出口收汇的依据。

六、商检条款的主要内容及订立商检条款时应注意的问题

合同中的检验条款一般应包括检验的时间和地点、检验机构、检验证书，以及检验标准与检验方法等内容。

（一）出口合同中的商品检验条款

根据以往的贸易实践，我国曾采用以商检局在装运港签发的商检证书作为最后依据的做法，其条款如下：

（1）以品质、数量检验证书为最后依据，双方同意以装运港国家进出口质检机构所签发的品质、数量检验证书为最后依据，对双方具有约束力。

（2）对品质、数量或重量进行复验，双方同意以装运港国家进出口质检机构的品质、数量或重量检验证书作为信用证项下议付所需单据的一部分。买方有权对货物的品质、数量或重量进行复验。复验费由买方负担。

（二）进口合同中的商品检验条款

双方同意以制造厂（或×公证行）出具的品质、数量或重量检验证书作为有关信用证项下议付货款的单据之一，但货物的品质、数量或重量的检验应按下列规定办理：货到目的港×天内经国家质检总局复验，如发现品质、数量或重量与本合同规定不符，除属保险公司或船公司负责的外，买方凭国家质检总局出具的检验证书，向卖方提出退货或索赔。所有退货或索赔引起的费用（包括检验费）及损失均由卖方负担。

（三）订立商检条款时应注意的问题

（1）检验条款应明确、具体，不能含糊其辞，同时检验条款要与合同其他条款相互衔接，防止顾此失彼，互相矛盾。

（2）双方应本着实事求是、利益兼顾的态度，商定检验机构、检验时间和地点、检验方法、抽样方法及检验费用负担等事宜。

(3) 在订立进口国复验条款时，复验期限要根据检验的难易程度、港口拥挤情况及港口装卸能力而定。复验机构应是双方认可的商检机构，并应明确复验费用的承担。如果货物在途中转卖，买方无充足时间验货，且卖方也知晓，可将复验地点定在货物的最终目的地。

第二节 索赔

一、索赔和理赔的含义

索赔（claim）是指在国际货物买卖过程中，因一方违反合同规定，直接或间接地给另一方造成损失，受损方向违约方提出赔偿要求，以弥补其所遭受的损失。理赔是指违反合同的一方受理受损方提出的赔偿要求。

由上述定义可知，索赔与理赔是一个问题的两面，索赔由当事人违约引起。在国际贸易中，买卖双方都有可能违约，常见的违约大致可归纳为以下几种情况：

（一）卖方违约

不按合同的交货期交货，或不交货，或所交货物的品质、规格、数量、包装等与合同（或信用证）规定不符，或所提供的货运单据种类不齐、份数不足等。

（二）买方违约

在信用证支付方式条件下不按期开证或不开证；FOB 术语下不按时派船接货，不按合同规定付款赎单，无理拒收货物等。

（三）买卖双方均负有违约责任

合同条款规定不明确，致使双方理解或解释不统一，造成一方违约，引起纠纷；或在履约中，双方均有违约行为。

二、买卖合同中的索赔条款

（一）异议与索赔条款

异议与索赔条款主要包括索赔依据、索赔期限、处理索赔的方法和索赔金额等内容。

1. 索赔依据

索赔条款一般都规定提出索赔时应出具的证据以及出证机构，如双方约定：货到目的港卸货后，若发现品质、数量或重量与合同规定不符，除应由保险公司或船舶公司负责外，买方于货到目的港卸货后若干天内凭双方约定的某商检机构出具的检验证明向卖方提出索赔。

2. 索赔期限

索赔期限即受损害的一方向违约的一方提出赔偿要求的时限。索赔期限应在合同中明确，如果超过约定的索赔时限，违约方可不予受理。因此，索赔期限的长短应当根据实际情况而定，一方面应考虑不同商品的特性和检验条件，另一方面也要考虑商品的保质期。

3. 处理索赔的方法和索赔金额

异议与索赔条款对合同双方当事人都有约束力，不论何方违约，受损害方都有权提出索赔。鉴于索赔是一项复杂而又重要的工作，故处理索赔时，应弄清事实，分清责任，并区别不同情况，有理有据地提出索赔。对于索赔金额，因订约时难以预料，只能事后本着实事求是的原则酌情处理，故在合同中一般不作具体规定。

（二）罚金或违约金条款

罚金或违约金条款一般适用于卖方迟交货或买方延期接运货物，拖延开立信用证，拖欠货款等情形。在实际业务中一般规定每延误七天按合同金额的0.5%收取违约金，延期十周可取消合同。在买卖合同中规定罚金或违约金条款，目的是促使合同当事人履行合同义务，起到避免和减少违约行为发生的预防作用，在发生违约行为的情况下，能对违约方起到一定的处罚作用，对守约方的损失起到补偿性作用。

第三节 不可抗力

一、不可抗力的含义

不可抗力（force majeure）又称人力不可抗拒。所谓不可抗力是指在合同签订以后，不是由于订约的任何一方当事人的过失或疏忽，而是由于发生了当事人既不能预见，又无法事先采取预防措施的意外事故，因而合同不能履行或不能如期履行，该当事人可免除履行合同的责任或延期履行合同。

二、不可抗力的原因和法律后果

不可抗力事件包括两种类型：一种是由自然原因，如洪水、暴风、干旱、大雪、地震等人类无法控制的自然力量引起的；另一种是由社会原因，如战争、罢工、政府封锁禁运等引起的。由于各国法律对不可抗力具体包括哪些原因有不同的解释，因此，双方在合同中订立不可抗力条款时，应就其范围作出明确具体的规定。

不可抗力的法律后果可以分为两种情况：一是免除其履行合同的责任；二是延期履行合同，当事人可自行协商。一般说来，如果属于不可抗力致使合同不能履行，则当事人可免除履行合同的责任；如果不能如期履行合同，则选择延期履行合同，季节性商品除外。

三、不可抗力的通知和证明

我国法律规定，当不可抗力发生后，当事人一方若因不能按规定履约而要取得免责权利，必须及时通知另一方，并在合理时间内提供必要的证明文件，以减少可能给另一方造成的损失。按《联合国国际货物销售合同公约》的规定，当事人一方未及时通知而给对方造成损害的，应负赔偿责任。在实践中，为防上争议发生，不可抗力条款中应明确规定具体的通知及提交证明文件的期限和方式。关于不可抗力的证明文件，应由当地的商会或登记注册的公证机构出具。在我国，一般由中国国际贸易促进委员会（中国国际商会）出具。另一方当事人收到不可抗力的通知及证明文件后，无论同意与否，都应及时回复。

四、买卖合同中的不可抗力条款

（一）不可抗力条款的主要内容

国际货物买卖合同中的不可抗力条款的内容虽不尽相同，但一般应包括以下内容：不可抗力事件的原因；不可抗力的法律后果；发生事故后的通知方式和时间；证明文件及出证机构。

（二）不可抗力条款的规定方法

不可抗力条款的规定方法主要有以下三种：

1. 概括式

概括式即对不可抗力事件作笼统的提示，而不具体规定不可抗力的事故范围。例如，“由于不可抗力的原因，而不能履行合同或延迟履行合同的一方可不负有违约责任。但应立即以电传或传真通知对方，并在×天内以航空挂号信向对方提供中国国际贸易促进委员会出具的证明”。此规定方法过于笼统，易引起争议。

2. 列举式

列举式即在合同里逐一订明不可抗力事件的种类和范围。例如，“由于战争、罢工、地震、水灾、火灾、暴风雪的原因而不能履行合同或不能按时履行合同的一方不负有违约责任”。该种规定方法虽然具体明确，但不可能将每种事故皆列于合同之内，因此缺乏必要的灵活性。

3. 综合式

综合式将概括式和列举式结合在一起，如“由于战争、地震、水灾、火灾、暴风雪或其他不可抗力原因而不能履行合同的一方不负有违约责任”。该方法既有列举式的具体，又有概括式的灵活，因而是最为常用的一种方式。

（三）援引不可抗力条款时应注意的问题

（1）合同中是否约定不可抗力条款，不影响直接援引法律规定。

（2）不可抗力条款是法定免责条款，约定的不可抗力条款如果小于法定范围，当事人仍可援引法律规定主张免责；如果大于法定范围，超出部分应视为另外成立的免责条款。

（3）不可抗力条款作为免责条款具有强制性，当事人不得约定将不可抗力排除在免责事由之外。

第四节 仲 裁

一、仲裁的含义和特点

仲裁（arbitration）又叫公断，是指双方当事人在争议发生之前或之后，签订书面协议，自愿将争议提交双方所同意的第三方予以裁决，以此来解决争议的一种方法。

在国际贸易中，解决争议的方式有多种，其中最好的方式就是通过双方友好协商来解决，其次选择中间人帮助解决，再次就是通过仲裁解决，最后是通过司法诉讼来解决纠纷。前两种以成本低，操作灵活取胜；而后两种以影响力大，约束力强见长。同诉讼和调解相比，仲裁这种解决方式的主要特点在于：仲裁机构是民间组织，没有法定的管辖权；仲裁机构根据双方当事人的仲裁协议受理有关案件，双方当事人享有充分的自治权，可自由选择仲裁机构、仲裁员、仲裁地点、仲裁所使用的语言、仲裁规则以及仲裁所适用的法律；仲裁程序简便，其裁决一般是终局性的。

二、仲裁协议的形式和作用

（一）仲裁协议的形式

仲裁协议是指双方当事人自愿将争议（将来可能发生或已经发生）提交仲裁解决的书面表达，在实践中有两种表达形式：一种是在争议发生之前订立的，称为事前协议，它通常以合同中的一个条款——仲裁条款（arbitration clause）来体现；另一种是在争议发生之后订立的，称为事后协议，它是指争议发生之后，双方自愿达成的将争议提交仲裁的协议（submission）。这两种形式的仲裁协议，其法律效力是相同的。

（二）仲裁协议的作用

（1）约束双方当事人只能以仲裁方式解决争议，不得向法院起诉。

（2）排除法院对有关案件的管辖权，如果一方违背仲裁协议，自行向法院起诉，另一方可根据仲裁协议要求法院不予受理，并将争议案件退交仲裁庭裁决。

（3）仲裁机构取得对争议案件的管辖权。

上述三项内容的核心是第二条，即排除法院对争议案件的管辖权。因此，当双方当事人不愿将争议提交法院审理时，就应在争议发生前在合同中规定仲裁条款，以免将来发生争议时，由于达不成仲裁协议而不得不通过诉讼解决。

三、仲裁程序

下面介绍中国国际经济贸易仲裁委员会的仲裁程序。

1. 仲裁申请、答辩与反请求

申请人应向仲裁委员会提交仲裁申请书，随附有关证明文件；在仲裁员名册中指定一名仲裁员，或者委托仲裁委员会主任指定；预缴仲裁费。仲裁委员会仲裁院收到仲裁申请及附件后，经审查认为申请手续完备，应将仲裁通知，连同仲裁规则和仲裁员名册各一份，寄送给被申请人。被申请人应在收到仲裁通知之日起45天内提交答辩书及有关证明文件。

被申请人如有反请求，最迟应在收到仲裁通知之日起45天内以书面形式提交；在反请求书中应写明具体的反请求事项，以及所依据的事实和理由，并附上有关证据文件；预缴仲裁费。

2. 仲裁庭的组成

双方当事人应各在仲裁员名册中指定或委托仲裁委员会主任指定一名仲裁员，第三名仲裁员由双方当事人共同选定或共同委托仲裁委员会主任指定。若双方当事人在被申请人收到仲裁通知之日起15天内未能共同选定或者共同委托仲裁委员会主任指定第三名仲裁员，则由仲裁委员会主任指定。第三名仲裁员担任首席仲裁员。

双方当事人可在仲裁员名册中共同指定或委托仲裁委员会主任指定一名仲裁员为独任仲裁员，成立仲裁庭，单独审理案件。若双方当事人约定由一名仲裁员审理案件，但在被申请人收到仲裁通知之日起15天内未能就独任仲裁员的人选达成一致意见，则由仲裁委员会主任指定。

3. 审理

仲裁庭应开庭审理案件。但经双方当事人申请或者征得双方当事人同意，仲裁庭也认为不必开庭审理的，仲裁庭可以只依据书面文件进行审理并作出裁决。仲裁案件第一次开庭审理的日期，经仲裁庭确定后，应不晚于开庭前20天通知双方当事人。当事人有正当理由的，可请求延期，但应在开庭通知后5天内以书面形式向秘书局提出。是否延期，由仲裁庭决定。

仲裁庭开庭审理案件不公开进行，如果双方当事人要求公开审理，由仲裁庭决定是否公开审理。

4. 仲裁裁决

仲裁庭应在组庭后6个月内作出仲裁裁决书。在仲裁庭的要求下，仲裁委员会仲裁院院长认为确有必要和确有正当理由的，可以延期。由三人组成的仲裁庭的裁决依全体或多数仲裁员的意见而定，少数仲裁员的意见可以做成记录附卷。仲裁庭不能形成多数意见时，仲裁裁决依首席仲裁员的意见作出。

仲裁庭在其作出的仲裁裁决中，应当写明仲裁请求、争议事实、裁决理由、裁决结果、仲裁费用的负担、裁决的日期和地点。

5. 仲裁裁决的执行

根据国际仲裁的有关法律和公约的规定，仲裁裁决一旦作出，即有法律效力，对双方当事人均有约束力。当事人应依照裁决书写明的期限自觉履行裁决；仲裁裁决书未写明期限的，应当立即履行。一方当事人不履行的，另一方当事人通过当地法院强制执行。

四、买卖合同中的仲裁条款

合同中的仲裁条款繁简不一，一般应包括仲裁地点、仲裁机构、仲裁程序、仲裁裁决的效力、仲裁费用的负担等内容。

（一）仲裁地点

仲裁地点指在哪个国家进行仲裁，因为仲裁地点涉及仲裁的法律适用的问题，所以买卖双方对此都十分关注。常见以下三种方法：

（1）在我国仲裁；

（2）在被告所在国仲裁；

（3）在双方同意的第三国仲裁。

（二）仲裁机构

国际贸易中的仲裁机构有两种存在形式：一种是由双方当事人在仲裁协议中规定一个常设的仲裁机构。我国主要的常设仲裁机构是设在北京的中国国际经济贸易仲裁委员会及其分别设在深圳和上海的分会；另一种是由双方当事人指定的仲裁员所组成的临时仲裁庭，争议处理完毕即自动解散。目前，国际上较有影响力的几个大的常设仲裁机构是：巴黎的国际商会仲裁院、瑞典斯德哥尔摩商会仲裁院、英国伦敦国际仲裁院、美国仲裁协会和瑞士苏黎世商会仲裁院等。

（三）仲裁程序

仲裁程序的适用和仲裁机构的选择无必然联系，因此，在买卖合同的仲裁条款中，应订明用哪个国家（地区）和哪个仲裁机构的仲裁规则进行仲裁。

（四）仲裁裁决的效力

仲裁裁决的效力是指由仲裁庭作出的裁决对双方当事人来说是否具有约束力，败诉方能否再向法院要求变更裁决。一般国家都支持仲裁的裁决，不允许当事人对裁决不服而上诉。各国法院只受理对仲裁程序的审查而不审查结果。即便如此，进出口合同的仲裁条款一般也要规定仲裁裁决是终局的，对双方当事人均有约束力。任何一方当事人不得向法院起诉要求变更。

（五）仲裁费用的负担

仲裁费用一般规定由败诉方承担，也有的规定由仲裁庭酌情决定。无论怎样都要在合同中明确规定。例如：凡本合同引起的或与本合同（或协议）有关的任何争议，双方应友好协商解决。如果不能通过友好协商解决，应提交中国国际经济贸易仲裁委员会，按照申请仲裁时该会现行的仲裁规则进行仲裁。仲裁裁决是终局的，对双方均有约束力。

关键词

商检；索赔；理赔；不可抗力；仲裁

复习与思考

一、单项选择题

1. 我国某粮食进出口公司与美国宾西法尼亚某公司签订进口美国小麦合同，数量为100万公吨，麦收前该州暴雨成灾，到10月卖方应交货时小麦价格上涨，美方未交货。

合同订有不可抗力条款，天灾属于该条款的范围，美方据此要求免责。此时，我方应(　　)。

A. 视构成不可抗力，予以免责，并解除合同

B. 视未构成不可抗力，坚持美方应按合同规定交货

C. 视构成不可抗力，但不要求损害赔偿，亦不解除合同，而要求推迟到下年度交货

D. 以上答案都不对

2. 采用仲裁方式解决争议具有(　　)特点。

A. 如一方不服仲裁可以上诉

B. 属友好协商解决争议，其结果不具有法律的强制性

C. 可以多次交由不同的仲裁机构执行仲裁，至双方达成满意结果为止

D. 费用低廉、办案迅速、程序简便

3. 我方与德商签订一笔进口机器零件的合同。合同签订以后，德商安排两间工厂同时投入生产。在生产过程中，其中一间工厂由于意外事故遭受火灾，完全丧失了生产能力，德商(　　)。

A. 因遇不可抗力事故，可以要求解除合同

B. 因遇不可抗力事故，可要求延期履行合同

C. 因遇不可抗力事故，可要求延期履行合同，但我方有索赔的权利

D. 不属于不可抗力的范围，我方要求德商按期履行合同

4. 进口合同中的索赔条款有两种规定方法，在一般商品买卖合同中常用的是(　　)。

A. 异议与索赔条款　B. 违约金条款　C. 罚金条款　D. 定金法则

5. 异议与索赔条款适用于品质、数量、包装等方面的违约行为，它的赔偿金额(　　)。

A. 一般预先规定　　B. 一般不预先规定

C. 由第三方代为规定　　D. 由受损方确定

6. 合同中对卖方较为有利的索赔期限可规定为(　　)。

A. 货物运抵目的港（地）后××天内

B. 货物运抵目的港（地）后卸离海轮后××天

C. 货物运抵最终目的地后××天内

D. 货物装上船后××天

7. 援引不可抗力条款的法律后果是(　　)。

A. 只能撤销合同

B. 只能延迟合同的履行

C. 可以撤销合同或推迟合同的履行，经双方协商而定

D. 不能撤销合同

8. 在我国的进出口合同中，关于仲裁地点的规定，我们应力争(　　)。

A. 在中国仲裁　　B. 在被告国仲裁

C. 在双方同意的第三国仲裁　　D. 在对买方有利的国家仲裁

9. 为了照顾买卖双方利益，在检验上做到公平合理，国际贸易中广泛采用的做法是(　　)。

A. 在装运港检验　　B. 在目的港检验

C. 装运港检验重量和目的港检验品质　　D. 装运地检验和目的地复验

10. 我国某公司与外商订立一项出口合同，合同中订明了仲裁条款。后来发生争议，对方向法院起诉我方，法院向我方发来传票。下列说法正确的是(　　)。

A. 由于法院已受理此案，所以合同中的仲裁条款失效

B. 我方应出庭应诉，如对法院判决不服再提交仲裁

C. 此案应由法院与仲裁机构联合处理

D. 我方应出庭抗诉，出示合同中的仲裁条款，要求法院准予撤案

二、判断题

1. 同一合同中，只要规定了异议与索赔条款，就不能再规定罚金条款。(　　)

2. 不可抗力事件包括两种类型：一种是自然原因引起的，另一种是社会原因引起的。各国对不可抗力的解释完全相同。(　　)

3. 在进出口业务中，进口方收货后发现货物与买卖合同不符，在任何时候均可向出口方索赔。(　　)

4. 如果生产机器发生故障，供货方可援引不可抗力条款要求延期交货。(　　)

5. 双方签订的贸易合同，规定成交货物为不需包装的散装货，而卖方在交货时采用麻袋包装，但净重与合同规定完全相符，且不要求另外加收麻袋包装费。货到后，买方索赔，该索赔不合理。(　　)

6. 在进出口业务中，进口商收货后发现货物与合同规定不符，在任何时候都可向出口商提出索赔。(　　)

7. 在国际贸易中，如果交易双方愿将履约中的争议提交仲裁解决，必须在买卖合同中订立仲裁条款，否则仲裁机构不予受理。(　　)

8. 在出口国检验，进口国复验这种检验条款的规定方法比较公平合理，它照顾了买卖双方的利益。(　　)

9. 发生战争导致合同无法履行，违约方可援引不可抗力条款要求免责。(　　)

10. 仲裁裁决的效力有时是终局的，有时是非终局的，一般还需要法院最后判定。(　　)

三、简答题

1. 国际贸易中关于检验时间和地点的确定有哪些方法？

2. 简述异议索赔条款和罚金条款的主要区别。

3. 什么是仲裁？仲裁协议的作用是什么？

4. 什么是不可抗力？不可抗力的法律后果是什么？

5. 常见的违约行为有哪些？

案例分析

1. 我国某外贸公司与某外商签订一份出口合同，合同中订有仲裁条款。合同约定，如果发生纠纷，应通过友好协商解决；如果不能通过友好协商解决，则由中国国际贸

易促进委员会下设仲裁委员会解决，仲裁地点为北京。后来发生交货贸易纠纷，外商不愿到北京仲裁，于是在当地法院起诉，当地法院向我外贸公司寄来传票。请问我公司应如何处理？

2. 某公司以CFR对德国出口一批小五金工具，合同规定货到达目的港后30天内检验，买方有权凭检验结果提出索赔。我公司按期发货，德国客户也按期凭单支付了货款。可半年后，我公司收到德国客户的索赔文件，上称：上述小五金工具70%有锈损，并附有德国某内地一检验机构出具的检验证书。对德国客户的索赔要求，我公司应如何处理？

3. 美国A公司从国外C公司进口一批冻火鸡，供应圣诞节市场，合同规定：卖方在9月底以前装船。但卖方到10月9日才装船，该批冻火鸡到美国时已经是12月23日。因此，A公司拒收货物并主张撤销合同。试分析：A公司是否有权拒收货物，撤销合同？

4. 我国从阿根廷进口普通豆饼20 000吨，交货期为8月，然而4月阿根廷原定收购地点发生洪灾，收购计划落空，对方要求按不可抗力事件处理，免除交货责任，中方应如何对待？

第八章 交易磋商和合同订立

/ 本章重点 /

1. 了解交易前的准备工作；
2. 重点把握交易磋商的步骤和关于国际货物买卖合同订立的问题；
3. 注重对案例的分析和实际问题的解决。

第一节 交易前的准备工作

一、出口交易前的准备工作

出口交易前的准备工作分为以下几个方面：对国际市场的调查研究、建立和发展客户关系、制定出口商品经营方案、开展出口商品的广告宣传等。

（一）对国际市场的调查研究

企业开拓国际市场，首先要了解国际市场环境，进而选择目标市场。对国际市场的调研包括以下主要内容：

1. 国别或地区的调研

国别或地区的调研是对某一国家或地区的总体情况进行广泛的了解，特别是对与贸易有关的情况进行重点调查研究的一项出口准备工作。主要包括：

（1）政治和法律环境。政治和法律环境是市场环境的重要因素。一国或地区的政治稳定性以及法律体系等都将对企业出口活动产生重要影响。

（2）经济环境。一国或地区的经济体制、经济发展水平、经济发展潜力以及收入分配状况等直接关系到该国或地区的商品市场规模和发展趋势。

（3）对外贸易环境。不同国家或地区的对外贸易状况、对外贸易政策，特别是外贸方面的法律法规、限制或鼓励的措施等都会有所不同。

（4）其他环境。包括气候、地形和交通等方面的地理环境；使用的语言、教育水平、宗教、风俗习惯、价值观念等方面的文化环境；厂商的竞争状况等方面的竞争环境等。

2. 对国外商品市场行情的调研

企业要出口商品，必须在对国别或地区市场进行一般了解的基础上，研究国外商品市场情况。主要包括：

（1）国外市场商品的供给情况。包括出口商品的生产历史和发展趋势、生产商品的供应渠道和来源，以及国外生产厂家的生产能力和库存情况等，同时还应把握生产波动的规律，并分析本企业所占的份额和供给情况。

（2）国外市场商品的需求情况。包括对商品需求的品种、数量和质量的要求等，特别是应分析商品的需求趋势和特点。

（3）国外市场商品的价格情况。包括影响国际市场商品价格的具体因素、商品需求弹性的大小、商品的价格水平和价格变动的趋势等。

（4）国外市场商品的营销情况。包括在国外市场对客户可能使用的营销组合策略、能促进营销的方法以及营销中的广告宣传等。

（二）建立和发展客户关系

出口企业应在对国际市场进行调研的基础上，选择目标市场，建立和发展客户关系。

1. 对客户进行调研

交易前，出口企业应对潜在客户的情况进行细致了解和分析。

（1）国外客户自身的情况。主要包括：

①政治情况。主要了解客户的政治背景、与政界的关系、企业负责人参加的党派及对我国的政治态度等。

②资信情况。资信情况包括客户拥有的资本和信誉两个方面。客户的资本状况包括客户的资本总额、资本变化及资产负债情况等。信誉是指客户的经营品质和经营作风。一般来说，信誉好的客户在交易过程中通常报价较合理，接受价格态度明确，履约情况好，较少发生纠纷。客户信誉好坏是决定是否与其建立交易关系的重要标准。

③经营情况。经营情况包括客户的经营历史、经营能力和经营范围。一般来说，客户的经营历史长短与其经营经验呈正比，也与其竞争能力密切相关。经营能力主要包括客户的经营技能（如推销手段、支付手段、销售服务等情况）、经营力量（如企业规模、客户网络、营销队伍等情况），以及在市场中的地位和影响等。客户的经营范围主要是指企业生产或经营的产品品种、业务范围等情况。

④其他情况。其他情况包括企业的组织机构状况，企业负责人的信誉、经营风格，甚至个人爱好等。

（2）国外客户与我方经贸往来的情况。主要包括：客户与我国或本公司是否有经贸往来，以及经贸往来的规模、方式和履约状况等。

（3）国外客户与其他客户经贸往来的情况。通过了解客户与其他企业的业务情况，可以进一步把握客户的经营能力和信誉。

对国外客户的调研可以通过国内外银行、商会、咨询公司、我国驻外商务机构等渠道进行，也可以通过举办交易会、展览会、技术交流会、学术讨论会等实际业务活动获取客户信息资料。

2. 对客户进行分类和管理

对客户调研的内容和信息，需要进行分类管理，从而对客户有更为透彻和深入的了解。首先，应对所获取的客户信息资料进行鉴别和筛选，以保证信息资料的准确性、可靠性和时效性。其次，应对鉴别后的信息资料进行加工整理，以便使用和查找。应对客户资料分类保管。

3. 选定客户和建立业务关系

在对客户进行调研和分类管理的基础上，应根据自己企业的具体情况，选择最为合适的、成交可能性最大的客户，并通过一定的方式主动与其联系并建立业务关系。

（三）制定出口商品经营方案

在对国际市场进行调研的基础上，应制定出口商品经营方案。一般地，出口商品经营方案是指为了完成某种或某类商品的出口任务而确定经营意图、需要达到的最高或最低目标，以及为实现该目标所应采取的策略、步骤和做法。其内容主要包括：国内货源情况，即商品的实际生产能力、可供出口的数量，以及出口商品的品质、规格和包装等情况；国外目标市场情况，即市场需求的规模和特点、价格水平和变动趋势，以及国外市场经营该商品的基本做法和销售渠道等；销售计划和措施，包括销售数量或金额，销售增长速度，采用的贸易方式、支付手段、结算方式等等；经济效益分析，即从成本收益的角度分析判断是否出口以及出口规模，包括对出口成本、盈亏率、创汇率等情况的分析。

出口商品经营方案应是主观意图和客观实际的统一，因此，需要根据实际经贸活动进行调整和修订。

（四）开展出口商品的广告宣传

出口商品的广告宣传，是指利用各种广告形式，向国外市场的广大消费者和经营商宣传出口经营的商品。做好出口商品的对外广告宣传工作，是在国际市场推销商品和进行竞争的一种重要手段。它可以增进国外消费者对我国出口商品的了解，特别是对新地区、新市场、新商品来说，广告宣传对贸易的发展起着更为重要的促进作用。

出口商品的广告宣传，一般应注意以下问题：要客观真实，不做虚假宣传；要注重介绍商品的特色，讲究促销技巧；既要保持民族文化特色，又要适合国外市场的风俗习惯和要求；要注重通过广告宣传创造品牌效应。

此外，在出口交易前，还应在国内外进行商标注册，并注重商标等无形资产的保护工作。

二、进口交易前的准备工作

与出口贸易一样，进口交易前也必须进行诸多的准备工作。

（一）对市场和客户资信的调查与选择

进口商品市场的调研主要是通过多种渠道广泛地收集信息，了解欲购商品国外市场的供销状况、价格动态以及各国相关的进出口政策、法规措施和贸易习惯做法，在此基础上，根据己方的购买意图，选择恰当的市场进行购买。进口商品的市场调研主要包括以下内容：

（1）国际市场供求状况的调研。由于多种因素的影响，国际市场上己方欲购商品的供给与需求状况会不断变化。为保障充足的进口货源以及有利的进口条件，有必要对世界各地进口市场的供求状况做详细研究，以便做出最有利的抉择。

（2）进口商品的调研。应了解国外产品的技术先进程度、工艺水平和使用效能，以购买质量较好、技术水平相对较高的商品。

（3）国际市场价格调研。通过对影响价格的诸多因素进行研究，分析进口商品的国际价格水平及其变动趋势，进而在最有利的目标市场以最有利的价格购买商品。

在进口交易前，对客户资信进行调研非常重要。对客户的资信调研主要应注重分析其生产与供货能力、经营能力与经营作风、在世界市场的地位等，并在调研的基础上，选择交易对象。

（二）了解国家有关进口贸易的政策法规

一些国家或地区往往会对进口商品有一定的管理和限制，因此，了解国家有关进口贸易的政策法规是进口交易前一项重要的准备工作。它既包括进口国的相关贸易政策，如国家鼓励或限制该商品进口的政策、关税税率水平、数量配额等，也包括出口国的相关贸易政策。

（三）申领进口许可证

对于国家规定必须申领进口许可证的商品，进口单位必须向发证部门申领进口许可证。商务部代表国家统一发放进口许可证，并可授权省级对外经济贸易管理部门或有关派驻机构签发许可证。对进口商品实施许可证制是国家管理进出口贸易的一种重要行政手段，它可以控制进口商品的种类、数量、价格，以及供货的国家或地区。

（四）审查进口订货卡片

一般地，在进口商品获得审批后，用货单位应填写进口订货卡片。进口订货卡片是外贸公司办理进口业务的主要依据之一，内容包括：商品名称、品质、规格、数量、包装、生产国别或厂商名称、要求到货时间，以及外汇来源等。外贸公司在收到用货单位的订货卡后，应认真审查各项具体内容是否完整、真实。若审查合格，便开始对外采购工作。

（五）制定进口商品经营方案

进口商品经营方案是有效地进行进口业务的重要依据。一般地，对大宗商品或重要商品进口，应当拟定书面的进口商品经营方案。方案的主要内容包括品名、数量、时间和国别的安排、交易对象的选定、价格和佣金幅度的掌握等，并要对进口的经济效益进行核算。对于进口数量较少的商品，可以不拟定书面的经营方案，但业务人员应对相关问题有系统的设想安排。

第二节 交易磋商的步骤

在国际贸易中，进口和出口是一笔交易的两个方面。买卖双方的交易磋商过程，既是进口交易的磋商过程，也是出口交易的磋商过程。尽管买卖双方扮演不同的角色，但磋商的步骤是一致的。交易磋商的步骤可概括为四个环节：询盘、发盘、还盘和接受。其中，发盘和接受是每笔交易必不可少的两个环节，也是合同成立的要件。

一、询盘

（一）定义

询盘（inquiry，也称询价）是指交易的一方为购买或出售某种商品而向对方提出的有关交易条件的询问。询盘是摸清市场情况、进行市场调查、表达交易意愿的一种手段。

询盘的内容以对价格的询问为主，但有时也会涉及商品的品质、规格、数量、包装、装运，以及索取样品、商品目录等。

在交易实践中，询盘通常由买方向卖方发出，称为"邀请发盘"。例如："请报东北大豆最优惠价格最快交货期。"询盘也可以由卖方发出，称为"邀请递盘"。例如："东北大豆可供，请递盘。"

询盘可采用口头的方式，也可采用书信、电报、传真、电子邮件、询价单等书面的方式。

（二）询盘的法律效力

询盘是一种内容不明确、不肯定、不全面或附有保留条件的建议，这种建议具有邀约性质。买方为了探询购买某项商品的交易条件而向国外多家客户发出询问，但无须承担购买义务。卖方为了出售商品而向国外客户发出询问，但无须承担出售责任。因此，询盘对于交易双方均没有法律约束力。

询盘虽无法律上的约束力，也不是每笔交易必须的，但往往是交易的起点，因而需要重视。

（三）询盘时应注意的事项

询盘虽然对询盘人没有约束，但也需慎重，不要乱发询盘。首先，应根据所掌握的信息资料，选择适当的询盘对象。其次，应根据产品和交易的具体情况，确定恰当的数量和区域，既不宜在同一地区多头询盘而影响市场价格，也不宜局限于个别客户而无法进行比较和选择。最后，询盘中要注意策略和技巧，以免处于不利地位。

二、发盘

（一）发盘的定义

发盘（offer）又称发价、报盘或报价，法律上称为要约，是指交易一方向对方提出各项交易条件，并愿意按此条件达成交易、签订合同买卖某种商品的一种表示。发出发盘的一方称为发盘人或发价人，收到发盘的一方称为受盘人或被发价人。

发盘可以是应对方的询盘作出答复，也可以是在没有询盘的情况下直接发出。在实际业务中，发盘多由卖方发出，这种发盘被称为售货发盘（selling offer）；也可以由买方发出，称为购货发盘（buying offer）或递盘。

（二）构成发盘的条件

一项有效的发盘一经对方接受，发盘人就有义务按发盘规定的交易条件与对方订立合同，而受盘人有权利在发盘的有效期内要求对方按发盘规定的交易条件与之签订合同。根据《联合国国际货物销售合同公约》（以下简称《公约》）第14条第一款，向一个或一个以上特定的人提出的订立合同的建议，如果十分确定并且表明发盘人在得到接受时承受约束的意旨，即构成发盘。据此，一项有效的发盘应具备以下几个条件：

（1）发盘必须向一个或一个以上的特定的人提出。即发盘要有特定的受盘人，受盘人必须确定。如果发盘中没有特定的对象，它便不能构成有法律约束力的发盘。比如向国外客户广泛散发的商品目录、价格表等不能构成发盘，只能被看作邀请发盘。

（2）发盘的内容必须十分确定。按照《公约》的解释，一项发盘只要明确货物、规定数量和价格，即可被认为内容十分确定。但在贸易业务中，为了防止可能发生的误解和争议，在对外发盘时，须有完整的交易条件，也就是要求在发盘中列明商品名称、品质或规格、数量、包装、价格、交货、支付等主要条件，以有利于交易的形成和合同的订立及履行。

发盘中交易条件的表述不能含糊不清、模棱两可，不能使用诸如“大概”“仅供参考”或“也许可以供应”之类的词句，其意思表达必须肯定。而且发盘不得附加任何保留条件及限制条件，如“以我方最终确认为准”等。这样的“发盘”都不构成发盘，而只能是邀请发盘。

（3）发盘必须表明发盘人受其约束。即发盘人在发盘时向对方表示，愿意按照发盘中的各项交易条件同对方签订合同。发盘人在发盘中承受约束的意旨表示可以有多种方式，既可以使用发盘术语，如“发实盘”等，也可以不用发盘术语，这取决于发盘的整个内容是否确定。

（4）发盘必须送达受盘人。发盘必须传达到受盘人，这是《公约》和各国法律普遍的要求。根据《公约》第15条，发盘于送达受盘人时生效。就是说，任何由某种原因导致受盘人未能收到的发盘都是无效的。

以上是构成有效发盘的四个条件，也是考察发盘是否具有法律效力的标准。一个有效发盘必须同时满足这四个条件。

（三）发盘的有效期

发盘的有效期是指可供受盘人对发盘做出接受的时间或期限。发盘通常都规定有效期，作为发盘人受约束的期限和受盘人接受发盘的有效时限。只有在有效期内，受盘人对发盘的接受才有效，发盘人才承担按发盘条件与受盘人成交的法律责任。显然，发盘的有效期既是对发盘人的一种约束，也是对发盘人的一种保障。

有效期可在发盘中进行明确的规定。在实际业务中，明确规定有效期的方法有两种。

（1）规定最迟接受期限。如“发盘限7日复到此地”。此时，发盘人要说明该日期是受盘人发出接受通知的最后期限，还是接受通知送达发盘人的最后期限，以及该日期以何处时间为准等问题。

（2）规定一段接受时间。如“本发盘有效期3天”。此时，应明确“一段接受时间”的起止问题。若发盘是以电报或信函方式发出的，有效期从电报拍发或信函寄出时算起。若该发盘是以电传形式发出的，则有效期从发盘送达受盘人时算起。

规定有效期并非构成发盘的必要条件。如果发盘中没有明确有效期，受盘人应在合理时间内接受，否则无效。合理时间应视交易的具体情况而定，一般按交易商品的特点、采用的通信方式，以及行业习惯或国际惯例处理。

（四）发盘的撤回和撤销

在法律上，撤回和撤销是两个不同的概念。

1. 发盘的撤回

发盘的撤回是指发盘在到达受盘人之前，即在发盘尚未生效时，取消该项发盘的行为。《公约》第15条第二款规定，一项发盘，即使是不可撤销的，也可以撤回，如果撤回的通知在发盘到达受盘人之前或同时到达受盘人。《民法典》第141条规定，行为人可以撤回意思表示。撤回意思表示的通知应当在意思表示到达相对人前或者与意思表示同时到达相对人。也就是说，只要还未生效，发盘就是可以撤回的。但发盘人要想撤回发盘，必须以更快的通信方式使撤回的通知赶在发盘到达受盘人之前到达受盘人，或起码与之同时到达，否则便不存在撤回发盘的可能性。

[微型案例] A公司于2018年2月17日向B公司发盘，有效期至3月10日，并于同月25日发出取消发盘的通知，B公司于2月27日收到发盘，于3月5日收到取消发盘的通知，并于3月9日作出了完全同意A公司发盘的意思表示。

思考： 上述情况下双方有无合同关系？为什么？

提示： 发盘的撤回条件是在发盘到达受盘人之前或同时到达受盘人。

2. 发盘的撤销

发盘的撤销是指发盘送达受盘人，即在发盘生效后，发盘人取消该项发盘，解除自己在发盘项下所应承担的法律责任的行为。对于发盘生效后能否再撤销的问题，各国法律的规定存在较大差异。《公约》第16条对各国法律的分歧做了协调并作出折中的规定。

（1）在未订立合同之前，发盘可以撤销，如果撤销的通知在受盘人发出接受通知之前送达受盘人。（2）但在下列情况下，发盘不得撤销：①发盘是以规定有效期或以其他方式表明为不可撤销的；②如果受盘人有理由信赖该项发盘是不可撤销的，并已本着对该发盘的信赖采取了行动。

我国法律承认《公约》的规定，认为发盘可以撤销和撤回。但为了减少纠纷，维护商业信誉，应尽量减少对发盘的撤销。

（五）发盘的失效

发盘的失效是指发盘法律效力的消失。它有两方面的含义：一是发盘人不再受发盘的约束；二是受盘人失去了接受该发盘的权利。

一项有效的发盘，如果遇到下列情况之一即告失效。

(1) 在有效期内未被接受而过时。若受盘人没有在发盘规定的有效期或一段合理的时间内作出接受，则该发盘自动失去效力。

(2) 被受盘人拒绝。《公约》第 17 条规定，一项发盘，即使是不可撤销的，于拒绝通知到达发盘人时终止。就是说，受盘人对发盘作出口头或书面的拒绝后，该发盘即告失效。即使受盘人在对发盘表示拒绝后又在有效期内表示接受，其效力也会丧失，发盘人将不再受其约束。

(3) 经受盘人还盘。还盘实际上是对原发盘的拒绝，因而会使发盘失效。

(4) 发盘人依法撤销发盘。

(5) 由于人力不可抗拒的原因而造成发盘的失效，如政府禁令或限制措施。

(6) 在发盘被接受前，双方当事人丧失行为能力，如死亡或法人破产等。

发盘是交易磋商中最重要的环节之一。除了明确上述问题外，还应注意发盘的策略和技巧。发盘前，应进行国际市场调研，知己知彼，确定最佳的发盘条件。同时，根据不同市场、不同客户的情况，采取不同的策略。

三、还盘

（一）还盘的定义

还盘（counter offer）又称还价，是指受盘人在接到发盘后，不同意或不完全同意发盘人在发盘中提出的条件，为了进一步协商，向发盘人提出需要修改或变更内容的表示。还盘通常针对价格、品质、数量、交货时间及地点、支付方式等重要的交易条件提出修改意见，即还盘人对原发盘所表示的异议应该是实质性的，是对交易条件的实质性变更。如果仅对一些非实质性的或细枝末节的内容作添加或修改，按《公约》第 19 条第二款规定，除发盘人在不过分延迟的期间内以口头或书面通知反对其间的差异外，仍构成接受，而非还盘。还盘可以用口头方式或书面方式表达，一般与发盘采用的方式相符。

（二）还盘的法律效力

从法律意义上说，还盘不是交易磋商的必经程序，却是交易磋商中的一个重要环节。在实际的贸易业务中，一笔交易往往要经过发盘、还盘、再还盘等多次磋商才能最终达成。

还盘实际上是对原发盘的拒绝，同时也是受盘人向原发盘人作出的一项新的发盘。还盘一旦作出，原发盘即失去效力，同时还盘者与原发盘人在地位上发生变化，分别成为新的发盘人和受盘人。由于还盘实质上是一项新的发盘，因此其有效期限、撤回、撤销、终止的规定与原发盘相同。概括而言，还盘具有以下性质：只有受盘人才可以还盘，非受盘人还盘无效；还盘是对原发盘的拒绝，一经还盘，原发盘即告失效，原发盘人不再受原发盘的约束；还盘构成一项新的发盘，如果还盘中有保留条款或限制条件，则只是发盘邀请；还盘可以就一项交易条件还盘，也可以就多项交易条件还盘，还可以增加新条件还盘。

［微型案例］ 我国A公司于2020年7月16日收到法国巴黎B公司的发盘："马口铁500公吨，每吨545美元CFR中国口岸，8月装运，即期信用证支付，限20日复到有效。"A公司于17日复电："若单价为500美元CFR中国口岸可接受500公吨马口铁，履约中如有争议在中国仲裁。"B公司复电："市场坚挺，价格不能减，仲裁条件可接受，速复。"此时马口铁价格已经趋涨。A公司于19日复电："接受你公司16日发盘，信用证已由中国银行开立，请确认。"但B公司未确认并退回信用证。

思考：交易关系是否确立？

提示：B公司16日发盘经A公司17日还盘已失效。

四、接受

（一）接受的定义

接受（acceptance，法律上称为承诺）是指受盘人接到对方的发盘或还盘后，无条件地、完全同意对方提出的条件，并以声明或行为表示愿意按照这些条件与之成交、签订合同。

接受和发盘一样，既属于商业行为，也属于法律行为。发盘一经接受，合同即告成立，对买卖双方都产生了法律上的约束力。

（二）构成接受的条件

按照《公约》的解释和国际惯例，一项有效的接受必须具备以下条件：

（1）接受必须由特定的受盘人作出。这一条件是与构成发盘的第一个条件相呼应的。发盘必须向特定的人发出，接受只能由特定的受盘人作出。受盘人以外的第三人对发盘表示同意，不能构成接受，对发盘人没有约束力。

（2）接受必须采取明示的方式。接受必须明确表示出来。按照《公约》的规定，接受必须用声明或行为表示出来，缄默或不采取任何行动不能构成接受。声明包括口头和书面两种方式，即受盘人表示接受要以口头或书面的形式明确表示出来。除此之外，还可以以行为表示接受。比如，有些国家的商人在实际业务中，为了争时间、抢速度，在接到老客户的发盘后，买方立即开来信用证或卖方立即发货，这些便是用行为表示的接受。

（3）接受的内容必须与发盘的内容一致。接受是受盘人无条件同意发盘人所提出的内容的意思表示，就是说，接受必须是绝对的、无保留的，必须与发盘人作出的发盘条件相符合。根据《公约》的解释，有关货物价格、付款、质量、数量、交货地点和时间、一方当事人对另一方当事人赔偿责任范围或解决争端的条款的添加或变更，均视为实质性变更。因此，如果只接受发盘中的部分内容，或对发盘的内容作了"实质性变更"，在法律上则称为有条件的接受，此项"接受"就不是接受而是一项新的发盘，是对原发盘的拒绝，并构成还盘。如果是非实质性变更，能否构成有效的接受，取决于发盘人是否反对。如果发盘人不反对，就是有效的接受而不是还盘。

(4) 接受必须在发盘的有效期内作出并送达发盘人。发盘通常都规定有效期，这一期限既约束发盘人，使发盘人在有效期内不能任意撤销或修改发盘的内容；也约束受盘人，即受盘人只有在有效期内作出接受，才有法律效力。

(三) 逾期接受

在实际的贸易业务中，由于各种原因，经常会出现受盘人的接受通知晚于发盘人规定的有效期送达的情况，这种情况在法律上称为逾期接受。对于这种接受，发盘人不受其约束，不具有法律效力。《公约》也认为这种接受原则上是无效的，但是也有例外。按照《公约》第 21 条的解释，在以下两种情况下，逾期接受仍有效力：第一，如果发盘人毫不延迟地用口头或声明形式将表示同意的意思通知受盘人，此接受视为有效。第二，如果载有逾期接受的信件或其他书面文件表明，它在传递正常的情况下是能够及时送达发盘人的，那么这项逾期接受仍具有接受的效力，除非发盘人毫不延迟地用口头或书面方式通知受盘人，认为该发盘已经失效。

[微型案例] 我国某出口企业于某年 2 月 4 日对法国某公司发盘限当月 24 日复到有效。23 日该法国公司用电报通知我方接受该发盘。由于电报局传递延误，我方于 25 日上午才收到对方的接受通知。而我方在收到接受通知前已获悉市场价格上涨。

思考： 我方应如何处理这一问题？

提示： 中国与法国均系《联合国国际货物销售合同公约》缔约国。

(四) 接受的撤回

接受与发盘一样，在发出后可以撤回，但必须是在其生效前。如果接受生效，合同即告成立，受盘人则不能撤回其接受。接受生效时间通常以到达发盘人时算起，但各国法律规定存在差异。大陆法系采用的是“到达生效”原则，即表示接受的函电须在规定的时间内送达发盘人，接受方能生效。因此，函电如果在邮递途中发生延误或遗失，则合同不能成立。英美法系采用的是“投邮生效”原则，接受一经投邮就已生效，合同即告成立。《公约》对于以书面形式接受的情况，采用的是“到达生效”原则。由于《公约》采用的是到达生效原则，因此接受通知发出后，受盘人可以撤回其接受，但条件是须保证撤回的通知不晚于接受通知到达发盘人。如果按照英美法系“投邮生效”的原则，接受一经投邮立即生效，合同即告成立，也就不存在接受的撤回问题。如要撤销接受，便是一种毁约行为。

询盘、发盘、还盘、接受是交易磋商的一般步骤，但并不是每一笔交易都一定需要经过这几个环节。其中，发盘和接受是达成交易、订立合同必不可少的基本环节。

第三节 国际货物买卖合同的订立

在经过交易前的各项准备工作以及交易磋商环节后，如果买卖双方达成交易，则一般需要签订合同。国际货物买卖合同，是指营业地处于不同国家的当事人之间所订立的货物买卖合同。

一、合同有效成立的条件

如上所述，发盘经过对方有效接受，合同即告成立。但是合同是否具有法律效力，还要看其是否具备一定的条件。关于这一问题，各国民法或商法都作出了规定，但各国的相关规定差异较大。一般来说，一份合法有效的合同必须具备下述特征：

（一）合同当事人必须具有签订合同的行为能力

签订买卖合同的当事人包括自然人和法人。按各国法律的一般规定，自然人签订合同的行为能力，是指精神正常的成年人才能订立合同，未成年人、精神病患者等不具有行为能力的人签订的合同无效。法人签订合同的行为能力是指法人必须在其经营范围内签订合同，越权的合同不能发生法律效力。

（二）合同当事人的意思表示必须基于自愿和真实的基础

各国法律都认为，合同当事人的意思表示必须是自愿的、真实的，任何一方都不得把自己的意志强加给对方，不得采取欺诈或胁迫的手段，否则合同无效。《民法典》第146条规定，行为人与相对人以虚假的意思表示实施的民事法律行为无效。第148条规定，一方以欺诈手段，使对方在违背真实意思的情况下实施的民事法律行为，受欺诈方有权请求人民法院或者仲裁机构予以撤销。第149条规定，第三人实施欺诈行为，使一方在违背真实意思的情况下实施的民事法律行为，对方知道或者应当知道该欺诈行为的，受欺诈方有权请求人民法院或者仲裁机构予以撤销。第150条规定，一方或者第三人以胁迫手段，使对方在违背真实意思的情况下实施的民事法律行为，受胁迫方有权请求人民法院或者仲裁机构予以撤销。第151条规定，一方利用对方处于危困状态、缺乏判断能力等情形，致使民事法律行为成立时显失公平的，受损害方有权请求人民法院或者仲裁机构予以撤销。

（三）合同必须有对价和约因

英美法认为，对价是指当事人为了取得合同利益所付出的代价。法国法认为，约因是当事人签订合同所追求的直接目的。按照英美法和法国法的规定，合同只有在有对价和约因时，才是法律上有效的合同。无对价和约因的合同，得不到法律的保障。

（四）合同的标的和内容必须合法

合同的标的是交易双方买卖行为的客体，也就是说，双方买卖的商品必须符合双方国家法律的规定，合同才是有效的。同时，合同内容不得违反法律，不得违反公共秩序或公共政策，不得违反善良风俗或道德。

（五）合同的形式必须符合法律规定的要求

大多数国家或地区只对少数合同才要求必须按法律规定的特定形式订立，而对大多数合同，一般不从法律上规定应当采取的形式。《公约》对国际货物买卖合同的形式原则上不加以限制，无论采用书面形式还是口头形式，均不影响合同的效力。我国作为《联合国国际货物销售合同公约》的缔约国，在加入《公约》时做了保留，我国对外订立、修改或终止合同，必须采取书面形式。

上述五个方面是合同有效成立的必要条件。为了使签订的合同能够得到法律上的保护，交易双方必须掌握合同生效的各项要件，并了解造成合同无效的各种情况。《民法典》第144条规定，无民事行为能力人实施的民事法律行为无效。第146条规定，行为人与相对人以虚假的意思表示实施的民事法律行为无效。第153条规定，违反法律、行政法规的强制性规定的民事法律行为无效。但是，该强制性规定不导致该民事法律行为无效的除外。违背公序良俗的民事法律行为无效。第154条规定，行为人与相对人恶意串通，损害他人合法权益的民事法律行为无效。

二、书面合同的签订

（一）合同的形式

合同的形式是合同当事人内在意思的外在表现形式。在国际贸易实践中，交易双方订立合同通常采用下列几种形式：

（1）书面形式。书面合同是由一定的书面文件形成的、可以有形地表现所载内容的合同形式。

（2）口头形式。口头合同是指通过口头协商达成的协议。采用口头形式订立合同，有利于节省时间，加速成交。但是，交易中一旦发生争议，往往不易举证，造成纠纷，因此在实际业务中较少采用。

（3）其他形式。即上述两种形式之外的订立合同的形式。比如，根据当事人在长期交往中形成的习惯做法，或发盘人在发盘中已经表明受盘人无须发出接受通知，而直接以行为作出接受而订立的合同，均属此种形式。

合同可以采用书面形式、口头形式或其他形式。《公约》第11条规定："销售合同无须以书面订立或书面证明，在形式上也不受任何其他条件的限制。销售合同可以用包括证人在内的任何方法证明。"

（二）签订书面合同的意义

在实际业务中，买卖双方通常都要将各自的权利和义务以书面的形式加以明确。签订书面合同对于交易的顺利进行具有重要意义。

（1）书面合同是合同成立的证据。依照法律要求，凡是合同必须提供证据，以证明合同关系的存在。双方当事人一旦发生分歧，提交仲裁或诉讼，仲裁员或法官首先要求当事人提供证据，以确认合同关系的存在。由此，对以口头协商达成的协议，书面合同的作用和意义更为重要。如果仅是口头协议，往往不能提供充足的证据，难以得到法律的保护。所以，尽管有些国家的合同法并不否认口头合同的效力，但在国际贸易实践中，一般多要求签订书面合同，以作为合同成立的证据。

（2）书面合同是履行合同的依据。无论是口头协议还是书面协议，买卖双方一般都要求将各自的权利和义务用文字规定，以作为双方履行合同的依据。

（3）书面合同有时也是合同生效的条件。在一般情况下，合同的生效是以接受生效为条件的，只要接受生效，合同就成立。这是多数国家合同法的规定。但在实际业务中，有时买卖双方约定以书面合同的最终签署作为合同生效的条件。就是说，即使双方就各项交易条件全部达成一致意见，但在书面合同签订之前，法律上仍不能形成有效合同。此外，凡需经政府机构审核批准的合同，也必须是正式书面合同。《民法典》第 469 条规定，当事人订立合同，可以采用书面形式、口头形式或者其他形式。书面形式是合同书、信件、电报、电传、传真等可以有形地表现所载内容的形式。以电子数据交换、电子邮件等方式能够有形地表现所载内容，并可以随时调取查用的数据电文，视为书面形式。第 490 条规定，当事人采用合同书形式订立合同的，自当事人均签名、盖章或者按指印时合同成立。在签名、盖章或者按指印之前，当事人一方已经履行主要义务，对方接受时，该合同成立。法律、行政法规规定或者当事人约定合同应当采用书面形式订立，当事人未采用书面形式但是一方已经履行主要义务，对方接受时，该合同成立。第 491 条规定，当事人采用信件、数据电文等形式订立合同要求签订确认书的，签订确认书时合同成立。当事人一方通过互联网等信息网络发布的商品或者服务信息符合要约条件的，对方选择该商品或者服务并提交订单成功时合同成立，但是当事人另有约定的除外。第 492 条规定，承诺生效的地点为合同成立的地点。采用数据电文形式订立合同的，收件人的主营业地为合同成立的地点；没有主营业地的，其住所地为合同成立的地点。当事人另有约定的，按照其约定。第 493 条规定，当事人采用合同书形式订立合同的，最后签名、盖章或者按指印的地点为合同成立的地点，但是当事人另有约定的除外。

（三）书面合同的形式

关于书面合同的形式，法律没有非常明确的规定。在实际业务中，对书面合同的形式也没有具体的限制，买卖双方既可以采用正式的合同、确认书、协议，也可以采用备忘录、意向书等多种形式。

1. 进口或出口合同（import/export contract）

进口或出口合同属于正式合同，其条款比较完备，内容比较全面，除商品的名称、规格、单价、装运港和目的港、交货期、支付方式、检验条款等内容外，还有索赔、仲裁、不可抗力等内容。由于这种形式的合同内容比较全面，有利于明确双方的责任和权利，因此，大宗交易多采用此种形式的合同。

2. 销售或购买确认书（sales/purchase confirmation）

销售或购买确认书属于简式合同，其包含的内容和条款比较简单，通常只用于金额不大、批数较多的土特产品或轻工产品，或者已订有代理、包销等长期协议的交易。

3. 协议（agreement）

协议，又称协议书，在法律上是合同的同义词。只要它的内容对买卖双方的权利和义务已经作出了明确、具体和肯定的规定，则与合同一样对买卖双方具有约束力。

4. 备忘录（memorandum）

备忘录是双方在交易磋商中用来记录磋商的内容，以备以后核查的文件。如果双方将磋商的交易条件完整、明确、具体地记入备忘录，并签字，则其性质和作用与合同无异。

5. 意向书（letter of intent）

意向书是交易双方在磋商过程中各方意愿表示和基本观点的记录。意向书的主要作用是传达“意向”，包括正式签约前，买卖双方为了达成交易，由一方向另一方表明的基本态度或提出的初步设想，有时也包括初步洽商的部分交易条件。意向书不是法律文件，不具有合同那样的法律效力。

在上述书面合同的多种形式中，采用合同和确认书两种形式的居多。从法律效力来看，这两种形式的书面合同没有区别，只是格式和内容的繁简有所差异，进而适合的交易情况有所不同。在我国的进出口业务中，合同或确认书通常一式两份，由双方合法代表分别签字后各执一份，作为合同订立的证据和履行合同的依据。一般地，政府间的贸易多采用协议书、备忘录、意向书等形式。

［微型案例］　我国A公司与外商B公司洽谈进口某商品。经往来电传磋商，就合同的主要条件全部达成协议，但在我方A公司最后一次所发的表示接受的电传中列有“以签订确认书为准”。事后对方B公司拟定合同草稿，要我方A公司确认，但由于对某些条款的措辞尚待进一步研究，故未及时给予答复。不久，该商品的国际市场价格下跌，外商B公司催我方A公司开立信用证，A公司以合同尚未有效成立为由拒绝开证。

思考：我方A公司的做法是否合理？

提示：A公司最后所发电传列有“以签订确认书为准”字样，对于B公司提交的书面合同草稿，A公司尚未签复。

（四）书面合同的内容

书面合同不论采取何种格式，其基本内容通常包括三部分：约首、正文和约尾。

1. 约首

约首（heading）部分一般包括合同名称、合同编号、订约日期、订约地点、订约双方的名称和地址、电报挂号、电传号码，以及买卖双方订立合同的意愿和执行合同的保证等内容。约首是合同的序言部分。

2. 正文

正文（body）具体规定了买卖双方各自的权利和义务，一般称为合同条款。其中包括品名条款、品质条款、数量条款、价格条款、包装条款、装运条款、支付条款，及商检、索赔、仲裁和不可抗力条款等。商定合同，主要是就这些基本条款进行磋商，达成一致意见。因此，正文是合同的主体。

3. 约尾

约尾（closing）一般包括合同的份数、使用文字的效力、合同的有效期及双方的签字等内容。有的合同在约尾还订明合同生效的条件以及合同适用的法律和惯例，有的还根据需要制作若干附件附于合同之后，作为合同不可分割的组成部分。因此，合同的约尾部分也必须慎重对待。

国际货物买卖合同的订立是进出口业务顺利进行的重要环节。签订合同时应注意以下问题：签订合同前应做好充分准备；要依法签订合同；要遵守国际惯例；要注重合同是一个有机的整体；要重合同、守信用。销售合同如下所示。

销售合同

Sales Contract

合同编号（Contract No）：____________________

签订日期（Date）：____________________

签订地点（Signed at）：____________________

卖方：____________________

The Seller：____________________

地址：____________________

Address：____________________

电话（Tel）：________________ 传真（Fax）：____________

电子邮箱（E-mail）：____________________

买方：____________________

The Buyer：____________________

地址：____________________

Address：____________________

电话（Tel）：________________ 传真（Fax）：____________

电子邮箱（E-mail）：____________________

买卖双方同意按照下列条款签订本合同：

The Seller and the Buyer agree to conclude this contract subject to the terms and conditions stated below：

1. 货物名称、规格和质量（Name，Specifications and Quality of Commodity）：

2. 数量（Quantity）：

允许________的溢短装（________% more or less allowed）

3. 单价及交付条款（Unit Price and Terms of Delivery）：

除非另有规定，贸易术语均应按照国际商会制定的《国际贸易术语解释通则 2010》办理。

The trade terms shall be subject to International Rules for the International Trade Terms 2010 provided by International Chamber of Commerce unless otherwise stipulated herein.

4. 总值（Total Amount）：

5. 装运期限（Time of Shipment）：

收到可以转船及分批装运之信用证________天内装运。

Within ________ days after receipt of L/C allowing transhipment and partial shipment.

6. 付款条件（Terms of Payment）：

买方必须于________前将保兑的、不可撤销的、可转让的、可分割的即期付款信用证开到卖方，该信用证的有效期延至装运期后________天在中国到期，并必须注明允许分批装运和转船。

买方未在规定的时间内开出信用证，卖方有权发出通知取消本合同，或接受买方对本合同未执行的全部或部分，或对因此遭受的损失提出索赔。

By Confirmed，Irrevocable，Transferable and Divisible L/C to be available by sight draft to reach the seller before ________ and to remain valid for negotiation in China until ________ after the time of shipment. The L/C must specify that transhipment and partial shipments are allowed.

The buyer shall establish the covering Letter of Credit before the above-stipulated time, failing which, the seller shall have the right to rescind this contract upon the arrival of the notice at buyer or to accept whole of and part of this contract non-fulfilled by the buyer, or to lodge a claim for the direct losses sustained if any.

7. 包装（Packing）：

8. 保险（Insurance）：

由__________按发票金额110%投保__________险和__________附加险。

Insurance shall be covered by the ________ for 110% of the invoice value against ________ Risks and ________ Additional Risks.

9. 商品检验（Commodity Inspection）：

买卖双方同意以装运口岸中国出入境检验检疫局提供的检验证明，作为品质和数量的交货依据。

It is mutually agreed that the certificate of quality and quantity issued by the China Entry-Exit Inspection and Quarantine Bureau at the port of shipment shall be taken as the basis delivery.

10. 索赔（Claim）：

有关质量的索赔，应于货到目的地后3个月之内提出，有关数量的索赔，应于货到目的地后30天之内提出。提出索赔时，买方应提供卖方认可的公证机构出具的检验报告。但属于保险公司或轮船公司责任范围之内者，卖方不负任何责任。

Claim concerning quality shall be made within 3 months and claims concerning quantity shall be made within 30 days after the arrival of the goods at destination. Claims shall be support issued by a reputable surveyor approved by the sellers, claims in respect of matters within the responsibility of the insurance company or of the shipping company will not be considered or entertained by the sellers.

11. 不可抗力（Force Majeure）：

由不可抗力的事故所致，不能如期交货或不能交货时，卖方概不负责。但卖方必须向买方提供由中国国际贸易促进会或其他相关机构所出具的证明。

The sellers shall not be responsible for late delivery or non-delivery of the goods due to the Force Majeure. However, in such case, the sellers shall submit to the buyers a certificate issued by the China Council for the Promotion of International Trade or other related organization as evidence.

12. 争议的解决（Arbitration）：

凡本合同引起的或与本合同有关的任何争议应协商解决。若协商不成，应提交中国国际经济贸易仲裁委员会，按照申请时该会当时施行的仲裁规则进行仲裁。仲裁裁决是终局的，对双方均有约束力。

Any dispute arising from or in connection with the contract shall be settled through friendly negotiation. In case no settlement is reached, the dispute shall be submitted to China International Economic and Trade Arbitration Commission (CIETAC), for arbitration in accordance with its rules in effect at the time of applying for arbitration. The arbitral award is final and binding upon both parties.

13. 通知（Notices）：

所有通知用________文写成，并按照如下地址用传真/快件送达给各方。如果地址有变更，一方应在变更后________日内书面通知另一方。

All notice shall be written in ________ and served to both parties by fax/courier according to the following addresses. If any changes of the addresses occur, one party shall inform the other party of the change of address within ________ days after the change.

14. 本合同用中英文两种文字写成，两种文字具有同等效力。本合同共________份，自双方代表签字（盖章）之日起生效。

This contract is executed in two counterparts each in Chinese and English, each of which shall deemed equally authentic. This contract is in ________ copies, effective since being signed/sealed by both parties.

卖方代表人（签字）：
Representative of the Seller
(Authorized signature)：
买方代表人（签字）：
Representative of the Buyer
(Authorized signature)：

关键词

交易磋商；询盘；发盘；还盘；接受；书面合同

知识链接

柯桥某公司与孟加拉某公司国际贸易货款纠纷案

复习与思考

一、单项选择题

1. 我某出口公司于5月5日以电报对德商发盘，限8日复到有效。对方于7日以电报发出接受通知，由于电讯部门的延误，出口公司于11日才收到德商的接受通知，事后该出口商公司亦未表态。此时，（　　）。

A. 除非发盘人及时提出异议，否则该逾期接受仍具有接受效力，合同成立

B. 不管我方是否及时提出异议，合同都不成立

C. 只有发盘人毫不延迟地表示接受，该通知才具有接受效力，否则合同不成立

D. 由电讯部门承担责任

2. 根据《公约》的规定，发盘和接受的生效采取（　　）。

A. 投邮生效原则　　B. 签订书面合同原则

C. 口头协商原则　　D. 到达生效原则

3. A公司5月18日向B公司发盘，限5月25日复到有效。A公司向B公司发盘的第二天，A公司收到B公司5月17日发出的、内容与A公司发盘内容完全相同的交叉发盘，此时，（　　）。

A. 合同即告成立

B. 合同无效

C. A 向 B 或 B 向 A 表示接受，当接受通知到达对方时，合同成立

D. 必须是 A 向 B 表示接受，当接受通知到达对方时，合同成立

4. 下列条件中，(　　)不是构成发盘的必备条件。

A. 发盘内容必须十分确定

B. 主要交易条件必须十分完整齐全

C. 向一个或一个以上特定的人发出

D. 表明发盘人承受约束的意旨

5. 我方 6 月 10 日向国外某客商发盘，限 6 月 15 日复到有效，6 月 13 日接到对方复电称“你 10 日电接受，以获得进口许可证为准。”该接受(　　)。

A. 相当于还盘

B. 在我方缄默的情况下，则视为有效发盘

C. 属有效的接受

D. 属于一份非实质性改变发盘条件的接受

6. 按《公约》的规定，一项发盘在尚未送达受盘人之前，是可以阻止其生效的，这叫发盘的(　　)。

A. 撤回　　B. 撤销　　C. 还盘　　D. 接受

7. 我公司星期一对外发盘，限该发盘星期五复到有效，客户于星期二回电还盘并邀我电复。此时，国际市场价格上涨，故我未予答复。客户又于星期三来电表示接受我星期一的发盘，在上述情况下，(　　)。

A. 接受有效　　B. 接受无效

C. 如我方未提出异议，则合同成立　　D. 属有条件的接受

8. 关于逾期接受，《联合国国际货物销售合同公约》规定(　　)。

A. 逾期接受无效

B. 逾期接受是一个新的发盘

C. 逾期接受完全有效

D. 逾期接受是否有效，关键看发盘人如何表态

9. 我国法律认可的进出口贸易合同形式是(　　)。

A. 口头形式合同　　B. 书面形式合同

C. 行为形式合同　　D. 其他形式合同

10. 与我国进行货物进出口贸易关系最大，也是最重要的一项国际条约是(　　)。

A.《联合国国际货物销售合同公约》　　B.《国际贸易术语解释通则》

C.《跟单信用证统一惯例》　　D.《托收统一规则》

11. 英国某买方向我轻工业品进出口公司来电“拟购美加净牙膏大号 1 000 罗请电告最低价格最快交货期”，此来电属交易磋商的(　　)环节。

A. 发盘　　B. 询盘　　C. 还盘　　D. 接受

12. 国外某买主向我出口公司来电：“接受你方 12 日发盘请降价 5%”，此来电属交

易磋商的(　　)环节。

A. 发盘　B. 询盘　C. 还盘　D. 接受

13. 根据《公约》的规定，合同成立的时间是(　　)。

A. 接受生效的时间　B. 交易双方签订书面合同的时间

C. 在合同获得国家批准时　D. 当发盘送达受盘人时

14. 下列说法中，不属于构成有效发盘条件的是(　　)。

A. 必须规定有效期　B. 必须向一个特定的人作出

C. 必须包括各项交易条件　D. 有订立合同的旨意

二、多项选择题

1. 在国际贸易中，合同生效的时间主要有(　　)。

A. 接受送达发盘时

B. 依约签订正式书面合同时

C. 依国家法律或行政法规的规定，合同获得批准时

D. 口头合同被当即接受时

2. 在国际贸易中，合同成立的有效条件是(　　)。

A. 当事人必须具有签订合同的行为能力

B. 合同必须有对价或约因

C. 合同的形式和内容必须符合法律的要求

D. 合同当事人的意思表示必须真实

3. 构成一项发盘应具备的条件是(　　)。

A. 向一个或一个以上特定的人发出　B. 发盘内容十分确定

C. 表明发盘人承受约束的意旨　D. 发盘必须规定有效期

4. 构成一项接受应具备的条件是(　　)。

A. 接受由特定的受盘人作出　B. 接受的内容必须与发盘相符

C. 必须在有效期内表示接受　D. 接受方式必须符合发盘的要求

5. 在实际的进出口业务中，接受的形式有(　　)。

A. 用口头或书面的形式表示　B. 用缄默表示

C. 用广告表示　D. 用行动表示

6. 在国际贸易中一项发盘必须具备(　　)条件。

A. 发盘应向一个或一个以上特定的人提出

B. 发盘的内容必须十分确定

C. 必须表明发盘人对其受盘人接受，即受约束

D. 发盘都规定一个有效期

7. 根据《公约》规定，受盘人对(　　)等内容提出添加或更改，均为实质性变更发盘条件。

A. 价格　B. 付款　C. 品质　D. 数量

8. 根据《公约》规定，接受生效的时间为(　　)。

A. 接受送达发盘人时

B. 受盘人采取某种行为时

C. 接受通知一经投邮或交给电报局发出时

D. 受盘人作出接受答复时

9. 根据《公约》规定，在(　　)情况下发盘失效。

A. 受盘人作出还盘

B. 发盘人在发盘规定的有效期内表示撤销原发盘

C. 发盘有效期届满

D. 发盘被接受前，原发盘人破产

10. 根据《公约》的规定，受盘人对发盘表示接受，可以有几种方式，(　　)属于此列。

A. 通过口头向发盘人声明　　B. 通过书面向发盘人声明

C. 通过沉默或不行动表示接受　　D. 通过实际行动表示接受

三、判断题

1. 根据《公约》的规定，如果撤回通知于接受应生效之前或同时送达发盘人，接受得予撤回。(　　)

2. 邀请发盘对双方具有约束力。(　　)

3. 一项发盘，即使是不可撤销的，也是可以撤回的，只要撤回的通知在发盘送达受盘人之前或同时到达受盘人。(　　)

4. 根据《公约》的解释，一项发盘，在受盘人发出接受通知之前可以撤销，但有两种例外情况。(　　)

5. 交易磋商可以采用口头方式，也可采用书面方式。但国际商品交易磋商一般采用口头方式。(　　)

6. 邀请发盘对双方具有约束力。(　　)

7. 如发盘没有规定有效期，则受盘人可在任何时间内表示接受。(　　)

8. 询价单、报价单、形式发票、拍卖公告和商业广告通常为邀请发盘。商业广告的内容符合发盘规定的，视为发盘。(　　)

9. 根据《公约》的规定，如果一项发盘规定了有效期，则该发盘不得撤销。(　　)

10. 根据联合国国际贸易法委员会1996年通过的《电子商务示范法》的解释，通过数据电文交换而订立的合同，符合法律上所要求的书面合同的性质。(　　)

四、简答题

1. 国际货物买卖合同有哪些特点？签订书面合同有什么意义？

2. 构成一项法律上有效的发盘必须具备哪些条件？

3. 一项有效接受必须具备哪些条件？

4. 哪些情况下逾期接受仍具有效力？

5. 构成一项有效的国际贸易合同的必要条件有哪些？

6. 常见的规定发盘有效期的方法有哪些？

案例分析

某年11月4日，我国A公司应瑞典B公司的请求，报价棉花500吨，每吨340欧元，CIF 斯德哥尔摩，即期装运实盘，要约有效期至 11 月 24 日。B公司接收到报盘后，请求 A 公司："降低价格；延长要约有效期"。A 公司将价格降至每吨 320 欧元，延长要约有效期至 11 月 30 日。B公司接收到 A 公司来电后，又请求 A 公司："增加数量；再次延长要约有效期"。A 公司再将数量增至 800 吨，延长要约有效期至 12 月 10 日。B公司于 12 月 6 日来电接受该盘。A 公司在接到 B公司承诺电报时，发现国际市场因受灾影响棉花产量，市场价格暴涨。A 公司不愿意成交，复电称："由于世界市场价格变化，在接到承诺电报前已将货物售出，不能提供货物"。B公司不同意这一说法，认为：承诺在要约有效期内作出，是有效的，坚持 A 公司按要约的条件履行合同，并提出："执行合同或者赔偿差价损失 6 万欧元，否则将起诉至法院"。请问：(1) 双方间的买卖合同是否成立？(2) B 公司有无正当理由提起诉讼？为什么？

实训模块

实训主题： 根据磋商环节函电，完成销售确认书拟订。

实训目的： 要求学生通过实训掌握外贸交易环节，以及根据函电内容拟订销售确认书条款。

背景材料： 永康公司的 Frank Luo 与美国 Sunshine Trading Co.，Ltd. 经理 Adam 的磋商函电如下所示：

1. Dear Adam,

We thank you for your letter asking for our new catalogues and shall be glad to enter into business relations with your firm.

Complying with your request, we are sending you under separate cover our latest catalogues and pricelist covering our exports available at present and hope that you will find many items in it which interest you.

We look forward to receiving your inquiries soon.

Sincerely,

Frank

2. Dear Frank,

Thanks for your information. We are interested to buy large quantities of Angle Grinder and shall appreciate it if you would give us the best FOB Ningbo price. I have now listed below the models that are of interest:

AG105L, AG203S, AG880H

Please send us some samples for testing. We will pay the sample fees.

How about MOQ?

We are waiting for your reply.

Best Regards,

Adam

3. Dear Adam,

With reference to your last inquiry, we have already forwarded you the samples and take pleasure in making the following offer:

Art No. AG105L: USD25.30/PC FOB Ningbo,

Art No. AG203S: USD30.50/PC FOB Ningbo,

Art No. AG880H: USD13.00/PC FOB Ningbo.

Please note the prices we have quoted above are based on our MOQ 600PCS for each item. Please feel free to contact us if you have any question.

Sincerely,

Frank

4. Dear Frank,

We have already done a test for the samples, I have to say that the quality and function are really good.

But comparing to the price which is showed in the pricelist, the new price has not changed much. We hope you can give us a discount of 5% on the basis of the order, 5 000 pieces of Angle Grinder.

Best Regards,

Adam

5. Dear Adam,

The new price has already reached to the bottom of price range. You can not buy Angle Grinder of similar quality at such a price anywhere else. However, as this is the first time to do business with you, we accept your request to give you a discount of 5%.

As we have received large numbers of orders from our clients, it is quite probable that our present stock may soon run out. We would therefore suggest that you take advantage of this attractive offer.

We look forward to receiving your first order.

Sincerely,

Frank

6. Dear Frank,

Thank you for your last letter. We do appreciate your concession and want to accept your revised price and please send us your PI.

Best Regards,

Adam

实训要求：请同学们分组模拟出口商，根据永康公司的 Frank Luo 与美国 Sunshine Trading Co.，Ltd. 经理 Adam 的磋商函电，完成销售确认书条款内容。其他所需信息可由同学自行假定。销售确认书模板如下所示。

销售确认书

SALES CONFIRMATION

卖方
SELLER：

编号 NO.：
日期 DATE：
地点 SIGNED AT：

买方
BUYER：

买卖双方同意按以下条款达成交易：
THIS CONTRACT IS MADE BY AND AGREED BETWEEN THE BUYER AND SELLER, IN ACCORDANCE WITH THE TERMS AND CONDITIONS STIPULATED BELOW.

1. 货号 ART. NO.	2. 品名及规格 COMMODITY & SPECIFICATION	3. 数量 QUANTITY	4. 单价 UNIT PRICE	5. 金额 AMOUNT

允许溢短装，由卖方决定
WITH MORE OR LESS OF SHIPMENT ALLOWED AT THE SELLERS' OPTION
6. 总值
TOTAL VALUE：
7. 包装
PACKING：
8. 唛头
SHIPPING MARKS：
9. 装运期
TIME OF SHIPMENT：
10. 装运口岸及目的地
PORT OF LOADING & DESTINATION：
11. 保险
INSURANCE：
12. 付款方式
TERMS OF PAYMENT：
13. 备注
REMARKS：

THE BUYER　　　　THE SELLER

第九章 进出口合同的履行

/ 本章重点 /

1. 进出口合同履行的一般环节；
2. 落实信用证各环节应注意的问题；
3. 出口结汇的形式；
4. 进口信用证的开立和修改时应注意的问题。

进出口合同履行是指买卖双方履行合同约定的义务，享有合同赋予的权利的过程。买卖双方经过磋商达成合同后，应本着“重合同、守信用”的原则按合同规定履行自己的义务。卖方的基本义务是：按合同规定交付货物、移交与货物有关的各项单据、转移货物的所有权。买方的基本义务是：按合同规定支付货款和收取货物。目前，我国大多数出口合同以 CIF 价格条件成交且以信用证方式结算货款，进口合同主要以 FOB 价格条件成交且以信用证方式结算货款。本章将分别从出口和进口的角度出发，介绍出口合同和进口合同履行的基本程序。

第一节 出口合同的履行

出口合同的履行归纳起来主要包括四大环节，即货（备货、报验）、证（催证、审证、改证）、船（租船订舱、投保、报关、装运）、款（制单结汇、收汇核销、出口退税）。这四大环节之间有着紧密的内在联系，应做到协调一致。为了使出口合同履行工作顺利进行，一般要求从事出口的企业建立起能够反映出口合同履行情况的进程管理制度，同时做好“四排”“三平衡”工作。所谓“四排”，即以买卖合同为对象，对于信用证是否已经开到、货源是否落实等情况进行分析排队，并归纳出“有证有货”“有证无货”“无证有货”“无证无货”四种情况。这样，就可以通过排队发现问题并及时解决。所谓“三平衡”，是指以信用证为对象，根据信用证规定的装运期、有效期，结合货源和运输能力的具体情况，分清轻重缓急，力求做到货、证、船三方面的衔接和平衡，避免三缺一的互等现象发生，做到按时装运货物。

一、备货和报验

（一）备货

交付货物、移交一切与货物有关的单据和转移货物的所有权是进出口贸易中卖方的三项基本义务。其中，交付货物是卖方最基本的义务，而备货则是为交货准备物质基础，因此必须做好出口备货工作。

备货，就是指卖方根据出口货物的规定，按时、按质、按量地准备好应交的货物，并做好申请报验和领证工作。《公约》第35条第一款规定："卖方交付的货物必须与合同所规定的数量、质量和规格相符，并须按照合同所规定的方式装箱或包装。"

具体而言，出口商备货主要包括三方面的工作。

1. 签订国内购销合同

出口公司作为卖方，在同买方签订买卖合同之后的第一步就是根据合同和信用证的规定按时、按质、按量地准备好应交的货物。（许多情况下备货与催证之间并无严格的时间界限。）

有出口经营权的大型企业、企业集团一般设有自己的生产企业、车间。这种企业的出口备货一般由出口部门向生产加工及仓储部门下达出口生产加工通知，即整装备货通知单。没有生产加工实体的外贸企业，主要通过与国内生产企业即厂家签订国内购销合同落实备货。对外贸企业来讲，国内购销合同是规定它与国内生产厂家之间权利、义务的法律文件，是完成和落实出口合同货物交付的基础和证明。

2. 商品验收入库

外贸公司与国内生产企业签订国内购销合同后，须经常深入工厂了解出口商品的生产，掌握生产进度，检查生产过程中的产品质量，发现问题并及时解决。

工厂交货前，外贸公司应提前做好准备，包括确定进货的存放地点、堆码垛型、保管方法、进货所需要的各种材料、必要的检验工具及预先熟悉拟进商品资料。工厂交货时，公司应认真核对承运单位的货运记录，供货单位提供的产品质量合格证明和发票，严把进货质量关，保证出口货源的数量准确、质量完好。商品验收合格即可填写商品购进入库单，办理商品入库手续。

3. 整装刷唛

整装刷唛是出口备货工作中的一项重要内容。整装刷唛的意义是"将货物特定化"。业务中仓储货运部门应及时按合同或信用证整理出口货物的包装，刷制出口包装唛头。刷唛时，有关人员须注意防止错刷、漏刷、出现英文字母颠倒或倒置，应认真与合同或信用证核对，做到字迹清楚、醒目，位置大小适当，避免"白板"出口。

在备货工作中，应注意以下六个问题：

1. 货物的品质必须符合合同的规定

货物品质符合合同规定的具体要求是：凡凭规格、等级等文字说明表示品质的合同，交货品质应与该文字说明完全相符；凡凭样品表示品质的合同，交货品质应与样品完全相符；若既凭文字说明，又凭样品或样式表示品质，则交货品质与两者均应相符。此外，卖方所交货物的品质既不能低于合同的规定，也不能高于合同的规定，否则都属违约行为。

2. 货物应适用于其通常和特定使用的目的

在很多时候，买方购买货物不是为了自用，而是为了转销，在这种情况下，货物应适用于通常使用的目的，或按照通常标准是指其应具备“可销性”“可转销性”或“商销性”，即要求货物的内在质量良好，外观形态没有缺陷。但其衡量标准并不是某一特定买方的喜恶，如果货物的品质不为某买方所接受，而对其他人来说却是可以接受的，那么该货物就是适用于通常使用目的或符合通常标准的。

3. 货物的数量必须符合合同的规定

交货数量原则上应与合同规定完全一致。但在信用证支付方式下，按 UCP600 的规定：除非信用证规定所列的货物数量不得增减，在支取金额不超过信用证金额的条件下，即使不准分批装运，货物数量亦允许有 5%的增减幅度，但信用证规定货物数量按包装单位或个数计数时，此项增减幅度则不适用。如果交货数量用“约”表示，则应按双方约定的惯例处理。而按 UCP600 的解释，所交货物的数量允许有 10%的增减幅度，但以不超过信用证允许的金额为限。

4. 货物的包装和唛头必须符合合同的规定

对货物的包装应进行认真的检查和核对，使之与合同或信用证规定相符，并能达到保护商品、适应运输的要求。如果合同采用“习惯包装”“适合海运包装”等笼统规定，应按买卖双方形成的习惯、海运的要求和共同的理解办理；如果合同对包装未作具体规定，则依据《公约》第 35 条的规定：“货物按照同类货物通用的方式装箱或包装，如果没有此种通用方式，则按照足以保全和保护货物的方式装箱包装。”

5. 备货的时间安排应与合同规定的交货期限相符

交货时间是国际货物买卖合同的主要交易条件，卖方不按期交货，买方不仅有权拒绝收货并提出索赔，甚至可以宣告合同无效。为了按照合同和信用证规定的时间交货，备货的时间安排应充分考虑生产、运输条件，并留有适当余地，以防止意外情况发生。

6. 卖方对货物要有完全的所有权并不得侵犯他人权利

卖方所交付货物，必须是第三方不能根据工业产权或其他知识产权主张任何权利或要求的货物。

（二）报验

凡属国家规定的商检范围内的商品或者合同中明确规定要求检验的商品，在货物备妥后应及时向国家出入境检验检疫部门提出检验申请，即报验，一般在货物备妥后填写《出境货物报验单》，并附上合同和信用证副本等凭据，商检部门根据厂家、公司的货源、生产环境、生产设施和加工技术等做出免检、抽检、全检的决定。经检疫合格后，由商检机构发放检验合格证书，在证书有效期内进行报关，海关才会放行。检验证书的有效期，一般货物为 60 天，新鲜果蔬类为 2～3 个星期，出口货物务必在有效期内运出，如超过期限，应重新报验。未经检验检疫或检验不合格的商品，不发给检验证书，不得出口。

二、落实信用证

（一）催开信用证

以信用证方式作为交付条件时，买方有时出于市场变化、销售受阻，或是资金短缺、工作繁忙等原因，未按合同要求及时开立信用证。而买方按时开证又是卖方履约的前提。因此，对于大宗商品的交易，特别是应买方要求特制的商品的交易，卖方应结合备货情况催促开证。如果卖方提早将货备妥，可以提前装运，在这种情况下也可以催促对方及时开出信用证，这个环节就称为催证。

在正常情况下，信用证至少应在货物装运期前15天开到卖方手中。对于资信情况不是很了解的新客户，原则上应坚持在装运期前30天或45天甚至更长的期限开证，并且配合生产加工期限和客户的要求灵活掌握信用证的开证日期。在实际业务中，国外客户在遇到市场行情变化或缺乏资金的情况下，往往拖延开证，因此出口商应及时、经常检查买方的开证情况。

（二）审核信用证

信用证是依据合同开立的，信用证内容应该与合同条款一致。但在实际贸易中，由于种种因素，如工作的疏忽、电文传递的错误、贸易习惯的不同、市场行情的变化或进口商有意利用开证的主动权加列有利于自身利益的条款等，往往会出现开立的信用证条款与合同规定不符的现象。为确保收汇安全和合同的顺利执行，防止经济上或政治上对出口商不应有的损失的出现，出口商应该在国家对外政策的指导下，对不同国家、不同地区以及不同银行的来证，依据合同进行认真的核对与审查。

银行和出口商共同承担审证任务，但两者各有侧重。银行审证时，着重审核信用证的真实性、开证行的政治背景、资信能力、付款责任，以及索汇途径等方面的内容。

出口商审证的内容通常包括如下几个方面：

1. 开证行的资信状况

开证银行本身的资信应与其所承担的信用证付款责任相对应。特别是对于实行外汇管制、国际支付能力薄弱或国内金融秩序混乱的国家的银行开出的信用证，更应重视审核该银行的资信状况。

2. 信用证的金额

信用证的金额应与合同一致。若合同上订有溢短装条款，则信用证金额也应有相应的机动条款。

3. 装运期、交单期、到期日及到期地点

信用证中规定的最迟装运日期，应与合同中的装运条款相一致，运输单据的出单日期或上面加注的装船或启运日期，不得迟于最迟装运日期。若信用证未规定装运期，则最迟装运日期为信用证的到期日。信用证所规定的交单期应为受益人装运后制单留有充分的时间，如果信用证未规定交单期，则理解为在实际装运日（运输单据出单日期）之后21天内必须交单。受益人必须在交单期内交单，但无论如何，不得迟于信用证到期日。信用证受益人必须在规定的到期日、到期地点向银行交单，要求议付、承兑或付款。

没有规定到期日的信用证为无效信用证。在实务中，到期日应与最迟装运日期有一个合理的间隔，以便受益人有充分时间制单，通常为7～15天；到期地点应在议付地，即在出口地到期，否则由于银行审单和邮递过程所占用的时间，受益人难以及时交单。

4. 信用证的性质

信用证应为不可撤销信用证。

5. 商品条款

审核信用证记载的商品名称、规格、数量、包装等条款是否与合同一致。

6. 运输条款

审核信用证中的起运地、目的地是否与合同一致。转运、分批装运条款也必须与合同一致。

7. 保险条款

审核信用证中对保险险别、保险加成率、保险金额及保险单等的规定是否与合同一致。

8. 其他特殊条款

信用证有时会加列一些合同中未规定的特殊条款，如指定船舶公司、船籍、船龄等的条款，或者不准在某个港口转船等，出口商应认真审核，如办不到，应要求修改。

此外，对于开证行在信用证中的各种疏漏错误，也应仔细审核，以确保受益人能做到单证一致，安全收汇。

（三）修改信用证

改证是对已开立的信用证进行修改的行为。对信用证进行全面细致的审核以后，如果发现问题，应区分问题的性质，分别会同银行、运输、保险、商检等有关部门共同研究，做出恰当妥善的处理。凡是不符合我国对外贸易方针政策、影响合同执行和安全收汇的情况，我方必须要求国外客户通过开证行进行修改，并坚持在收到银行修改信用证通知书后才能对外发货，以免发生货物已装运而修改通知书未到的情况，造成我国出口商工作上的被动和经济上的损失。

一般来说，非改不可的问题应坚决要求改正。可改可不改的，或适当努力可以做到而又不增加太多费用负担的问题，则可酌情处理；或不做修改按信用证规定办理；或同时提请国外进口商今后注意。

信用证的修改要求，通常由出口商（受益人）提出，有时也由进口商主动向开证行提出。对此须经开证行同意后，由开证行经通知行转告出口商，并经出口商同意接受后方为有效。如果出口商拒绝接受，此项修改不能确定，则信用证仍以原款为准。

修改信用证的注意事项包括：

（1）对于需要修改的内容应一次向国外客户提出，尽量避免在发货装船或缮制单据时又发现新问题，再次要求客户改证。因为不仅国外改证费用很高，而且一改再改会引起客户不满，同时也会暴露出口商的工作素质和业务水平有待提高。

（2）收到银行信用证修改通知书后，仍应进行审核，如果所修改内容还是难以接受，则应及时拒绝，否则将被认为已同意接受修改。

（3）对不可撤销信用证中任何条款的修改，都必须在有关当事人全部同意后才能生效，这是各国银行公认的惯例。

（4）对于已接受的信用证修改书，应立即将其与原证附在一起，并注明修改次数，以免与原证脱离，造成信用证条款不齐，影响及时办理议付。

（5）必须在收到通知行的修改通知书后，才能办理装运事宜，绝不可仅凭买方通知“证已照改”或其他类似词句的通知就发货装船。

三、安排装运

出口企业在备妥货物、落实信用证后，即应按合同和信用证的规定，及时对外履行装运货物的义务。

（一）租船订舱

出口企业根据合同和信用证的规定，结合船期表填写托运单（booking note，B/N），又称订舱委托书，列明出口货物的名称、件数、包装、毛重、尺码、目的港和最后装运日期等内容，作为订舱的依据。办理租船订舱时，应落实信用证的有关规定。例如：信用证规定的起运地和目的地、分批和转运等条款都必须与合同规定相符。如果信用证未注明“不准分批装运”和“不准转运”，则视作“允许分批装运”和“允许转运”。若来证指定运输路线、船公司或船籍、船龄等，应尽快与承运人联系后，方可决定。若信用证规定在指定时期内分批等量装运，只要其中任何一批未按规定装运，信用证则对该批和以后各批失效。

在 CIF 或 CFR 条件下，租船订舱是卖方的责任之一。如出口货物数量较大，需要整船载运，则要对外办理租船手续；对出口货物数量不大，不需整船载运的，则安排洽订班轮或租订部分舱位运输。

订舱工作的基本程序大致如下：

（1）各进出口公司填写托运单，作为订舱依据。承运人根据托运单内容，并结合船舶的航线、挂靠港、船期和舱位等条件考虑，认为合适，即接受这一托运，并在托运单上签章，留存一份，退回托运人一份。至此，订舱手续即告完成，运输合同即告成立。

（2）船公司或其代理人在接受托运人的托运单证后，即发给托运人装货单。装货单（shipping order，S/O）俗称下货纸。其作用有三：一是通知托运人货物已备妥×航次×船和装货日期，让其备货装船；二是便于托运人向海关办理出口申报手续，海关凭此验放货物；三是作为命令船长接受该批货物装船的通知。

（3）货物装船之后，由船长或大副签发收货单，即大副收据（mate's receipt，M/R），大副收据是由船长或大副签发给托运人的表明货物已装船的临时收据。托运人凭收货单向外轮代理公司交付运费并换取正式提单（bill of lading，B/L）。收货单上如有大副批注，则在换取提单时，将该项大副批注转注在提单上。

（二）投保

按 CIF 价格成交的出口合同，要求卖方办理货物保险。出口企业应在备妥货物、确定装运日期和运输工具后，按合同或信用证规定向保险公司填制投保单，办理货物运输投保手续。

我国出口货物的投保，一般采取逐笔投保方式，即每发生一笔国际货运业务，出口商即向保险公司办理一次投保手续。投保时，出口商首先向保险公司索取空白投保单，按合同或信用证的规定，如实填写货运投保单内容，列明投保人（被保险人）的名称，被保险货物的名称、数量、包装及标志、保险金额、起讫地点、运输工具名称、起讫日期、投保险别等，送交保险公司投保。保险公司根据投保人（被保险人）的投保申请，考虑接受承保，签发保险单（insurance policy）。货物运输投保单是保险公司接受投保人（被保险人）的投保申请和开立保险单的依据。投保单内容正确与否，不仅影响保险公司出具的保险单内容的正确性，还会影响出口商的顺利结汇。

（三）报关

出口报关指出口商或其代理人在货物出境时，向海关交验有关单据，请求海关查验放行。《中华人民共和国海关法》规定：进出境货物必须经由设有海关的港口、车站、国际航空站进出，并由进出口货物收发货人或其代理人向海关申报，获得海关放行后，货物才可以提取或者装运进出境。一般在货物运至码头装货前 24 小时，出口商或其代理人向海关提交出口货物报关单（goods declaration for exportation）及海关规定提交的其他单证，货物经海关查验，货、证、单相符无误，缴纳关税或提供担保后，凭加盖了海关放行章的装货单方可装船。出口货物报关单样本如图 9－1 所示。

中华人民共和国海关出口货物报关单

预录入编号：　　　　　　　　　　海关编号：

出口口岸	备案号		出口日期	申报日期
经营单位	运输方式	运输工具名称		提运单号
发货单位	贸易方式		征免性质	结汇方式
许可证号	运抵国（地区）	指运港		境内货源地
批准文号	成交方式	运费	保费	杂费
合同协议号	件数	包装种类	毛重（公斤）	净重（公斤）
集装箱号	随附单据			生产厂家
标记唛码及备注				
项号　商品编号　商品名称　规格型号　数量及单位　最终目的国（地区）　单价　总价　币制　征免				
税费征收情况				
录入员 录入单位 报关员 单位地址 邮编	兹声明以上申报无讹并承担法律责任。 申报单位（签章） 电话　　填制日期		海关审单批注及放行日期（签章） 审单　　审价	
			征税　　统计	
			查验　　放行	

图 9－1　出口货物报关单样本

（四）装运及发出装运通知

取得了海关签字盖章的装货单后，货物就允许装船。货物装船后，由船长或者大副签发收货单。凭收货单交付运费后，可以换取正式的提单。提单上的签发日一般视作装运日，不能迟于信用证确定的最迟装货期。装运后，出口商应该立即向进口商发出装运通知（shipping advice），以便进口商准备付款，办理进口报关和接货手续。

四、制单结汇

货物装运后，出口企业即应按信用证要求，整理和缮制各种单据，在信用证规定的交单有效期和交单期内，填写出口结汇申请书（联系单），连同全套正本单据，递交银行办理议付结汇手续。

（一）常用的出口单据

出口单据很多，不同的交易所需单据有所差异，常用的单据有以下几种：

1. 汇票

在我国出口贸易中，出口商通常在货物出口后，以签发汇票的方式要求进口商或进口商所在地银行付款。在国际贸易中，主要使用的是跟单汇票，作为出口商要求付款的凭证。

2. 商业发票

商业发票是出口商开立的发货价目清单，是装运货物的总说明。发票全面反映了合同内容。发票是进口商收货、支付货款，和进出口商记账、报关纳税的凭据。在不用汇票的情况下，发票代替汇票作为付款的依据。

3. 运输单据

运输单据因贸易方式不同而异。有海运单（sea waybill）、航空运单、铁路运单（railway transport documents）、货物承运收据（cargo receipt）及多式联运单据（multi-modal transport document，MTD）等。

4. 保险单

保险单是保险人与被保险人之间订立的保险合同的凭证，是被保险人索赔、保险人理赔的依据，在 CIF 或 CIP 合同中，出口商在向银行或进口商收款时，提交符合销售合同及（或）信用证规定的保险单据是其必不可少的义务。

5. 原产地证明

原产地证明（certificate of origin）是用以证明货物原产地或制造地，进口国海关计征税率的依据。原产地证明一般由出口地的公正行或工商团体签发，我国由商检局或中国国际贸易促进委员会签发。就我国而言，产地一般只写“中国制造”，其他内容应与发票、提单一致。

6. 检验证书

国际贸易中检验证书（inspection certification）种类很多，分别用以证明货物的品质、数量、重量和卫生条件等方面的情况。检验证书一般由国家指定的检验机构出具，也可根据不同情况，由出口企业或生产企业自行出具。应注意出证机构检验货物名称和检验项目必须符合信用证的规定。还须注意检验证书的有效期，一般货物为 60 天，新鲜果蔬类为 2～3 个星期。出口货物务必在有效期内出运，如超过期限，应重新报验。

7. 包装单据

包装单据（packing document）是指一切记载或描述商品包装、种类和规格情况的单据，是商业发票的补充说明。主要有装箱单（packing list）、重量单（weight list）、尺码单（measurement list）。

8. 其他单证

其他单证按不同交易情况，由合同或信用证规定，常见的有：寄单证明（beneficiary's certificate for dispatch of documents）、寄样证明（beneficiary's certificate for dispatch of shipment sample）、邮局收据（post receipt）、快递收据（courier receipt）、装运通知（shipping advice），以及有关运输和费用方面的证明。

（二）对出口单据的基本要求

对于结汇单据，要求做到正确、完整、及时、简明、整洁，并且需要保持四个一致：单证一致、单单一致、单货一致、单同一致。

1. 正确

只有制作的单据正确，才能够保证及时收汇。单据应做到两个一致，即：单据与信用证一致、单据与单据一致。此外，单据与货物也应一致。这样，单据才能真实地代表货物，以免发生错装错运事故。

2. 完整

必须按照信用证的规定提供各项单据，不能短少。单据的份数和单据本身的项目，如产地证书的原产国别、签章，其他单据上的货物名称、数量等内容，也必须完整无缺。

3. 及时

应在信用证的有效期内及时将单据送议付行，以便银行早日寄出单据，按时收汇。此外，在货物出运之前，应尽可能将有关结汇单据送交银行预先审核，使银行有较充裕的时间来检查单证、单单之间有无差错或问题。如果发现一般差错，可以提前改正；如有重大问题，也可及早由出口商与进口商联系修改信用证，以免在货物出运后不能收汇。

4. 简明

单据的内容应按信用证要求和国际惯例填写，力求简明，切勿加列不必要的内容，以免弄巧成拙。

5. 整洁

单据的布局要美观、大方，缮写或打印的字迹要清楚，单据表面要清洁，对更改的地方要加盖校对图章。提单、汇票以及其他一些单据的主要项目，如金额、件数、重量等一般不宜更改。

（三）出口结汇的几种形式

出口货物装船之后，进出口公司即应按照信用证的规定，正确缮制各种单据，在信用证规定的交单有效期内，递交银行办理议付结汇手续。结汇指出口商将所得外汇根据外汇管理规定按牌价卖给银行，最终取得相应的人民币并存进自己的账户。目前，我国出口业务中主要有三种结汇办法：收妥结汇、出口押汇（买单结汇）、定期结汇。其中，出口押汇是比较通行的国际做法，在我国使用得越来越多。

1. 收妥结汇

收妥结汇又称收妥付款，是指议付行收到出口商的出口单据后，经审查无误，将单据寄交国外付款行索取货款，待收到付款行将货款拨入议付行账户的通知书（credit note）时，即按当时外汇牌价，折成人民币拨给出口商。收妥结汇主要用于托收方式的出口业务。

2. 出口押汇

出口押汇也称买单结汇，是银行应出口商的请求，先行垫付外汇，买入汇票和全套出口货运单据，从票面金额中扣除从议付日到估计收到票款之日的利息，将余款按议付日外汇牌价折成人民币，拨给出口商的做法。议付行向受益人垫付资金、买入跟单汇票后，即成为汇票持有人，可凭票向付款行索取票款。银行同意做出口押汇，是为了对出口商提供资金融通，有利于出口商的资金周转。

3. 定期结汇

定期结汇指出口地银行在收到受益人提交的单据并经审核无误后，将单据寄给国外银行索偿，并自交单日起在事先规定期限内将货款外汇结算成人民币贷记受益人账户或交付受益人。

对出口商而言，定期结汇与押汇相比，虽然收汇时间晚，但无需向银行支付押汇时要付的利息。

如前所述，开证行在审核单据与信用证完全相符后，才承担付款的责任。开证行对提交的单据如发现任何不符，均有拒付货款的可能。因此，各种结汇单据的缮制正确完备，与完全并迅速收汇有着十分重要的关系。

五、出口退（免）税

（一）出口退（免）税的含义

出口退（免）税是指已报关离境的商品，由税务机关将其出口前在生产和流通各环节中已缴纳的国内增值税和消费税税款，或免征应缴纳的增值税和消费税退还给出口企业，使出口产品以无税成本进入国际市场，加强其市场竞争力，扩大产品出口。

（二）出口退（免）税的货物范围

在我国享受出口退（免）税的货物以海关报关出口的增值税、消费税应税货物为主要对象，对一些非海关报关出口的特定货物也实行退（免）税。

1. 一般退（免）税的货物范围

除国家明确规定不予退（免）税的货物和出口企业从小规模纳税人购进并持普通发票的部分货物外，凡属于出口已征或应征增值税、消费税的货物，都属于出口货物退（免）税的货物范围。

2. 特准退（免）税的货物范围

特准退（免）税货物主要涉及对外承包工程公司运出境外用于对外承包项目的货物、

对外承接修理修配业务的企业用于对外修理修配的货物、企业在国内采购并运往境外作为在国外投资的货物、境外带料加工装配业务使用的出境设备（原材料和散件）、保税区内企业从区外有进出口经营权的企业购进的货物（包括出口或加工后再出口的货物）、销往出口加工区的货物、出口的旧设备等。

3. 出口免税的货物范围

出口免税的货物范围主要包括来料加工复出口货物、小规模纳税人出口货物等。但原油、木材、纸浆、山羊绒、稀土金属矿等货物不属于退（免）税的货物范围。

另外，我国享受出口退（免）税的一般货物应具备以下四个条件：

（1）必须是增值税、消费税征收范围内的货物。（2）必须是报关离境出口的货物。（3）必须是在财务上作出口销售处理的货物。（4）必须是已收汇并经核销的货物。国家规定外贸企业出口的货物必须要同时具备以上四个条件。生产企业（包括有进出口经营权的生产企业、委托外贸企业代理出口的生产企业、外商投资企业，下同）申请办理出口货物退（免）税时必须增加一个条件，即申请退（免）税的货物必须是生产企业的自产货物或视同自产货物才能办理退（免）税。

（三）出口退税办理的附送材料

（1）报关单。报关单是货物进口或出口时进出口企业向海关办理申报手续，以便海关凭此查验和验放而填具的单据。

（2）出口销售发票。这是出口企业根据与出口购货方签订的销售合同填开的单证，是外商购货的主要凭证，也是出口企业财会部门凭此记账做出口产品销售收入的依据。

（3）进货发票。提供进货发票主要是为了确定出口产品的供货单位、产品名称、计量单位、数量，以及价格是否是生产企业的销售价格，以便划分和计算其进货费用等。

（4）结汇水单或收汇通知书。

（5）属于生产企业直接出口或委托出口自制产品，凡以到岸价 CIF 结算的，还应附送出口货物运单和出口保险单。

（6）有进料加工复出口产品业务的企业，还应向税务机关报送进口料件的合同编号、日期、进口料件名称、数量、复出口产品名称、进料成本金额和实纳各种税额等。

（7）产品征税证明。

（8）出口收汇已核销证明。

（9）与出口退税有关的其他材料。

从 2004 年 1 月 1 日起，中国对不同出口货物主要有 17%、13%、11%、8%、5%等五档退税率。出口企业从小规模纳税人购进货物出口准予退税的，规定出口退税率为 5%的货物，按 5%的退税率执行，规定出口退税率高于 5%的货物一律按 6%的退税率执行。《财政部 税务总局关于调整部分产品出口退税率的通知》（财税〔2018〕123 号）规定：（1）将相纸胶卷、塑料制品、竹地板、草藤编织品、钢化安全玻璃、灯具等产品出口退税率提高至 16%。将润滑剂、航空器用轮胎、碳纤维、部分金属制品等产品出口退税率提高至 13%。将部分农产品、砖、瓦、玻璃纤维等产品出口退税率提高至 10%。（2）取消豆粕出口退税。豆粕是指产品编码为 23040010、23040090 的产品。（3）除本通知前两条所涉产品外，其余出口产品，原出口退税率为 15%的，出口退税率提高至

16%；原出口退税率为9%的，出口退税率提高至10%；原出口退税率为5%的，出口退税率提高至6%。

六、违约的处理

在出口合同的履行过程中，如果进口商未按合同规定履行义务，出现违约情况，出口商可以向对方提出索赔。在通常情况下，属于进口商责任而引起卖方索赔的有：不按时开立信用证，以及故意开立不完全的信用证或要求过高的信用证，致使卖方无法履行合同；买方未按期付款；无理拒收货物；或在买方负责运输的情况下不按时派船接货，或不按时签订运输合同、指定交货地点等。

索赔应注意以下几个问题：

（1）根据公平合理、实事求是的原则，查明进口商是否违约并使得出口商遭受损失；

（2）索赔要求必须在合同规定的期限内提出；

（3）正确确定索赔项目和金额，备齐有关单证。

在我国的进出口贸易中，发生争议、索赔的事例很多，特别是在市场情况发生变化，国外商人觉得履约对他们不利时，往往寻找各种借口拒不履约或拖延履约，甚至弄虚作假或提出无理要求。因此，如何正确处理好索赔工作是一个十分重要的问题，它既关系到维护国家的权益和声誉，又涉及比较复杂的业务技术问题。索赔是一项政策性、技术性很强的涉外工作，必须严肃对待和认真处理。出入境检验检疫机构通过对进出口商品的检验和鉴定所签发的商品检验证书，是有关方面处理索赔理赔的重要证明，必须真实正确，以维护对外贸易有关各方的合法权益。

第二节 进口合同的履行

签订进口合同以后，买卖双方都应按照买卖合同的规定，履行各自的合同义务。我国进口业务大多采用FOB价格条件和信用证支付方式成交。按此种进口合同，买方履行合同的基本程序是：开立信用证，安排货运，办理保险，审单付款，报关，提货，进口货物检验和进口索赔。

一、开立信用证

（一）申请开立信用证

进口贸易一般采用信用证支付方式。以这种方式成交，进口商必须在进口合同签订后，及时到银行办理信用证开证申请手续，以便国外客户（卖方）及时收到信用证，履行合同交货义务。

1. 申请开立信用证的程序

（1）提交有关合同的副本及附件。进口商在向银行申请开立信用证时，应向银行递交有关的进口合同副本及附件，如进口许可证、进口配额证、某些部门的批文等。

（2）填写信用证开证申请书。进口商填写银行统一印制的信用证开证申请书，是进口商申请开立信用证过程中最重要的工作。它是开证银行对外开立信用证的基础和依据。进口商填写开证申请书时，必须按合同条款规定，写明对信用证的各项要求，内容须明确、完整，无词意不清的记载。

（3）交纳押金和开证手续费。按国际惯例，进口商向银行申请开立信用证，应向银行交付一定比例的押金或其他担保金。押金一般为信用证金额的百分之几到百分之几十，根据进口商的资信情况而定。我国开证行根据不同企业和交易情况，要求开证申请人交付一定比例的人民币保证金，然后开证。此外，银行为进口商开证时，开证申请人（进口商）还必须按规定支付一定金额的开证手续费。

（4）银行开立信用证。开证行收到进口商的开证申请，立即对开证申请书的内容及其与合同的关系、开证申请人的资信状况等进行审核，在确信可以接受开证申请人的申请并收到开证申请人提交的押金及开证手续费后，即向信用证受益人开出信用证，并将信用证正本寄交（有时使用电传开证）受益人所在地分行或代理行（统称通知行），由通知行将信用证通知受益人。

进口商须按合同规定的时间申请开立信用证。合同没有规定申请开立信用证的时间时，一般在合同规定的装运期前一个月到一个半月左右申请。

2. 开证申请书的填写

进口商填写的开证申请书为一式三份，一份留业务部门，一份留财会部门，一份交银行，作为其开立信用证的依据。开证申请书应以合同为依据，按合同各项规定和要求填写。开证申请书的内容包括两部分。

一是要求开立信用证的内容，也就是开证申请人按照买卖合同条款要求开证行在信用证上列明的条款，是开证行向受益人或议付行付款的依据。

二是开证申请人对开证行的声明或具结，用以明确双方的责任。其主要内容是开证申请人承认开证行在其付清货款赎单之前，对单据及单据所代表货物有所有权；开证申请人保证在单据到达后，如期付款赎单，否则开证行有权没收开证申请人所交付的押金和抵押品，作为其应付款项的一部分。

信用证开证申请书使用英文填写，各地使用的信用证开证申请书格式虽有所不同，但其内容及填写方法基本一致，现介绍如下：

（1）申请开证的时间（date）。按实际申请开证时间填写，一般为合同规定交货期前一个月。

（2）开证（传递）方式（by）。信用证开证（传递）的具体方式一般已经印好，使用哪种方式在此种方式前划“√”即可。

（3）信用证性质、号码。信用证如果是不可撤销的，则已经印好；如果是其他性质的，例如保兑信用证或可转让信用证，则可以填写在信用证上。信用证号码由开证行填写。

（4）申请人（applicant）、受益人（beneficiary）。须按合同分别填写进口商和出口商的详细名称、地址（包括电话、传真、邮件）。

（5）通知行（advising bank）。由开证行填写。

（6）信用证有效期（date of expiry）、到期地点（place of expiry）。一般按合同填写（有效期多为装运期后 15 天，到期地点一般为议付行所在地）。

（7）金额（amount）。分别用数字和文字两种形式表示（表明币种），与合同金额一致。

（8）汇票条款（beneficiary's drafts）。金额应根据合同规定填写，为发票金额的一定百分比。如全部货款都用信用证支付，则应填写汇票金额是发票金额的 100%；如部分用信用证、部分用托收支付时，则按信用证下的金额比例填写。付款期限可根据实际填写即期或远期，如属后者，则必须填写具体的天数。信用证条件下的付款人通常是开证行，也可能是开证行指定的另外一家银行。

（9）单据条款（documents required）。各银行提供的申请书中已印的单据条款通常有十几条，从上至下一般为发票、运输单据（提单、空运单、铁路运输单据及运输备忘录等）、保险单、装箱单、质量证书、装运通知和受益人证明等，最后一条是其他单据（other documents，if any），如果要求提交超过上述所列范围的单据就可以在此栏填写，比如有的合同要求无实木包装材料证明（certificate of no solid wood packing material）、自由销售证明书（certificate of free sale）、合格证明书（certificate of conformity）等。申请人填制这部分内容时应依据合同规定，不能随意增加或减少。选中某单据后对该单据的具体要求（如一式几份、是否签字、正副本的份数、单据中应标明的内容等）也应如实填写，如印制好的申请书中要求不完整，则应在其后予以补足。

（10）货物条款（evidencing shipment of…）。按合同填写货物名称、规格，同时按提示分别填写货物的包装、价格、运输标志等。

（11）附加条款（special instructions）。需要时，按印好的选项提示选填。

（12）交单期限（documents should be presented within…）。一般填写 15 天。

（13）运输条款（shipment from…to…）。按合同填写货物装运港、目的港、装运期，并按合同选择是否允许分批或转运。

（14）其他：开户银行及账号（account No…with…）。按实际填写。

（二）信用证的修改

当进口商通过银行开出信用证后，有时出口商会向进口商提出修改信用证的要求，对此，进口商须根据具体情况进行处理。

1. 一般情况下应尽量避免修改信用证

修改信用证不仅会增加进口商负担的银行费用，还会直接或间接地影响合同的履行。如果出口商来电要求改证，但进口商经仔细研究审核后认为对方的要求不合理，或根本没有修改的必要，可以拒绝。

2. 改证时必须按国际惯例办理

如果对方提出的修改有合理而充分的理由，或提出负担相关的费用等补偿措施，对进口商不会造成直接或间接的损失，进口商应同意改证，并按照国际上银行业务的惯例具体办理。

3. 对方的改证请求与实际操作须符合国际惯例

申请改证一方的申请手续和具体做法必须符合国际银行业务中的惯例，否则进口商可以拒绝。在修改信用证的过程中，要注意修改的内容与原信用证中未修改的条款不能出现矛盾。另外，要避免对原证进行多次修改，力争一次修改彻底、全面，不要反复多次修改。如果信用证修改书中仍有不能接受之处，可以再次或多次进行修改，直至完全接受。但要注意的是，多次修改必然有多张修改书，这时要注意修改书的编号，不能出现漏号。凡是对修改书再修改，必须将原修改书在 7 个工作日内退回银行，超过 7 个工作日则视为接受。按 UCP600 的规定，信用证经修改后，开证行即不可撤销地受该修改的约束。

在实际进口业务中，进口商对信用证的开立和修改应持谨慎态度。在申请开立信用证时，应做到开证申请书与合同相符，以避免不必要的修改，并避免不符条款被受益人利用而使进口商遭受损失；在信用证正式开立之前，进口商最好先传真一份开证申请书给出口商要求确认，这样可以避免修改信用证的麻烦，有利于交易双方相互取得信任并达成一致；在修改信用证时，也应注意修改内容的正确性，并应考虑到受益人有可能拒绝修改而仍按原证条款履行。

二、安排货运

履行以 FOB 价格术语达成的进口合同，进口商要负责办理租船或订舱事宜。进口货物需在整船运输的情况下办理租船手续，一般少量货物的进口只需洽订舱位，进口商既可以亲自向船东或班轮公司订舱，也可以委托货运代理代其办理。在我国，这项工作通常是委托货运代理公司办理的，其具体程序是：进口商在接到卖方备货通知后（在合同未规定卖方发出备货通知的情况下，则应在订立合同后的一段合理时间内），填写好进口订舱联系单，连同合同副本提交给货运代理公司，委托其安排船只或舱位。订舱联系单是货运代理公司据以办理订舱、组织运输的必不可少的依据，所以在填制时必须做到准确无误。

在办妥租船订舱手续后，进口商应按规定的期限告知出口商船名及船期，以便对方备货装船，避免出现船货脱节或船等货的情况。

三、办理保险

按 FOB 价格术语成交的进口合同，货物运输保险由进口商办理。进口商在收到国外客户的装运通知后，应立即向当地保险公司办理投保手续。

进口商向保险公司办理进口保险的时候，通常有两种做法：一种是预约保险方式，另一种是逐笔投保方式。为了简化投保手续，并保证进口货物能够及时投保或不至于漏保，一般都采用预约保险的做法。如果进口商与保险公司未签订预约保险合同，则采用逐笔投保的方式。我国进口货物大多采用预约保险的方法。

1. 预约保险

大部分外贸企业和保险公司签订了各种不同运输方式的进口预约保险合同，简称预保合同（open policy）。在预约保险合同中，外贸企业对进口货物统一承保，并对各种货物投保的险别、保险费率、适用条款、保险费及赔款的支付办法都作了具体规定。

根据预约保险合同，保险公司对有关进口货物负自动承保的责任。属该预约保险合同规定范围内的海运货物，一经装船，保险即开始生效。外贸企业只要将进口商品名称、数量、金额、装运港、目的港、载货船名、提单号、开航日期等通知保险公司，就视为办妥保险手续，保险公司从货物在装运港时起自动对货物承担保险责任。进口商应按规定根据卖方发来的装运通知，编制进口货物装船通知并提供给保险公司，作为投保凭证。

2. 逐笔投保

在没有签订预约保险合同的情况下，对进口货物就需逐笔投保。进口商在收到卖方的发货通知后，必须立即向保险公司办理手续，否则，货物若于投保之前在运输途中发生损失，保险公司不负赔偿责任。

四、审单付款

在信用证付款方式下，出口商将货物交付装运后，即将汇票和各项单据提交开证行或其他指定银行。开证行应在规定的工作日内完成对货物单据的审核，决定接受还是拒绝出口商的单据。如果审核无误，开证行即须接受单据，履行信用证下的汇票付款、承兑义务，然后要求进口商付款赎单。

（一）审单

进口货物单据审核是进口合同履行过程中的一个重要环节。在信用证支付方式中，进口货物单据审核由开证行和进口商共同进行。开证行对单据进行初审，进口商对单据进行复审。具体过程如下：

1. 开证行审单

我国进口业务大多采用信用证付款方式，国外出口商将货物装运后，即将全套单据和汇票交出口地银行转我方进口地开证行或指定付款行收取货款。按照我国现行的做法，开证行收到国外寄来的全套单证后，根据信用证条款全面逐项审核单据与信用证之间、单据与单据之间在表面上是否相符，审核的重点是：

（1）单据的种类、份数与信用证要求及议付行寄单回函所列是否相符；

（2）汇票、发票上的金额是否一致，与信用证规定的最高金额相比是否超额，与议付行寄单回函所列金额是否一致；

（3）单据中对货名、规格、数量、包装等的描述是否与信用证要求相符；

（4）货运单据的出单日期及内容是否与信用证相符；

（5）货运单据及保险单据等其他单据的背书是否有效。

开证行如果审单无误，即将上述单证交进口商进行复审，同时准备履行付款责任。如审单发现单据表面与信用证规定不符，开证行可直接拒付。

2. 进口商审单

进口商收到开证行交来的全套货物单据和汇票后，根据合同和信用证规定认真审核出口商提交的单据。审核各种单据的内容是否符合信用证要求，单据的种类和份数是否齐全，即单证是否一致。同时，以商业发票为中心，将其他单据与之对照，审核单单是否一致。进口商审单后，如在 3 个工作日内没有提出异议，开证行即按汇票履行付款或承兑的义务。

(二)“不符点”的处理

在进口交易中，银行审核出口商提交的单据无误，便按汇票付款或承兑，然后通知进口商付款赎单。如审核发现不符，银行一般也会向进口商征求其对不符单据的处理意见。在实际操作中，出现出口商所交单据不符时，进口商应在UCP600及国际银行业务惯例基础上，考虑不符性质，做出适当处理。

1. 不符性质严重

不符性质严重，包括所交单据份数或种类与信用证规定不符，货款金额大于信用证金额，单据中重要项目的内容与信用证规定不符，或单据之间相同项目的填写不一致。如出现上述不符，进口商可拒绝接受单据并拒付全部货款。

2. 不符性质不太严重

如果不符性质不太严重，可按下列方法处理：

(1) 部分付款、部分拒付。如果出口商提供的单据不符性质不太严重，进口商一般不宜全部拒付，此时可采取部分付款、部分拒付办法解决这种问题。

(2) 货到检验合格后付款。即进口商向银行提出货到后，如经检验货物符合合同规定，再接受单据，支付货款。

(3) 凭担保付款。即要求出口商或议付行出具货物与合同相符的担保，然后凭此担保付款。

(4) 更正单据后付款。如不符属于打印错误，且时间允许，可在出口商更改单据后付款。

五、报关、提货

进口货物到达目的港后，进口商应按国家法律规定办理货物进口报关手续。进口报关是指进口货物收发货人、入境运输工具负责人、入境物品所有人或者他们的代理人，向海关办理货物、物品或运输工具入境手续及相关海关事务的过程，包括向海关申报、交验单据证件，并接受海关的监管和检查等。进口报关是履行海关入境手续的必要环节之一。

按照《中华人民共和国海关法》，进口货物报关手续应于运输货物的工具申报进境之日起14日内办理。报关时，收货人应填写进口货物报关单，向海关提交提货单、发票、包装单、进口货物许可证。海关在接受申报后，对进口货物进行实际核对查验，如果货物符合国家进口规定，则于收货人交纳关税后，在货运单上签字盖章放行。收货人持此单据提取进口货物。

具体来说，通常情况下进口报关程序分为申报、查验、纳税及放行四步。

(一) 申报

目前，海关接受申报的方式一般有三种，即口头申报、书面申报及电子数据交换申报，其中以后两种申报形式为主。

按照《中华人民共和国海关法》的规定，进口货物的申报期限为自运输工具申报进境之日起 14 日内，超过 14 日期限未向海关申报的，由海关按日征收进口货物滞报金。超过三个月未向海关申报的，除有特殊原因的以外，由海关将货物提取变卖，所得价款在扣除运输、装卸、储存等费用和税款后，尚有余款的，自货物变卖之日起一年内，经收货人申请，予以发还；逾期无人申请的，上缴国库。

进口商向海关报关时，需提交以下单证：

（1）进口货物报关单。一般进口货物报关单应填写一式二份；需要由海关核销的货物，如加工贸易货物和保税货物等，应填写专用报关单一式三份；货物出口后需国内退税的，应另填一份退税专用报关单。根据贸易方式和企业性质的不同，进口报关单分为不同的颜色：一般贸易所使用的进口报关单为白色，来料加工和补偿贸易专用的为浅绿色，进料加工专用的为粉红色，外资企业所使用的为蓝色。

（2）货物发票。要求份数比报关单少一份，对货物进口后委托国内销售，结算方式是待货物销售后按实销金额向出口单位结汇的，进口报关时可准予免交。

（3）陆运单、空运单和海运进口的提货单及海运出口的装货单，海关在审单和验货后，在正本货运单上签章放行退还报关行，凭此提货或装运货物。

（4）货物装箱单。其份数与发票相同，但是散装货物或单一品种且包装内容一致的件装货物可免交。

（5）海关认为必要时，还应交验贸易合同、货物产地证书等。

（6）其他有关单证。包括：经海关批准准予减税、免税的货物，应交海关签章的减免税证明；已向海关备案的加工贸易合同进出口的货物，应交验海关核发的“登记手册”。

目前，进口商在申报时通常先进行电子数据申报，有终端申报方式、委托电子数据交换（EDI）方式、自行 EDI 方式和网上申报方式四种。进口商可选择其中任何一种方式将报关单内容录入海关电子计算机系统，由系统生成电子数据报关单，海关将根据该电子数据审核所申报的货物，这一过程也叫“大通关”。在审结电子数据报关单之后，进口商再凭海关出具的现场交单或放行交单通知，在 10 天内汇齐所有报关单据，并打印纸质报关单向货物进境地海关办理相应手续。

（二）查验

海关以经过审核的单证为依据，在海关监管场所（包括口岸码头、车站、机场、邮局等）对申报的进口货物进行检查，以核对单物是否相符。海关查验时，报关人员应派人到现场，协助海关工作。

（三）纳税

进口货物的收货人或其代理人收到海关的税款缴纳证书后，应在规定的期限内缴纳进口税款。

（四）放行

申报人按照海关规定办妥进口货物的申报手续，经海关审核单证、查验货物、办理纳税手续后，海关会派专人审核货物的全部报关单证，以及查验货物的记录，并签署认可，然后在装货单或运单上盖放行章，交货主签收，随即解除对货物的监管，准予入境。

进口商办理好进口报关手续后，即可凭海关盖有放行章的提单到港口码头办理提货手续。在实际操作中，货物到达进口国时，进口商有两种提货方式。第一，出口商把正本提单寄给进口商，进口商拿正本提单去提货。第二，也可以采取“电放”的方式，即承运人在得到托运人指示后，在收回其已签发提单的情况下，要求托运人出具“电放保函”，然后承运人以电话或传真形式指示其在目的港的代理人将货物交给提单中所列的收货人。

六、进口货物检验

按照《中华人民共和国进出口商品检验法》的规定，必须经商检机构检验的进口商品的收货人或者其代理人，应向报关地的商检机构报检。

进口货物残损和重量鉴定，以及容易发霉变质的商品的质量检验，应在国外运输单据指明的到货港、站进行；机械、仪器、成套设备，以及在口岸开件后无法恢复包装、影响国内安全转运的，可在使用地点，结合安装、使用进行检验；集装箱运输的进口货物，可在拆箱地点检验；进口动植物产品的检疫处理，必须在进口口岸进行，如因口岸条件限制或其他原因，必须运往指定地点进行处理的，须经有关部门批准。另外，凡合同中规定需要国外卖方来华共同检验的或到货后发现问题需要卖方派人员来共同检验的，一定要在合同规定的验收地点检验。

在进出口贸易中，买方有权对卖方所交货物进行检验或查看，以确定货物是否符合合同规定。在买方对货物检验或查看之前，不构成买方对货物的接受。但是在实际业务中，买卖双方对检验权的行使通常都在合同中作出具体规定，双方以合同约定为准。主要有以下三种规定方法：

1. 由买方拥有并行使检验权

这种规定方法是指买方或买方指定的人或检验机构有权对货物进行检验，其检验结果作为卖方所交货物是否符合合同规定的最终依据，卖方不得提出异议。这种规定使买方在货物检验方面处于主动地位，对买方比较有利，而卖方则较为被动。

2. 由卖方拥有并行使检验权

这种规定方法是指卖方或卖方指定的人或检验机构有权对货物进行检验，其检验结果作为卖方所交货物是否符合合同规定的最终依据，买方不得提出异议。这种规定使卖方在货物检验方面处于主动地位，对卖方比较有利，而对买方较为不利。

3. 卖方有检验权，买方有复验权

这种规定方法是指在合同中规定卖方有权在交货前对货物进行检验，检验合格的结果及证书作为卖方完成交货义务及向买方或银行要求付款的依据，而买方在收到货物后也有权根据合同规定对货物再一次进行检验，即复验。若复验不符合合同规定，经调查又确属卖方责任的，买方可依据复验结果及证书向卖方提出索赔要求。

若买卖合同规定，允许买方有复验权，则必须对买方复验时间（期限）有一个明确的规定。该期限称为“复验期”，又称为“索赔期”。报验人必须在规定的期限内报验。若超过上述期限，检验部门可以拒绝接受报验，买方也就丧失了要求赔偿损失的权利。

七、进口索赔

进口索赔一般是指货物自卖方交到买方的过程中，由于人为、天灾或其他种种原因，买方收到的货物不符合合同规定或货物有其他损害，买方依责任归属，向有关方面提出赔偿要求，以弥补其所受损失。属于出口商责任而导致进口商索赔的主要有：卖方所交货物的品质、数量、包装和合同不符；卖方未按期交货；卖方有违反合同或法定义务的其他行为。

进口商品到货后，经检验，如有品质、数量、包装等不符合合同规定的，需要向有关方面提出索赔。在进口索赔过程中，应根据造成损失的原因，分别向有关责任方索赔。

（一）进口索赔的对象及期限

进口索赔按照不同的损失责任人来划分，主要有以下三个类型：

1. 向卖方索赔

卖方不交货、不按期交货，或交货的品质、数量、包装与合同规定不符等，均构成卖方违约，卖方应承担违约的法律责任。根据有关法律和国际公约的规定，买方可以根据卖方违约所造成的结果，区别情况，依法提出撤销合同或提出损害赔偿。

进口商对于卖方的索赔，需要在收到货物两年内提出，而且要将货物维持原状，不能采取与对方对于货物的所有权相抵触的行为。但是大多数合同都明确规定进口商向出口商索赔的期限在货到后一个月内。

2. 向承运人索赔

承运人是指在运输合同中，通过铁路、公路、航空、内河运输或这些方式的联合运输，履行运输任务的任何人。进口的货物，如发生残损或到货数量少于提单所载数量，而运输单据是清洁的，则表明是承运人的过失造成了货物的残损、缺少，买方即可根据不同运输方式的有关规定，及时向有关承运人提出索赔。

进口商由于承运人的失误向其索赔应该在收到货物一年内进行，同时班轮货物索赔金额要符合班轮提单条款约定。

3. 向保险公司索赔

自然灾害、意外事故或运输装卸过程中的事故等致使货物受损，并属于承保范围以内的，买方应向保险公司索赔。凡属于承运人的过失造成的货物残损、遗失，而承运人不予赔偿或赔偿金额不足以抵补损失的，只要属于保险公司承保范围以内的，也应向保险公司提出索赔。索赔的时效为货物到达目的地两年内。

（二）进口索赔的注意事项

1. 索赔证据

进口索赔时，买方需要提供充足确凿的证据。如果证据不足、责任不明或与合同索赔条款不符，都有可能遭到理赔方的拒绝。对外提出索赔通常需要提供的证件包括索赔清单，随附商检局签发的检验证书、发票、装箱单、提单副本；另外，对不同的索赔对象还要另附有关证件，如保险单、联合检验报告、理货报告、残损短缺证明等。

2. 索赔金额

索赔金额的高低与索赔的内容有直接关系。受损商品的实际价值是索赔金额的主要组成部分，此外，有关的费用，如商品检验费、装卸费、货物运费差价、银行手续费、仓库租赁费、利息及市价差额等，都可包括在索赔金额内。至于应包括哪几项索赔费用，还需实事求是地根据具体案情确定。如果合同约定了损害赔偿的金额或计算方法，通常应按约定的金额或根据约定的计算方法计算出的赔偿金额提出索赔。

如果合同未作具体规定，确定损害赔偿金额的基本原则为：

（1）赔偿金额应与因违约而遭受的包括利润在内的损失额相等；

（2）赔偿金额应以违约方在订立合同时可预料到的合理损失为限；

（3）受损害的一方未采取合理措施导致的有可能减轻而未减轻的损失，应在赔偿金额中扣除。

3. 索赔期限

索赔期限是进口索赔时应注意的重要问题。对外索赔必须在合同规定的索赔有效期限内提出，过期无效。商检工作如果需要更长的时间，可向对方要求延长索赔期限。

4. 关于卖方的理赔责任

进口货物发生损失，除由船舶公司及保险公司负赔偿责任之外，如属卖方必须承担直接责任的，则应根据国际贸易惯例与规则，直接向卖方要求赔偿，并提出相应的补救措施，做到以理服人，防止卖方制造借口来推卸理赔责任，使理赔工作顺利进行。

关键词

四排；三平衡；催证；审证；改证；大副收据；出口报关；结汇；收妥结汇；出口押汇；定期结汇；出口收汇核销；出口退税；开立信用证；开证申请书；预约保险；进口报关；复验期；进口索赔

复习与思考

一、不定项选择题

1. 出口合同的履行主要包括四大环节，分别是(　　)。

A. 货　　B. 证　　C. 船　　D. 款

2. 结汇单据要做到正确、完整、及时、简明、整洁，并且需要保持(　　)。

A. 单证一致　　B. 单单一致　　C. 单货一致　　D. 单同一致

3. 我国出口业务中主要有三种结汇办法，分别是(　　)。

A. 收妥结汇　　B. 出口押汇　　C. 卖单结汇　　D. 定期结汇

4. 进口商向保险公司办理进口保险的时候，通常做法是(　　)。

A. 预约保险方式　　B. 逐笔投保方式

C. 后期保险方式　　D. 定额投保方式

5. 以下属于出口商所交单据不符性质严重的情况是(　　)。

A. 打印错误　　B. 单据之间相同项目填写不一致

C. 所交单据份数与信用证规定不符　　D. 所交单据种类与信用证规定不符

6. 自然灾害、意外事故或运输装卸过程中的事故等致使货物受损，并属于承保范围以内的，应向(　　)索赔。

A. 出口商　　B. 进口商　　C. 保险公司　　D. 承运人

二、判断题

1. 如果信用证未注明“不准分批装运”和“不准转运”，则视作“允许分批装运”和“允许转运”。（　　）

2. 修改信用证可以由进口商主动向开证行提出，不管出口商是否拒绝接受，此项修改均可以通过。（　　）

3. 通常出口企业出口货物后，应当在不迟于预计收汇日期起 60 天内，向外汇管理局进行出口收汇核销报告。（　　）

4. 即期收汇项下，应当在货物报关出口后 180 天内收汇。（　　）

5. 凡属于承运人的过失造成的货物残损、遗失，而承运人不予赔偿或赔偿金额不足以抵补损失的，只要属于保险公司承保范围以内的，应向保险公司提出索赔。（　　）

三、简答题

1. 出口合同的履行主要包括哪些程序？
2. 出口备货应注意哪些问题？
3. 出口企业审证的内容通常包括哪些方面？
4. 出口企业改证有哪些需要注意的问题？
5. 出口结汇分为哪几种形式？
6. 进口商申请开立信用证的程序包括哪几个步骤？
7. 如果开证行审单后发现单证不符或单单不符，应如何处理？
8. 进口报关的程序是什么？

案例分析

我某贸易进出口公司向哈尔顿贸易有限公司出口一批货物，开来的信用证中有关的部分条款规定如下：“… Inspection certificate of quality in duplicate，inspect at the time of shipment，issued by C. C. I. B.. Insurance policy in duplicate for 110% of the invoice value covering P. I. C. C. Ocean Marine Cargo Clauses（W. A.）and War Risks dated 1/1/1981. Loss if any，pay to Halton Trading Co.，Ltd ….The Shipping Mark to be ‘H. L. T. /263 AND 692/LIEPAJA’ only.”

我贸易公司根据买方开立的信用证于 3 月 15 日装运完毕，3 月 17 日向开证行寄单。但开证行于 3 月 28 日来电提出：

“你第×号信用证项下的单据经审核发现下列单证不符：

（1）我信用证对品质检验证书规定‘在装运时检验’（inspect at the time of shipment），根据你方提单日期，你方货物于 3 月 15 日装运，而检验证书的日期为 3 月 13 日，说明你方货物并非在装运时检验，不符合信用证的要求。

（2）我信用证规定‘保险如发生赔偿，请给付哈尔顿贸易有限公司’。从你所提供的保险单上寻找不到类似的文句表示。

（3）我方信用证规定的运输标志为‘H. L. T. /263 AND 692/LIEPAJA’，而你所有单据均表示为‘H. L. T. /263 & 692/LIEPAJA’。

上述不符点经研究无法接受，单据暂代保管，听候你方处理意见。3 月 28 日。”

我贸易进出口公司接到上述开证行拒付电，认为其不符点是不成立的，完全是对方挑剔，即反驳如下：

"你行28日电悉。你行所谓不符点是不成立的：

(1) 对于'在装运时检验'的问题，本批货物实际于3月13日开始装船，在装运的当天进行检验，所以检验证书签发日期也是3月13日。提单上的转运日期3月15日系该船货物全部装完的日期。如果我品质证书日期如你所想象的与提单上的装运日期相同，即变成装运完毕后才检验，这是不可能的，因为货物装船完毕后是无法检验的。我方实际情况是，3月13日货物开始装运时由中国出入境检验检疫局进行检验，认为合格后才开始装船，所以我方检验证书于3月13日签发。3月13日开始装运，13日进行检验，这符合'在装运时检验'的要求。

(2) 信用证规定'如发生赔偿，请给付哈尔顿贸易有限公司'，我保险单就是因为根据上述信用证条款的规定，所以才在保险单上以哈尔顿贸易有限公司为该保险的被保险人（insured）。其意即该保险单的权益人就是哈尔顿贸易有限公司，如果保险发生赔偿，当然就是给付被保险人——哈尔顿贸易有限公司。所以这已经符合你方信用证规定的'如发生赔偿，请给付哈尔顿贸易有限公司'的要求。

(3) 你方信用证规定运输标志为'H. L. T. /263 AND 692/LIEPAJA'，而我方单据运输标志为'H. L. T. /263 & 692/LIEPAJA'，所不同者就是'AND'与'&'，因为'&'等于'AND'，所以不能算为单证不符。

根据以上所述，所有不符点不成立，你行应按时付款。3月30日。"

开证行仍不同意，4月1日又来电如下：

"你方30日电悉。虽然你方做了不少解释，却不能改变其不符点存在：

(1) 根据你方解释，此批货物于3月13日开始装运，所以品质证书出具日期为3月13日。但我行只能从运输单据上来确定运输时间。根据UCP600第21条a款的第ii项规定：已装船或已装指名船只的内容，可由提单上印就的'货物已装上指名船只'或'货物已装运指名船只'的词语来表示。在此情况下，提单的出具日期即视为装船日期与装运日期。所以按上述规定，你方所提交的已装船提单，其出单日期为3月15日，即3月15日应被视为本批货物的装运日期。3月15日装运，3月13日进行检验，所以单据明显不符合'在装运时检验'的要求，故单证不符。

(2) 你方30日电解释，以哈尔顿贸易有限公司为保险单上的被保险人，其效果就是，使保险发生赔偿时可以付给哈尔顿贸易有限公司。但我行不管其业务上的效果如何，只管单据表面上与信用证条款是否相符。根据UCP600第5条规定：在信用证业务中，各方当事人所处理的只是单据，而不是单据所涉及的货物、服务及（或）其他行为。所以我行不管发生赔偿时其结果如何，只要保险单上没有表示信用证所要求的词语，就是单证不符。

(3) 关于运输标志问题，你方认为'AND'与'&'是相等的。但请你方注意：我信用证规定：The Shipping Mark to be 'H. L. T. /263 AND 692/LIEPAJA' only（注意'only'一词），其意即只有上述标志才能被接受，你方将'AND'改为'&'，其表面上不一致，就是单证不符。

根据上述情况，单证不符是明显存在的，速告你方单据处理意见。4月1日。”

试问：开证行的上述解释成立吗？我方将如何处理？

实训模块

实训主题：出口合同的履行与进口合同的履行。

实训目的：要求学生通过实训熟悉出口合同履行和进口合同履行的基本程序。

背景材料：我国A进出口公司与欧洲C客户于2017年9月1日达成一笔圣诞节礼品的出口交易。合同规定，以CIF为交货条件，交货期为2017年12月3日以前。其他条件可由同学自行设定。

实训要求：请同学们分组模拟交易双方，完成此项合同的履行程序。

第十章 国际贸易方式

/ 本章重点 /

1. 了解经销与代理的概念；
2. 熟悉招（投）标、拍卖的概念及基本做法；
3. 掌握寄售与展卖的含义及特点；
4. 掌握对销贸易的含义及主要形式；
5. 掌握加工贸易的含义及在实践中的应用；
6. 了解期货交易的含义及特点。

第一节 经销和代理

随着国际贸易的发展，贸易方式也日趋多样化，本章主要介绍我国习惯采用的几种贸易方式。

一、经销

（一）经销的含义与种类

经销（distribution）是指出口商（即供货商）通过经销协议把某一种或某一类货物在某一个地区和一定期限内的购销权给予国外商人（即进口商、经销商）的贸易做法。经销是国际贸易中一种常见的出口推销方式。在经销方式下，双方当事人通过经销协议建立起一种较为稳固的购销关系，出口商可利用国外经销商的销售渠道来推销商品，巩固并不断扩大市场份额，以促进其产品出口。

经销分为一般经销与独家经销两种方式。一般经销，也称定销，在这种方式下，出口商根据经销协议向国外一家或几家经销商提供在一定时间、一定地区内同类商品的销售权。在此种贸易方式下，经销商有义务维护出口企业利益，出口商也有义务向经销商提供各项帮助。经销商享有经销权，但没有专营权利，出口商可以在同一地区内指定几家经销商。凡出口商仅授予一家经销商在约定期限、约定地区内对约定商品享有独家经销权的，就是独家经销（exclusive distributorship），或称包销（exclusive sales）。

（二）独家经销的利弊

采用独家经销方式，对出口商来讲，既有有利的一面，也有不利的一面。在独家经销方式下，国外独家经销商是用自己的名义买货，并自负盈亏和承担风险，同时在包销地区内享有专营权，出口商负有不向该地区的客户直接售货的义务。因此，采用独家经销方式，专营权的给予有利于调动独家经销商经营的积极性，有利于利用独家经销商的销售渠道达到巩固和扩大市场的目的，并可减少多头经营产生的自相竞争的弊端。此外，包销数量或金额的确定，使出口商能有计划地组织生产和供货，防止脱销，减少积压；同时又能按市场需求，均衡供货，并能根据独家经销市场的信息反馈，改进产品质量，赢得消费者。

但是，如果独家经销商经营能力有限，信誉不佳，或不适当地运用独家经销方式，则可能使出口商经营活动受到不利影响或者出现包而少销的情况。此外，独家经销商可能利用其垄断地位，操纵价格和控制市场，以此来制约出口商。因此，出口商在选择独家经销方式时，对独家经销商必须认真进行资信调研，确定独家经销商品的适当种类和数量，同时在独家经销协议中将双方的权利和义务作出明确规定。

（三）独家经销协议的内容

独家经销协议是出口商与其授权的独家经销商规定双方的权利和义务，并从法律上确定双方关系的契约。

在国际贸易实务中，对于独家经销协议内容的规定，并无统一的格式，根据独家经销商品的特点，当事人双方可以自行制定，一般来讲，应包括下列主要内容：独家经销协议的名称、签约日期与地点；独家经销协议双方的关系，即独家经销商与出口企业之间是买卖关系；独家经销商品的范围；独家经销地区；独家经销期限；专营权；独家经销数量或金额；作价办法。专营权是指出口商在规定的地区和期限内给予独家经销商独家销售指定的商品的权利，出口商负有不向该区域内的客户直接售货的义务；专买权是指独家经销商承担向出口商购买该项商品而不得向第三方购买的义务。

独家经销商品的作价通常采用两种方式：一种是在规定的期限内一次作价，即无论协议期内独家经销商品价格上涨还是跌落，都以协议规定的价格为准。另一种是在规定的独家经销期限内分批作价。由于国际商品市场的价格瞬息万变，所以采用分批作价的做法较为普遍。

（四）采用独家经销时应注意的问题

（1）在选择独家经销商时，既要考虑其政治态度，又要注意其资信情况、经营能力，及其在该地区的商业地位。对大众商品采用独家经销方式时，为慎重起见，可以有一个试行阶段。

（2）适当规定独家经销商品的范围、地区，及数量或金额。确定商品范围的大小和地区的大小，要同客户的资信能力和出口商的经营意图相适应。在一般情况下，独家经销商品的范围不宜过大。规定独家经销的数量或金额，应参照货源的供给能力、市场的容纳量以及出口商的经营意图。

(3) 为了防止独家经营商垄断市场，或经营不力、独家经营而不销或独家经营而少销的情况出现，应该在独家经营协议中规定中止条款或索赔条款。

二、代理

代理（agent）是许多国家的商人在从事进出口业务中习惯采用的一种贸易做法。在国际市场上存在名目繁多的代理商，这里仅介绍销售代理。

(一) 代理的含义和性质

国际贸易中的销售代理是指委托人（principal）授权代理人代表他向第三方招揽生意、签订合同或办理相关的各项事宜。由此而产生的权利与义务直接对委托人发生效力。

(二) 代理的种类

按照委托人授权的大小，销售代理可分为以下几种：

1. 总代理

总代理（general agent）是指代理商在一定地区和一定期限内不仅享有专营权，还代表委托人进行全面业务活动，甚至包括非商业性质的活动。总代理人实际上是委托人在指定地区的全权代表。

2. 独家代理

独家代理（sole agent，exclusive agent）是指委托人给予代理商在一定地区和一定期限内享有代销指定货物的专营权，只要在一定地区和规定的期限内达成该项货物的交易，无论是代理商签约，还是委托人直接签约，代理商都按成交金额提取佣金。在我国的出口业务中，采用独家代理方式时，参照国际贸易习惯做法，一般都给予代理商上述权利。

3. 一般代理

一般代理又称佣金代理（commission agent），是指在同一代理地区的某一期限内，委托人同时委派几个代理商为其推销商品或服务。一般代理根据推销商品的实际金额或根据协议规定的办法和百分比向委托人计收佣金，委托人可以直接与该地区的实际买主成交，而无须向佣金代理支付佣金。佣金代理与独家代理的主要区别有两点：一是独家代理享有专营权，佣金代理不享有这种权利。二是独家代理收取佣金的范围既包括招揽生意介绍客户成交的金额，也包括委托人直接成交的金额；佣金代理收取佣金的范围，只限于其推销出去的商品的金额。

(三) 代理协议的内容

代理协议也称代理合同，它是用以明确委托人和代理人之间权利与义务的法律文件。协议内容由双方当事人按照契约自由的原则，根据双方的共同意见加以规定。国际贸易中的代理种类繁多，代理协议的形式和内容也各不相同。实务中常见的销售代理协议主要包括以下内容：

1. 代理的商品和区域

协议要明确规定代理商品的品名、规格，以及代理权行使的地理范围。在独家代理的情况下，其规定方法与独家经销协议大体相同。

2. 代理商的权利与义务

这是代理协议的核心部分。一般应包括以下内容：（1）明确代理商的权利范围，以及是否享有专营权。（2）规定代理商在一定时期内应推销商品的最低销售额。（3）代理商应在代理权行使的范围内，保护委托人的合法权益。代理商在协议有效期内无权代理与委托人商品相竞争的商品，也无权代表协议地区内其他互相竞争的公司。对于在代理区域内发生的侵犯委托人的知识产权等不法行为，代理商有义务通知委托人，以便其采取必要措施。此外，代理商还负有保守商业秘密的责任。（4）代理商应承担市场调研和广告宣传的义务。

3. 委托人的权利与义务

委托人的权利主要体现为对客户的订单有权接受，也有权拒绝，对于拒绝订单的理由，可以不作解释，代理商也不能要求佣金。但对于代理商在授权范围内按委托人规定的条件与客户订立的合同，委托人应保证执行。委托人有义务维护代理商的合法权益，保证按协议规定的条件向代理商支付佣金。在独家代理的情况下，委托人要尽力维护代理商的专营权。如因委托人的责任给代理商造成的损失，委托人应给予补偿。

4. 最低成交金额的规定

委托人为保证自身的利益，防止代理商取得专营权后出现代而不理的现象，可在协议中规定代理商在一定时期内必须完成的最低数量与金额，否则委托人有权撤销代理商的专营权或对其报酬做相应的调整。

5. 佣金的支付

佣金是代理商为委托人提供服务所获得的报酬，支付佣金也是委托人的一项主要义务。代理协议中一般应明确规定佣金率、佣金的计算方法和佣金的支付时间等内容。

除上述基本内容外，还可以在协议中规定不可抗力条款、仲裁条款，以及协议的期限和终止办法等条款。委托人和代理商还可根据具体代理内容规定代理协议。

（四）独家代理与独家经销的区别

（1）性质不同。代理人与委托人之间属于委托代理关系，而独家经销商与出口商之间则是买卖关系。

（2）风险不同。独家代理人不承担经营风险，而独家经销商要承担经营风险。

（3）目的不同。独家代理人赚取的是佣金，而独家经销商赚取的是商业利润。

（4）专营权不同。独家代理人在特定地区和期限内，享有代销指定商品的专营权；独家经销商拥有包销的专营权，包括专买权和专卖权。独家代理合同样本如下所示。

独家代理合同

本协议系于_______年_______月_______日，由当事人一方_______公司，按中国法律组建并存在的公司，其主营业地在_______（以下简称卖方），与他方当事人_______公司，按_______国法律组建并存在的公司，其主营业地在_______（以下简称代理商）所签订。双方一致同意约定如下：

第一条　委任与接受

在本协议有效期内，卖方指定代理商为本协议第四条中商品的独家代理商，在第三条所规定的区域内招揽顾客的订单。代理商同意并接受上述委托。

第二条　代理商的义务

代理商应严格遵守卖方随时给予的任何指令，而且不得代表卖方作出任何担保、承诺，以及订立契约、合同或作其他对卖方有约束力的行为。对于代理商违反卖方指令或超出指令范围的一切作为或不作为，卖方都将不承担任何责任。

第三条　代理区域

本协议所指的代理区域是：________（以下简称区域）。

第四条　代理商品

本协议所指的代理商品是________（以下简称商品）。

第五条　独家代理权

基于本协议授予的独家代理权，卖方不得在代理区域内，直接地或间接地，通过其他渠道销售、出口代理商品。代理商也不得在代理区域内经销、分销或促销与代理商品相似或有竞争性的商品，也不能招揽或接受以区域外销售为目的的订单。在本协议有效期内，对来自区域内其他顾客有关代理商品的订单、询价，卖方都应将其转交给代理商。

第六条　最低代理额和价格

在本协议有效期内，如果卖方通过代理商每年（12 个月）从顾客处收到的货款总金额低于________，则卖方有权提前 30 天书面通知代理商解除本协议。卖方应经常向代理商提供最低的价格表，以及商品可以成交的条款、条件。

第七条　订单的处理

在招揽订单时，代理商应将卖方成交的条件、合同的一般条款充分通知顾客，也应告知顾客任何合同的订立都须经卖方的确认。代理商应将其收到的订单立即转交给卖方，以供卖方选择是否接受订单。卖方有权利拒绝履行或接受代理商所获得的订单或订单的一部分，而代理商对于被拒绝的订单或订单的一部分，无任何佣金请求权。

第八条　费用分担

除另有约定外，所有的费用和支出，如电讯费、差旅费以及其他有关商品销售的费用，都应由代理商承担。除此以外，代理商还应承担维持其办公处所、销售人员以及履行卖方协议中有关代理商的义务而发生的费用。

第九条　佣金

卖方接受代理商直接获得的所有订单后，就应按商品净销售额的百分之________，以________（货币）支付给代理商佣金。佣金只有在卖方收到顾客的全部货款后，每 3 个月支付一次，以汇付方式支付。

第十条　商情报告

卖方和代理商都应按季度或按对方要求提供有关市场信息的报告，以尽可能促进商品的销售。代理商应向卖方报告商品的库存情况、市场状况，及其他商业活动。

第十一条　商品的推销

在代理区域内，代理商应积极地、充分地进行广告宣传以促进商品的销售。卖方应向代理商提供一定数量的广告印刷品、商品样本、小册子，以及代理商合理要求的其他材料。

第十二条　工业权保护

在本协议有效期内，代理商可使用卖方的商标，但仅限于代理商品的销售。在本协议终止后，代理商销售库存代理商品时，仍可使用卖方的商标。代理商也承认使用于或包含于代理商品中的任何专利、商标、版权以及其他工业产权，都属于卖方所有，并且不得以任何方式提出异议。一旦发现侵权，代理商应及时通知卖方并协助卖方采取措施保护其产权利益。

第十三条 协议期限

本协议经双方签字后生效。在本协议终止前至少 3 个月，卖方或代理商应共同协商协议的续延。如果双方一致同意续延，在上述规定的条款、条件下，附上补充文件，本协议将继续有效另外________年。发生续延，本协议将于________年________月________日终止。

第十四条 协议的中止

在本协议有效期内，任何一方当事人不履行合同或违反本协议的条款，如第五、第六、第十一条，双方当事人应争取及时解决有争议的问题以期双方满意。如果在违约方接到书面通知后 30 日内问题仍不能解决，非违约方将有权中止本协议，由此造成损失、无力偿付债务、清算、死亡以及被第三人兼并，另一方当事人可提出中止本协议，而无需书面通知对方。

第十五条 不可抗力

任何一方对由于下列原因而不能或暂时不能履行全部或部分协议义务的，不负责任：自然灾害、政府采购或禁令，以及其他任何双方在签约时不能预料、无法控制且不能避免和克服的事件。但受不可抗力影响的一方，应尽快地将发生的事件通知对方，并附上证明材料。

第十六条 准据法

本协议有关贸易条款应按________解释。本协议的有效性、组成以及履行受中华人民共和国法律管辖。

第十七条 仲裁

对于因履行本合同发生的一切争议，双方应友好协商解决，如协商无法解决争议，则应提交中国国际经济贸易仲裁委员会，依据其仲裁规则，仲裁费应由败诉一方承担，仲裁委员会另有规定的除外。本合同由双方代表签字后生效，一式两份，双方各执一份。

买方（盖章）：____________	卖方（盖章）：____________
代表（签字）：____________	代表（签字）：____________
________年______月______日	________年______月______日

第二节 招投标和拍卖

一、招标和投标

招标和投标常用于国家政府机构、国有企业或公用事业单位采购物资、器材或设备的交易，其中更多地用于国际承包工程。目前，国际政府贷款项目和国际金融机构贷款项目往往在贷款协议中规定，接受贷款方必须采用国际竞争性招标采购项目物资或发包工程。这里主要介绍货物买卖中的招标与投标。

（一）招标和投标的含义

招标（invitation to tender）是指招标人（买方）在规定时间、地点发出招标公告或招标单，提出准备买进商品的品种、数量和有关买卖条件，邀请投标人（卖方）投标的行为。

投标（submission of tender）是指投标人（卖方）应招标人（买方）的邀请，根据招标公告或招标单的规定条件，在规定的时间内向招标人递盘的行为。由此可见，招标与投标是一种贸易方式的两个方面。

（二）招标和投标的特点

招标、投标与其他贸易方式相比有以下特征：

（1）招标具有组织性。招标的组织性指招标有固定的招标组织机构、招标场所。

（2）招标具有公开性。招标机构要通过招标公告广泛通告有兴趣、有能力投标的供货商或承包商，并向投标人说明交易规则和条件，以及招标的最后结果。

（3）投标具有一次性。投标人只能应邀作一次性投标，没有讨价还价的权利。标书在投递之后，一般不得撤回或修改。

（4）招标、投标的公平性。在招标公告发出后，任何有能力履行合同的卖主都可以参加投标。招标机构在最后取舍投标人时，要完全按照预定的招标规则进行。招标机构本身所具有的组织性和公开性，也是招标和投标公平、合理的有效保证。

（三）招标的方式

目前，国际上采用的招标方式归纳起来有以下几种：

1. 国际竞争性招标（international competitive bidding）

国际竞争性招标是指招标人通过公众媒体、报刊、电视或信息网络等公共媒体，介绍、发布招标公告或公开招标信息，邀请不特定的法人或者其他组织投标。国际竞争性招标通常也称作公开招标。它是一种无限制的竞争方式，其优点在于投标不受地域限制，招标人有较大的选择余地，可在众多的投标人中选定报价合理、工期较短、信誉良好的承包商，有助于打破垄断，实行公平竞争。其缺点在于招标周期长、工作复杂、投入资金太多。

2. 选择性招标（selective tender）

选择性招标也叫邀请招标，是有限竞争性招标。采用这种做法时，招标人不在报刊上刊登广告，而是根据自己具体的业务关系和情报资料对客商进行邀请，通过资格预审后，再由他们进行投标。

国际竞争性招标公开发布招标信息，公开程度高，参加竞争的投标人多，竞争比较充分，招标人的选择余地大，当然它的费用也较高，费时较多，程序较为复杂。选择性招标是在有限的范围内发布信息，进行竞争，虽然可以选择，但选择余地不大，它的费用和时间都可以节省一些，但作弊的机会更多。因此，对于这两种招标方式，《中华人民共和国招标投标法》鼓励采用国际竞争性招标方式，但在某些特定的情况下可以考虑采用选择性招标方式。

3. 谈判招标（negotiated bidding）

谈判招标又叫议标，它是非公开的，是一种非竞争性的招标，由招标人物色几家客商直接进行合同谈判，谈判成功，则交易达成。

4. 两阶段招标（two stage bidding）

两阶段招标是无限竞争招标和有限竞争招标的综合方式。招标时，先采用国际竞争性招标，再采用选择性招标，分两阶段进行。

（四）招标和投标的基本程序

招标、投标业务的基本程序包括以下四点：

1. 招标前的准备工作

招标前的准备工作很多，其中包括发布招标公告、资格预审、编制招标文件等。

2. 投标

投标人在慎重研究标书后，一旦决定参加投标，就要根据招标文件的规定编制和申报投标文件，为防止投标人在中标后不与招标人签约，招标人通常要求投标人提供投标保证金或银行投标保函。投标人将投标文件在投标截止日前送达招标人，逾期失效。

3. 开标、评标与决标

招标人在指定的时间和地点将寄来的全部投标书中所列的标价予以公开唱标，使全体投标人了解最高标价和最低标价。开标应当按招标文件规定的时间、地点和程序，以公开方式进行。开标时间与投标截止时间应为同一时间。唱标内容应完整、明确。只有唱出的价格优惠才是合法、有效的。唱标及记录人员不得将投标内容遗漏不唱或不记。开标既然是公开进行的，就应当有一定的相关人员参加，这样才能保证公开性，让投标人的投标为各投标人及有关方面所共知。在一般情况下，开标由招标人主持；在招标人委托招标代理机构代理招标时，开标也可由该代理机构主持。主持人按照规定的程序负责开标的全过程。其他开标工作人员办理开标作业及制作记录等事项。邀请所有的投标人或其代表出席开标，可以使投标人了解开标是否依法进行，有助于使他们相信招标人不会任意作出不适当的决定；同时，也可以使投标人了解其他投标人的投标情况，做到知己知彼，大体衡量一下自己中标的可能性，这对招标人的中标决定也将起到一定的监督作用。此外，为了保证开标的公正性，一般还邀请相关单位的代表参加，如招标项目主管部门的人员、评标委员会成员、监察部门代表等。对于有些招标项目，招标人还可以委托公证部门的公证人员对整个开标过程依法进行公证。

所谓评标，是指按照规定的评标标准和方法，对各投标人的投标文件进行评价比较和分析，从中选出最佳投标人的过程。评标是招标、投标活动中十分重要的阶段，评标是否真正公平、公正，决定着整个招标投标活动是否公平和公正；评标的质量决定着能否从众多投标竞争者中选出最能满足招标项目各项要求的中标者。评标后决标，最终选定中标人。

4. 中标签约

中标是从若干投标人中选定交易对象。中标者必须与招标人签约，否则保证金予以没收。为了确保中标人签约后履约，招标人仍然要求中标人交纳履约保证金或出具银行履约保函。

二、拍卖

拍卖（auction）是一种历史悠久的交易方式，在今天的国际贸易中仍被采用。通过拍卖成交的商品通常是品质难以标准化、价格昂贵或按传统习惯拍卖出售的商品，如裘皮、茶叶、烟草、羊毛、木材、水果，以及古玩和艺术品等。

（一）拍卖的含义和特点

拍卖是指由专门经营拍卖业务的拍卖行接受货主的委托，在一定的时间和地点，按照一定的章程和规则，以公开叫价的方式，将货物卖给出价最高的买主的一种贸易方式。

拍卖具有以下五个特点：

（1）拍卖是在一定机构内有组织地进行的，成交时间短，成交量大。拍卖一般由专业的拍卖行定期组织，也可以由货主临时组织的拍卖会组织。国际商品拍卖会通常定期举行，组织方事先准备好多方货源，吸引世界各地的买主。拍卖的时间虽短，但成交量一般都很大，由此形成了一些有国际影响力的拍卖行，如苏富比拍卖行和佳士得拍卖行等。

（2）拍卖是一种公开竞买的现货交易。拍卖采用事先看货、当场叫价、落槌成交的方法，成交后卖方即可付款提货。

（3）拍卖具有自己独特的法律和规章。拍卖不同于一般的进出口贸易，在交易磋商的程序和方式、合同的订立和履行等问题上，各国法律都有其特殊的规定，各个拍卖机构一般也都有各自的章程和规则，供拍卖时采用。

（4）参与拍卖的买主，在拍卖开始前通常须向拍卖机构交纳一定数额的履约保证金。买主在叫价后，若落槌成交，就必须付款提货；否则拍卖行将没收其保证金。

（5）卖主（货主）与拍卖机构是委托代理关系。拍卖机构是货主的代理人，也是代表货主的交易中介人。货主拍卖成功后，拍卖机构赚取以货款为基数的一定比例的佣金，在扣除其垫付的各种费用后，余款交由货主。

（二）拍卖的出价方式

拍卖的出价方法，一般有以下三种：

1. 增价拍卖

增价拍卖也叫买主叫价拍卖，是一种最常见的拍卖方式。拍卖人首先宣布拍卖货物的最低价，由买主按规定的增加额度竞相加价，直至出价最高时，由拍卖人接受，并以击槌动作宣布成交。

2. 减价拍卖

减价拍卖也叫卖方叫价拍卖，或荷兰式拍卖。拍卖人首先宣布拍卖货物的最高价，然后由拍卖人逐渐减低叫价，直到有人表示接受而达成交易。减价拍卖成交速度快，一般用于拍卖易腐烂的鲜活商品，如鲜花、水果、蔬菜、活鱼等。

3. 密封递价拍卖

密封递价拍卖也叫招标式拍卖。拍卖人事先公布每批商品的具体情况和拍卖条件，然后由买主在规定的时间内将自己的出价密封标书递交拍卖人，再由拍卖人选择条件最合适的标书达成交易。这种方式失去了公开竞买的性质，拍卖人不一定接受最高的递价，而是综合考虑多种因素做出选择。

（三）拍卖交易的程序

拍卖业务的一般程序分以下三个阶段：

1. 准备阶段

参加拍卖的货主事先将货物运到拍卖地点，委托拍卖行进行挑选、整理、分类、分批、编印目录并招揽买主。参加拍卖的买主可以在规定的时间到仓库查看货物，了解商品的品质，拟定自己的出价标准，做好拍卖前的准备工作。拍卖行一般还提供各种书面资料进行宣传，以扩大影响。

2. 正式拍卖

正式拍卖是指在规定的时间和地点，按照一定的拍卖规则和章程，依拍卖目录规定的次序，逐笔喊价成交。拍卖人作为货主的代理人掌握拍卖的进程。货主对于要拍卖的货物可以提出保留价，也可以无保留。对于无保留价的货物，拍卖主持人在拍卖前要给予说明；对于有保留价的货物，竞买人的最高喊价未达到保留价时，主持人要停止拍卖。拍卖过程中，买主在正式拍卖时的每一次叫价，都相当于一项发盘，当另一竞买者报出更高的价格时，该发盘即失效。拍卖主持人以击槌的方式表示竞买停止，交易达成。

3. 成交与交货

拍卖成交后，买主即在成交确认书上签字，并按规定付款和提货。买主通常以现汇支付货款，买主在付清货款后，货物的所有权随之转移，买方凭拍卖行开出的栈单或提货单到指定的仓库提货。提货必须在规定的期限内进行。由于拍卖前买主可事先看货，所以事后发生索赔的现象较少。但如果货物确有瑕疵，或者拍卖人、委托人不能保证其真伪，必须事先声明。否则，拍卖人要负担保责任。

（四）拍卖业务中的有关问题

拍卖是一种公开竞买、看货出价、击槌成交的现货买卖方式，存在激烈的竞争，而且受到一定章程和规则的制约，因此，在采用拍卖方式时，要注意下列事项：

（1）选择适合拍卖方式的商品。即选择一些销量较大、销路较好、竞争性较强，或者效益较高的商品参加拍卖。

（2）恰当确定拍卖商品的基价。要考虑拍卖时的压价系数，其基价应高于通常的卖断成交价，但也不能定得过高，否则会影响商品脱手，增加额外的费用负担。

（3）了解各个拍卖中心的章程规则和习惯做法。每个拍卖中心都有自己特有的拍卖章程规则和习惯做法，货主应事先了解清楚，并调查相应的市场供货情况和价格水平，最后才能确定参加拍卖的商品种类、数量，及拍卖基价，以争取扩大销路、卖出好价。

三、招标与拍卖的异同点

由前所述，招标和拍卖都具有竞争和公平的特性，两种交易方式都是在固定的时间、固定的地点，按照固定的程序和条件进行的。但招标和拍卖有本质的区别，具体表现在以下五点：

(1) 招标方式可使买方的效益最大化；而拍卖方式可使卖方的效益最大化。

(2) 招标时招标人购买满足招标文件要求的要价最低（但不低于成本价）的投标人的货物或服务；而拍卖则是将物品或财产权利卖给出价最高的人。

(3) 招标时投标人只能报一次价；而拍卖时，竞买人一般可以多次出价。

(4) 招标时的投标人出价都是保密的，只有在开标时才公开；而一般来说，拍卖时竞拍者的出价是公开的。

(5) 从合同订立的角度来讲，投标人的报价一般均视为有约束力的要约，不能随便撤销或更改；而拍卖人的叫价或竞卖人的应价，虽属于要约，但在落槌前，可以撤销。

此外，招标时除了价格因素外，投标人还要满足招标文件的其他条件，否则也可能落标；而拍卖是以价格为最大约束的，不考虑其他因素。

第三节 寄售和展卖

一、寄售

（一）寄售的含义及性质

寄售（consignment）是一种委托代售的贸易方式，它是指委托人（货主）先将货物运往寄售地，委托国外一个代销人（受托人），按照寄售协议规定的条件，代替货主进行销售，在货物出售后，由代销人向货主结算货款的一种贸易做法。

在国际贸易中，寄售有以下几个特点：

(1) 它是凭实物进行买卖的现货交易。寄售人先将货物运至目的地市场（寄售地），然后由代销人在寄售地向当地买主销售。

(2) 寄售人与代销人之间是委托代售关系而非买卖关系。代销人只能根据寄售人的指示处置货物，货物的所有权在寄售地售出之前仍属于寄售人。

(3) 寄售货物在售出之前，包括运输途中和到达寄售地后的一切费用和风险，均由寄售人承担。

(4) 寄售货物装运出口后，在到达寄售地前也可采用出售路货的办法（即货物尚在运输中），由代销人寻找买方出售。

（二）寄售方式的利与弊

1. 寄售的优点

寄售货物出售前，寄售人拥有货物的所有权，因此，寄售人有权对货物的销售和价格确定等问题进行处理，这有利于随行就市；寄售是凭实物买卖，买主能直接见到货物，有利于促进成交；代销人不负担风险与费用，一般由寄售人垫资，不占用代销人资金，可以调动代销人经营的积极性。

2. 寄售的缺点

对于委托人来讲，采用寄售这种方式须承担以下风险：一是出口商承担的风险较大，费用较多，而且增加了出口商的资金负担，不利于其资金周转；二是寄售货物的货款回收较为缓慢，一旦代销人不遵守协议，委托人可能存在货款两空的风险。

（三）寄售协议

寄售协议是寄售人和代销商之间为了执行寄售业务就双方权利、义务以及寄售业务中的有关问题签订的书面协议。在寄售协议中应特别处理好寄售商品的价格、货款的收付和佣金的支付等方面的问题。一般来讲，寄售协议应包括下列内容：

1. 协议名称及双方的义务与责任

一般应标明“寄售协议”（agreement of consignment），以表示协议的性质。同时，协议要明确规定双方的义务、责任，在售出前货物的所有权仍属寄售人，各项风险和费用一般也由寄售人承担；在货物售出后，所有权直接由寄售人转移给买方。

2. 定价方法

寄售商品的定价一般在寄售协议中注明，归纳起来，大致有以下四种定价方法：

（1）规定最低限价。代销商在不低于最低限价的前提下，可以任意出售货物，否则，必须事先征得寄售人同意。

（2）随行就市。即由代销商按照市价自行定价出售，寄售人不做限制，在这种做法下，代销商的自主权较大。

（3）销售前征得寄售人同意。这种方法弹性较大，实践中采用较多。代销商在得到买主的递价后，立即征求寄售人意见，确认同意后，才能出售货物。也有的寄售人规定一定时期的销售价格，由代销商据以对外成交。

（4）规定结算价格。货物售出后，双方依据协议中规定的价格进行结算。对于代销商实际出售货物的价格，寄售人不予干涉。在这种做法下，代销商须承担一定的风险。

3. 货款的收付

在寄售方式下，货款多数是在货物售出后收回。寄售人和代销商之间通常采用记账的方法，定期或不定期地结算，由代销商将货款汇给寄售人，或者由寄售人用托收方式向代销商收款。

4. 佣金的支付

佣金是寄售人给代销商提供服务支付的报酬。佣金条款一般应规定佣金的计算基础、佣金率，以及佣金的支付时间和方法等内容。

此外，寄售协议中还有货物的保险、各种费用的负担等预防性条款；同时，为减少风险，还可规定由代销商提供银行保函或者备用信用证，如果遇到代销商不履行协议规定的义务，由银行承担一定的责任，避免寄售人货款两空。

（四）使用寄售方式时应注意的问题

使用寄售方式时应注意：必须严格选择代销商（受托人）；慎重选择作价方法；在签订寄售协议前，调查寄售地的市场动态、供求情况、外贸制度、商业习惯；为减少风险，要求代销商提供银行保函，当代销商不履行协议规定的义务时，由银行承担支付责任。

二、展卖

(一) 展卖的含义与特点

展卖(fair and sales)是利用展览会和博览会及其他交易会形式，对商品实行展销结合的一种贸易方式。

展卖是最古老的交易方式之一，其雏形是区域性的集市。在制造业迅速发展、国际贸易不断扩大，以及现代科技、交通、通信条件日益完善的情况下，展卖日趋国际化、大型化和综合化，成为当前国际贸易的一种重要方式，特别是作为一种推销方式被人们广泛接受。

展卖的基本特点是，把出口商品的展览和推销有机地结合起来，以销为主。这种展销结合的方式具有下列明显的优点：

(1) 有利于宣传出口国家的科技成就和介绍出口商品，以扩大影响，促成交易；

(2) 有利于建立和发展客户关系，广交朋友，以扩大销售地区和范围，实现市场多元化；

(3) 有利于搜集市场信息，开展市场调查研究，以便更有效地掌握市场动态；

(4) 有利于出口商听取国外客户的意见，并通过货比货发现问题，找出差距，不断提高出口商品质量，增强出口竞争能力。

(二) 国际展卖的类型

展卖有各种不同的形式和内容，其做法也多种多样，现结合我国展卖业务的实践，介绍几种主要的展卖方式。

1. 国际博览会

国际博览会又叫国际集市(international fair)，是指在一定地点由一国或多国联合定期主办，邀请各国商人参加的贸易形式。参加者不仅可同主办国厂商洽谈贸易，也可同其他国家的贸易界人士进行交易。

国际博览会可分为两种形式。一种是综合性国际博览会，又称水平型博览会，即各种商品均可参展并洽谈交易的博览会。这种博览会的规模较大，产品齐全且会期较长。世界著名的国际博览会，一般多属于综合性的博览会，如莱比锡、巴黎等地的国际博览会。另一种是专业性国际博览会，其规模较小，会期也较短。世界上比较有名的专业性国际博览会，如慕尼黑国际工程机械博览会是世界上规模最大、国际影响力最强的工程机械、建材机械、矿山机械以及建筑和工程车辆及设备的专业展览会，每三年定期在德国慕尼黑举办。

2. 中国进出口商品交易会

中国进出口商品交易会(China Import and Export Fair)是我国各进出口公司在广州定期联合举办的、邀请国外客户参加的一种集展览与交易为一体的商品展销会。因其会址设在广州，故习惯上简称为广交会。我国于1957年举办了首届广交会，以后每年于春秋两季各办一次，分别称为春交会和秋交会。

举办中国进出口商品交易会的效果很好。参加的各国客商及友好团体众多，为集中交易创造了有利条件；加强了我国与各国客户的广泛联系，增进了相互了解；同时也是了解国外市场动态，直接听取国外客户对我国产品的要求和反应，熟悉国外客户资信情况的一个重要途径。由于交易会采取当面洽谈、看样成交的方式进行交易，从而有利于及时发现并解决问题。

3. 在国外举办展卖会

我国除参加国外举办的国际博览会外，还会自行与外商合作在国外举办各种展卖会。

在国外自行举办展卖会时，广告宣传费、展品的运费、保险费、展出场地的租用费，以及其他杂项费用，均应由我方自行负担。展卖结束后，剩余的产品也由我方自行处理。采用这种方式，我方承担的责任、费用和风险较大，故一般很少采用。

（三）开展展卖业务时应注意的问题

展卖是一种将产品宣传、推销和市场调研结合起来的贸易方式，它所带来的经济效益不能单纯地用一次展卖会的销售额来衡量，展卖会的潜在收益可能会很大。如果展卖会成功，通过展卖会建立的广泛的客户资源往往会给参展者带来数量可观的订单。但并非每次展卖会都会成功，在展卖过程中需要注意如下问题：

1. 选择合适的展卖商品

展卖这种交易方式并不是对所有商品都普遍适用的，它主要适合一些品种规格复杂，用户对造型、设计要求严格，而且性能发展变化较快的商品，如机械、电子、轻工、工艺、玩具、纺织产品等。在选择参展商品时，要注意先进性、新颖性和多样性，要能反映现代科技，代表时代潮流。

2. 选择合适的客户

到国外参加展卖会之前，应选择合适的客户作为合作伙伴。所选择的客户必须具有一定的经营能力，对当地市场十分熟悉，并有较为广泛的业务联系或销售系统。通过客户开展宣传组织工作，能扩大影响，这对展卖的成功具有重要作用。

3. 选择合适的展出地点

一般来说，应考虑选择一些交易比较集中、市场潜力较大、有发展前途的集散地进行展卖。同时，还应考虑当地的各种设施，如展出场地、旅馆、通信、交通等基本设施所能提供的方便条件和这些服务的收费水平。

4. 选择恰当的展卖时机

对于一些销售季节性强的商品，选择恰当的展卖时机尤为重要。一般来说，应选择商品的销售旺季进行展卖，每次展出的时间不宜过长，以免耗费过大，影响经济效益。

第四节 对销贸易

一、对销贸易概述

（一）对销贸易的含义

对销贸易（counter trade）是指在互惠互利的前提下，由两个或两个以上的贸易方达成协议，规定一方的进口产品可以部分或者全部以其向对方出口的产品支付。其主要目的是以进带出，开辟贸易双方各自的出口市场，求得贸易收支平衡或基本平衡。

（二）对销贸易的特点

对销贸易和进出口是有区别的，体现在以下几个方面：

（1）对销贸易不同于单边进出口，它实质上是进口和出口相结合的方式，一方商品或劳务的出口必须以进口为条件，体现了互惠的特点，即相互提供出口机会。

（2）在对销贸易方式下，一方从国外进口货物，不是用现汇支付，而是用相对的出口产品来支付。所以对销贸易不仅可以弥补发展中国家外汇不足的缺陷，而且作为一种有效的市场营销手段，对企业开拓市场有很大的帮助。跨国公司通过这种方式向海外直接投资，进行市场扩张。

（3）对销贸易买卖的标的除了有形的财产以外，还可包括劳务、专有技术和工业产权等无形资产。

（三）对销贸易的作用

总体上讲，对销贸易有利于发展中国家冲破贸易壁垒，扩大出口，并且在不增加外债的情况下，换取急需的技术、设备和物资。发达国家也可以通过较优惠的价格获得原材料。

但对销贸易也有它的局限性和不足之处，主要表现在：

（1）对销贸易在互惠的原则下进行，使得交易对象的选择和交易的达成以及履行面临很大困难，对销贸易具有鲜明的双边性。

（2）在对销贸易方式下，市场机制的作用被大大削弱，价格往往与正常价格有很大偏离，对销贸易的进出口商品往往脱离国际市场的实际价格水平。对一国来说，难以最大程度地节约社会劳动。

二、对销贸易的种类

对销贸易有多种形式，如易货贸易（barter trade）、互购贸易（counter purchase trade）、补偿贸易（compensation trade）、转手贸易（switch trade）和抵消贸易（offset trade）等。但在我国对外经贸活动中，采用较多的是易货贸易、互购贸易和补偿贸易。

（一）易货贸易

易货贸易是指贸易双方进行等值货物的直接交换。它是一种最古老和最简单的交易方式。随着国际贸易的发展，易货贸易的做法也日趋灵活。主要做法有以下两种：

1. 一般易货

一般易货即交易双方按照各自的需要，交换双方认为价值相等的商品。交易双方可以用货币表示其所交换的商品的价值，也可以不用。如用货币表示其所交换的商品的价值，则价格的作用仅在于比较交换货物的价值。

一般易货往往要求进口和出口同时成交，双方把货物交到约定地点进行交换。交易合同订明品种、规格、数量、交货时间等，但不涉及现金的支付，也不涉及第三方。

在国际贸易中，两个相邻国家所进行的边境贸易中有相当一部分就是通过这种形式进行的。

2. 综合易货

由于一般易货在实践中有很大的局限性，第二次世界大战后出现了综合易货方式，即两国之间签订清算协定，对两国一定时期内进行的多项换货交易的货款采用记账方式，没有实际支付。到了一定时间，两国以相互冲销货款的方式来清算两国间的贸易收支。如有差额，有的规定结转下一年度，也有的规定如果差额超过约定的摆动额，则以现汇拨付。

综合易货实际上是在国家的支持下，对一般易货方式的灵活运用。两国间的清算协定解决了贸易双方的支付问题，也解决了贸易双方在每次交易中货物价值必须相等的困难，甚至使出口货物和进口货物的交付也不需要在同一时间进行，这为易货贸易的开展带来了方便。因此，易货贸易被许多缺乏外汇的发展中国家所采用。

（二）互购贸易

1. 互购贸易的含义

互购贸易是指贸易双方互相购买对方商品的贸易方式。对一方来说，互购涉及两笔交易，一笔是出口，另一笔是进口。这两笔交易既是分别独立的，又是相互联系的，即一方与另一方签订出口合同的同时，必须承担与该方签订进口合同的义务；反之，一方与另一方签订进口合同的同时，则有与该方签订出口合同的权利。

2. 互购贸易的支付

在互购贸易中，双方一般通过即期信用证进行支付。对于先出口后进口的一方来说，采用即期信用证支付比较有利。他可以在收到出口货款至支付进口货款这段时间里利用对方的资金，而且，在此后的进口谈判中处于有利的地位。而另一方则处于被动地位，风险较大。如果在先出口合同中规定用远期信用证支付，在后进口合同中规定用即期信用证支付，意味着先出口方对先进口方提供信贷，可以不用现汇。

（三）补偿贸易

1. 补偿贸易的含义

补偿贸易是指在信贷基础上进口设备，然后以回销产品或劳务所得的价款，分期偿还进口设备的价款及利息。补偿贸易是20世纪60年代末至70年代初发展起来的一种新的贸易方式，在国际贸易中得到广泛使用。

2. 补偿贸易的特征

补偿贸易也是进口和出口相结合的贸易方式，但它有区别于易货贸易和互购贸易的三个基本特征。

（1）先进口的一般是机器、设备、零配件及技术等，进口方进口后利用自己的生产场所、本国的劳务、原材料等生产加工出成品，出口的一般是成品。

（2）信贷是补偿贸易必不可少的前提条件，即先进口的机器、设备、零配件及技术等不是采用即期支付的方式，而是采用远期支付及分期支付的方式。

（3）设备供应方必须同时承诺回购设备进口方的产品或劳务，这是构成补偿贸易的必备条件。

应当注意的是，在信贷基础上进行设备的进口并不一定构成补偿贸易。例如，在延期付款方式下，进口所需的大部分货款是在双方约定的期限内分期摊付本金及利息，但是在这种方式下，货款的偿还与产品的销售本身没有直接的关系，所以，尽管交易也是在信贷基础上进行的，但并不构成补偿贸易。

3. 补偿贸易的作用

对进口方而言，通过补偿贸易可以引进先进的技术和设备，提高本国的生产能力，加快企业的技术改造，使产品不断更新及多样化，增强出口产品的竞争力。另外，通过对方回购，还可在扩大出口的同时，得到一个较稳定的销售市场和销售渠道。对设备供应方来说，进行补偿贸易有利于突破进口方支付能力不足的限制，从而扩大出口。同时，通过承诺回购可以加强自己在同行业中的竞争地位、争取贸易伙伴，或者在回购中取得较稳定的原材料来源，或从转售产品中获得利润等。

4. 补偿贸易的方式

根据用来偿付的标的的不同，补偿贸易大体可分为四种方式。

(1) 直接补偿贸易。这是指用进口机器、设备、技术等直接生产出来的产品支付进口品价值的补偿贸易。这种补偿方式称作产品回购 (product buyback)，是补偿贸易最基本的做法。但这种方式有一定的局限性，它要求生产出来的直接产品及质量必须符合对方的需要，或在国际市场上是可销的，否则就不易为对方所接受。

(2) 间接补偿贸易。当所交易的设备本身不生产物质产品，或设备所生产的直接产品非对方所需，或在国际市场上不好销售时，可由双方根据需要进行协商，用其他产品支付进口价款。

(3) 部分补偿贸易。这是指对引进的技术设备，部分用产品偿还，部分用货币偿还的补偿贸易。偿还的产品可以是直接产品，也可以是其他产品；可以用现汇偿还，也可用贷款分期偿还。

(4) 劳务补偿贸易。这种做法常见于来料加工或来件装配相结合的中小型补偿贸易。按照这种做法，双方根据协议，往往由对方代我方购进所需的技术、设备，货款由对方垫付。我方按对方的要求加工、生产后，从应收的加工费中分期扣还所欠款项。

5. 进行补偿贸易应注意的问题

补偿贸易是一种比较复杂的交易，涉及贸易、信贷和生产，而且持续的时间又比较长，在履约期间，往往会发生一些难以预料的变化。因此，进行一项补偿贸易，应特别注意以下几个问题：

(1) 必须做好项目的可行性研究，立项时必须慎重考虑。

(2) 合理计算货款的成本和安排偿还期。对于货款成本，既要考虑利率的高低，又要考虑所使用的货币是软币还是硬币，还要考虑设备价格的高低，只有从这三个方面进行综合核算，才能得到比较合乎实际的成本。

(3) 正确处理补偿贸易和正常出口的关系，原则上应该以不影响我国的正常出口为前提。

第五节 加工贸易

20 世纪 90 年代以来，我国加工贸易蓬勃发展，加工贸易占据了我国对外贸易的半壁江山。加工贸易主要有来料加工贸易、进料加工贸易和境外加工贸易三种形式。

一、来料加工贸易

（一）来料加工的含义

来料加工（processing with supplied materials）是指由外商等委托人将原材料、样品和零部件运到我国，委托我方按要求进行加工、生产，或装配成为成品、半成品，然后运出我国自行处置，我方按照约定收取一定的加工费作为报酬。

中国成立经济特区后，来料加工贸易发展迅速。中国在 20 世纪 70 年代末和 80 年代初，把来料加工作为利用外资的一种形式，在政策上加以保护和支持，因而其发展迅速。加工装配贸易额在中国进出口总额中，已占有相当大的比重。应该说，这一贸易方式，在增加就业机会、繁荣地方经济和推动出口贸易方面，起到很大的作用。

（二）来料加工业务的作用

来料加工对我方的积极作用如下所示：

（1）解决本国生产能力有余而原材料不足的矛盾，为国家增加外汇收入。

（2）开发劳动力资源，增加就业机会，繁荣地方经济。

（3）引进国外先进的技术和管理经验，促进外向型经济的发展。

对委托方来讲，来料加工业务也可降低其产品成本，增强其竞争力，并有利于委托方所在国的产业结构调整。

（三）来料加工合同的主要内容

来料加工合同包括三个部分：约首部分、本文部分和约尾部分。约首和约尾主要说明订约人的名称、订约宗旨、订约时间、合同的效力、有效期限、终止及变更办法等问题。本文部分是合同的核心部分，具体规定双方的权利和义务。在商谈合同的主要条款时，应注意下列问题：

1. 对来料来件的规定

来料加工业务中，能否按时、按质、按量交付成品在很大程度上取决于委托方能否按质、按量、按时供料。因此，在合同中要明确规定来料来件的质量要求、具体数量和到货时间。为了明确责任，一般同时规定验收办法和委托方未能按规定提供料件的处理办法，以及料件未按时间到达造成承接方停工、生产中断的补救方法。

2. 对成品质量的规定

外商为了保证成品在国际市场上的销路，对成品的质量要求比较严格，因此我方在签订合同时必须从自身的技术水平和生产能力出发，妥善规定，以免交付成品时出现困难。质量标准一经确定，承接方就要按时、按质、按量交付成品，委托方则根据合同规定的标准验收。

3. 关于耗料率和残次品率的规定

耗料率又称原材料消耗定额，是指每单位成品消耗原材料的数额。残次品率是指不合格产品在全部成品中的比率。这两个指标如果定得过高，则委托方必然要增加成本，减少成品的收入；如定得过低，则承接方难以完成。因此，这一问题的规定直接关系到双方的利害关系和能否顺利执行合同。一般委托方要求耗料不得超过一定的数额，否则由我方负担；残次品不能超过一定比例，否则委托方有权拒收。

4. 关于工缴费标准的规定

工缴费是直接涉及合同双方利害关系的核心问题。由于加工装配业务本质上是一种劳务出口，所以工缴费的核定应以国际劳务价格为依据，要具有一定的竞争性，并考虑我国当前劳动生产率及其与国外的差距。

5. 对工缴费结算方式的规定

来料加工业务中关于工缴费的结算方法有两种：一是来料、来件和成品均不作价，单收加工费，由对方在我方交付成品后通过汇付、托收或信用证方式向我方支付。二是对来料、来件和成品分别作价，两者之间的差额即为工缴费。采用这种方式，我方应坚持先收后付的原则，我方开立远期信用证或以远期托收的方式对来料、来件付款；对方以即期信用证或即期托收方式支付成品价款。远期付款的期限要与加工周期和成品收款所需时间相衔接并留有适当余地，以免垫付外汇。

6. 对运输和保险的规定

来料加工业务涉及两段运输：原料运进和成品运出，须在合同中明确规定由谁承担有关的运输责任和费用。由于原料和成品的所有权均属于外商，所以运输的责任和费用也应由外商承担。但在国际贸易实务的具体业务中可灵活掌握，我方也可代办某些运输事项。

来料加工业务涉及的保险包括两段运输险，以及货物加工期间存仓的财产险。同运输一样，从法律上讲，承接方只承担加工装配，保险应归委托方负责。但从实际业务过程看，由承接方投保较为方便，有时委托方也要求承接方代办保险，保险费可连同工缴费向委托方结算。如果由我方代办保险，双方还应约定保险险别、保险金额等条件。

中国人民保险公司为适应来料加工业务发展的需要，开设了来料加工一揽子综合险，投保这一险别后，保险公司即承担了两段运输险和存仓财产险。

此外，来料加工合同还应订立工业产权的保证、不可抗力和仲裁等预防性条款。

二、进料加工业务

（一）进料加工的含义

进料加工（processing with imported materials）是指有关经营单位用自有外汇在国际市场购买原料、材料、辅料、元器件、零部件、配套件和包装物料，由国内生产者加工成成品或半成品后再销往国外市场的贸易方式。进料加工贸易的特点包括自进原料、自定生产、自定销售、自负盈亏。

（二）进料加工业务的做法

进料加工的具体做法，归纳起来，大致有以下三种：

（1）先签订进口原料的合同，加工出成品后再寻找市场和买主。这种做法的好处是进料时可选择适当时机，在低价时购进。一旦签订出口合同，就要尽快安排生产，保证及时交货，交货期一般较短。采取这种做法时，要随时了解国外市场动向，以保证所生产的产品能适销对路，否则产品无销路，就会造成库存积压。

（2）先签订出口合同，再根据国外买方的订货要求从国外购进原料，加工生产，然后交货。这种做法包括来样进料加工，即由买方先提供样品，我方根据样品的要求再从国外进口原料，加工生产。这种做法的优点是产品销路有保障，但要注意所需的原料来源必须有保障，否则会影响成品质量或导致无法按时交货。

（3）对口合同的履约方式。即与对方签订进口原料合同的同时签订出口成品的合同，原料的提供者也就是成品的购买者。但两个合同相互独立，分别结算。这样做使原料来源和成品销路均有保证，但适用面较窄，不易成交。在实际做法中，有时原料提供者与成品购买者也可以是不同的人。

（三）开展进料加工的意义

进料加工在我国并非一种新的贸易方式，但在改革开放的过程中，在中央政策的鼓励下有了较为迅速的发展，特别是在东部沿海地区，开展得十分普遍。我国开展进料加工的意义，主要表现在以下几个方面：

（1）有利于解决国内原材料紧缺的困难，利用国外提供的资源，发展出口商品生产，为国家创造外汇收入。

（2）开展进料加工可以更好地根据国际市场的需要和客户的要求，组织原料进口和加工生产，特别是来样进料加工方式有助于做到产销对路，可避免盲目生产，减少库存积压。

（3）进料加工是将国外的资源和市场与国内生产能力相结合的国际大循环方式，也是国际分工的一种形式。通过开展进料加工，可以充分发挥我国劳动力价格相对低廉的优势，并有效利用相对过剩的加工能力，扬长避短，促进我国外向型经济的发展。

（四）来料加工与进料加工的区别

来料加工与进料加工有以下区别：

1. 料件付汇方式不同

来料加工料件由外商免费提供，无须付汇；进料加工料件必须由经营企业付汇购买。

2. 货物所有权不同

来料加工货物所有权归外商所有，进料加工货物所有权归经营企业所有。

3. 交易笔数不同

对于进料加工，原料进口是一笔买卖，加工再出口又是一笔买卖，在进出口的合同上没有联系；而来料加工中，原料进口和成品出口往往是一笔买卖，或是两笔相关的买卖，供应原料的往往是成品承售人。

4. 经营方式不同

来料加工经营企业不负担盈亏，只赚取工缴费；进料加工经营企业自负盈亏，自行采购料件，自行销售成品。

5. 交易双方关系不同

来料加工的双方，一般是委托加工关系；进料加工再出口，从贸易对象方面来讲，没有必然的联系，进归进，出归出，双方是商品买卖关系，不是加工关系。

6. 承担风险不同

来料加工经营企业不必承担经营风险，进料加工经营企业必须承担经营过程中的所有风险。

7. 退税的方式不同

进料加工复出口货物，实行“先征后退”的方式；来料加工复出口货物，实行“不征不退”的方式。

三、境外加工贸易

（一）境外加工贸易的含义

境外加工贸易（processing trade abroad）是指我国企业在国外进行直接投资的同时，利用当地的劳动力开展加工装配业务，以带动和扩大国内设备、技术、原材料、零配件出口的一种国际经济合作方式。境外加工贸易是在海外投资办厂的基础上，结合开展来料加工、进料加工或就地取材的一种新做法。

（二）开展境外加工贸易时应注意的问题

开展境外加工贸易业务是一项复杂而艰巨的工作，结合我国一些企业的经验教训，应注意以下几个重要问题：

1. 要注意做好境外加工贸易项目的可行性研究

做好项目可行性研究是保证项目取得成功的重要前提。举办境外加工贸易项目，必须深入全面地开展可行性研究。可行性研究的重点应放在市场需求、投资环境（包括当地相关的税收、进出口管理、海关管理、外汇管制、人员入境、环保政策、用工制度等政策法规），以及能否有效发挥自身优势等方面的调研上。要根据市场需求对产品进行准确定位，并适时进行调整。在没有落实销售渠道之前不可贸然投资。

2. 注意做好我国境外投资行业和投资方式的选择

我国境外投资在行业选择上，以在设备、技术上有较强比较优势的轻工、纺织、家用电器等机械电子，以及服装加工等行业为重点，到境外投资办厂，进行产品的组装和加工生产。在投资方式上，鼓励企业以设备、技术、原材料和零部件等实物为投入，以从事散件组装和加工生产为重点，重点支持那些不需要申请资金、以自有资金投资的优势企业。同时对投资少、见效快、风险小的“短平快”项目，也要重点推动。

3. 要注意考察、了解境外合作方的资信情况

在举办境外加工贸易项目，与当地企业探讨合资、合作事宜前，必须对当地合作伙伴的资信情况、市场营销能力、合作精神等进行深入调查了解。在充分了解合作伙伴的前提下，要通过订立协议（必要时可进行公证）的形式明确合资、合作双方的权利和义务。要注意落实项目各方的投资资金及项目开办初期的流动资金。在举办合资、合作企业的整个过程中，要选派得力人员参与企业的注册、经营管理，特别是财务部门，必须由中方控制，以便及时准确地掌握合资、合作企业的运营情况。在项目启动后，要采取措施，确保中方投资主体出售给合资、合作企业的设备、零配件、原材料等货款的回收安全。

4. 要做好人才方面的准备，并选派得力人员

我国境外投资的实践表明，人员选派是否得当在相当程度上决定了投资项目的成败。为保证境外加工贸易项目成功，国内投资主体应选派政治素质好、责任心强、富有开拓精神、熟悉业务、懂外语、身体健康的同志赴国外开展工作。

5. 要做好境外加工贸易的对外宣传工作

举办境外加工贸易项目，可根据实际情况的需要，注意强调该项业务的开展有利于受资国增加就业、发展经济、扩大当地出口和发展双边经贸合作，努力争取当地政府的支持和有关优惠政策，为项目的顺利开展创造良好的外部环境。

第六节 期货交易

期货交易是商品生产者为规避风险，从现货交易中的远期合同交易发展而来的。在远期合同交易中，交易者集中到商品交易场所交流市场行情，寻找交易伙伴，通过拍卖或双方协商的方式来签订远期合同，等合同到期时，交易双方以实物交割方式了结义务。交易者在频繁的远期合同交易中发现：由于价格、利率或汇率波动，合同本身就具有价差或利益差，因此完全可以通过买卖合同来获利，而不必等到实物交割时再获利。为适应这种业务的发展，期货交易应运而生。

一、期货交易的概念及特点

期货交易（futures）是在现货交易的基础上发展起来的，是通过在期货交易所买卖标准化的期货合约而进行的一种有组织的交易形式。交易所涉及的商品和有价证券不直接进入市场，只是承诺在未来某一时刻以特定的价格销售，或在规定交割日之前将合约转手买卖或冲销。其实质是借助商品买卖方式进行的金融行为。

期货交易具有如下特点：

1. 以小博大

期货交易只需交纳5%～10%的履约保证金就能完成数倍乃至数十倍的合约交易。期货交易保证金制度的杠杆效应使之具有“以小博大”的特点，交易者可以用少量的资金进行大宗买卖，节省大量的流动资金。

2. 双向交易

期货市场中可以先买后卖，也可以先卖后买，投资方式灵活。

3. 不必担心履约问题

所有的期货交易都通过期货交易所进行结算，且交易所成为任何一个买者或卖者的交易对方，为每笔交易做担保，所以交易者不必担心交易的履约问题。

4. 市场透明

交易信息完全公开，且交易采取公开竞价方式进行，使交易者可在平等的条件下公开竞争。

5. 组织严密，效率高

期货交易是一种规范化的交易，有固定的交易程序和规则，一环扣一环，环环高效运作，一笔交易通常在几秒钟内即可完成。

二、期货市场的构成及运行机制

期货交易是通过期货交易所、结算所、经纪公司和交易者这四个组成部分的有机联系完成的。

交易者即客户首先要选择一个期货经纪公司，在该经纪公司办理开户手续。选择期货经纪公司和经纪人时要把握以下几个基本原则：

（1）资本雄厚，信誉好。

（2）通信联络工具迅捷、先进，服务质量好。

（3）能主动向客户提供各种详尽的市场信息。

（4）主动向客户介绍有利的交易机会，并且诚实可信、稳健，有良好的商业形象。

（5）收取合理的履约保证金。

（6）规定合理、优惠的佣金。

（7）能为客户提供理想的经纪人。

开户的具体程序如下所示：

（1）客户提供有关文件、证明材料。

（2）经纪公司向客户出具《风险揭示说明书》和《期货交易规则》，向客户说明期货交易的风险和期货交易的基本规则。在准确理解《风险揭示声明书》和《期货交易规则》的基础上，由客户在《风险揭示声明书》上签字、盖章。

（3）期货经纪公司与客户双方共同签署《客户委托合同书》，明确双方的权利、义务关系，正式形成委托关系。

（4）期货经纪公司为客户提供专门账户，供客户从事期货交易的资金往来，该账户与期货经纪公司的自有资金账户必须分开。客户只有在其账户上存有足额保证金后，方可下单。

客户与经纪公司的代理关系正式确立后，就可根据自己的要求向经纪公司发出交易指令。经纪公司接到客户的交易订单后，须立即通知该公司驻交易所的出市代表，并记下订单上的内容，交给该公司收单部。出市代表根据客户的指令进行买卖交易。目前国内一般采用计算机自动撮合的交易方式。结算所每日结算后，以书面形式通知经纪公司。经纪公司同样向客户提供结算清单。若客户提出平仓要求，过程同前。最后，由出市代表将原持仓合约进行对冲（平仓），经纪公司将平仓后的报表送给客户。若客户不平仓，则实行逐日盯市制度，按当天结算价结算，账面盈利时，经纪公司补交盈利差额给客户；账面亏损时，客户须补交亏损差额，直到客户平仓时，再结算实际盈亏额。

三、套期保值

期货市场的基本经济功能之一就是风险转移，而要达到这一目的，最常用的手段就是套期保值。套期保值又称对冲（hedging），传统含义是指在期货市场上买进或卖出与现货数量相当，但交易方向相反的商品期货合约，以期在未来某一时间通过卖出或买进同等数量的期货合约来回避现货市场价格波动所造成的实际价格风险的交易。

期货市场中的套期保值者数量众多，可以是个人，也可以是公司。任何想回避现货市场商品价格不利变化的人都可利用期货市场为其现货交易活动进行套期保值。任何一个已持有或计划持有某种现货如小麦、玉米、大豆、债券、外汇等商品的个人或公司，均可以利用期货市场来进行套期保值以回避风险。现今世界期货市场的套期保值者有农业生产者、农场主、谷物储存商、生产商、出口商、银行家、债券经销商、保险公司、制造商、年金基金会等个人与投资机构，几乎无所不包。套期保值具有四个特征：交易方向相反；商品种类相同；商品数量相等；月份相同或相近。套期保值也可以分为以下两种类型：买期保值和卖期保值。

（一）买期保值

买期保值，是指预先在期货市场上买入期货合约，即买空，持有多头头寸，来为交易者将要在现货市场上买进的现货商品保值。因此又称为多头保值或买空保值。

买期保值的基本做法是：根据保值的目标先在期货市场上买进相关的、合适的期货。然后，在现货市场上买进现货的同时，又在期货市场上卖出与原先买进相同的期货合约，从而完成套期保值业务。具体地说，若交易者目前不打算购进价格合适的实物商品，而为了保证在未来某一时间必须购进该实物商品时，其价格仍能维持在目前水平，那么就可以应用买期保值。

买期保值的目的是防止日后价格上升而带来亏损风险。

例如，7 月 1 日，大豆的现货价格为每吨 2 040 元，某加工商为了避免将来现货价格可能上升，进而提高原材料的成本，从而决定在大连商品交易所进行大豆套期保值交易。而此时大豆 9 月期货合约的价格为每吨 2 010 元，基差 30 元/吨，该加工商于是在期货市场上买入 10 手 9 月大豆合约。8 月 1 日，他在现货市场上以每吨 2 080 元的价格买入大豆 100 吨，同时在期货市场上以每吨 2 050 元的价格卖出 10 手 9 月份大豆合约，来对冲 7 月 1 日建立的空头头寸。

上述交易情况表明，大豆价格上涨使得加工商在现货交易中蒙受 40 元/吨的损失，但由于他适时地做了买期保值，在期货市场上盈利 40 元/吨，因而期货市场上的盈利弥补了现货市场价格波动所带来的损失。

（二）卖期保值

卖期保值，是指预先在期货市场上卖出期货合约，即卖空，持有空头头寸，来为交易者将要在现货市场上卖出的现货进行保值。因此，卖出保值又称为卖空保值或卖出套期保值。

卖期保值交易的基本做法是：根据保值的目标先在期货市场上卖出相关的、合适的期货合约。然后，在现货市场上卖出该现货的同时，又在期货市场上买进与原先卖出的相同的期货合约，在期货市场上对冲并结束实际套期保值交易。具体地说，交易者为了日后在现货市场售出实际商品时所得到的价格能维持在当前的合适水平上，应当采取卖期保值方式来保证其日后售出实物的收益。

卖期保值的目的在于规避日后价格下跌而带来的亏损风险。通常是农场主为防止收割时农作物价格下跌，矿业主为防止矿产开采以后价格下跌，经销商或加工商为防止货物购进而未卖出时价格下跌所采取的保值方式。

例如，春耕时，某粮食企业与农民签订了当年收割时收购玉米 10 000 吨的合同，7 月，该企业担心到收割时玉米价格会下跌，于是决定将售价锁定在 1 080 元/吨，因此，在期货市场上以 1 080 元/吨的价格卖出 1 000 手合约进行套期保值。收割时，玉米价格果然下跌到 950 元/吨，该企业就以此价格买回 1 000 手期货合约，来对冲平仓，该企业在期货市场赚取的 130 元/吨正好用来抵补现货市场上少收取的部分。这样，该企业通过套期保值规避了不利价格变动的风险。

四、期货交易与现货交易的区别

现货交易是指买卖双方以实物交割为目的的商品交易方式，按其交割时间不同，可分为即期现货交易和远期现货交易。即期现货交易是现买现卖，钱货两清，即由拥有商品准备立即出售的卖方，和拥有货币且想立即得到商品的买方直接见面，即时成交。远期现货交易，也称为现货远期合同交易，是一种成交在先，交割在后，即买卖双方先通过签订合同达成交易契约，在未来某一确定时间再进行交割的交易方式。

期货交易与现货交易的区别有以下七点：

1. 买卖的标的物不同

现货交易买卖的直接对象是商品本身。期货交易买卖的直接对象是期货合约，是买进或卖出多少手或多少张期货合约。

2. 交易的目的不同

现货交易是一手钱、一手货的交易，立即或在一定时期内获得或出让商品的所有权，是满足买卖双方需求的直接手段。期货交易的目的一般不是到期获得实物，套期保值者的目的是通过期货交易转移现货市场的价格风险，投资者的目的是从期货市场的价格波动中获得风险利润。

3. 交易方式不同

现货交易一般是一对一谈判签订合同，具体内容由双方商定，签订合同之后若不能兑现，就要诉诸法律。期货交易是以公开、公平竞争的方式进行交易。一对一谈判交易（或称私下对冲）被视为违法。

4. 交易场所不同

现货交易一般分散进行，如粮油、日用工业品、生产资料，都是由一些贸易公司、生产厂商、消费厂家分散进行交易的，只有一些生鲜和个别农副产品是以批发市场的形式集中进行交易的。但是，期货交易必须在交易所内依照法规公开、集中进行，不能进行场外交易。

5. 商品范围不同

现货交易的品种是一切进入流通的商品，而期货交易品种是有限的，主要是农产品、石油、金属商品，以及一些初级原材料和金融产品。

6. 结算方式不同

现货交易是货到款清，无论时间多长，都是一次或数次结清。期货交易实行每日无负债结算制度，必须每日结算盈亏，结算价格是按照成交价加权平均计算的。

7. 保障制度不同

现货交易受法律保护，合同不兑现即毁约时要用法律或仲裁的方式解决。期货交易除了国家的法律和行业、交易所规则之外，主要是以保证金制度为保障，以保证到期兑现。

第七节 国际电子商务

一、电子商务的概念

在中国，电子商务的概念是1993年从国外引入的。电子商务是指运用互联网（Internet）、内部网（Intranet）、外部网（Extranet）、局域网（LAN）来解决交易问题、降低经营成本、增加商业价值并创造新商机的所有商务活动和经济活动。

电子商务并不是一个单纯的技术概念或商业概念，而是一个过程概念，或者说是一个动态概念，包括组织和组织、组织和个体、个体和个体等之间，各种商务活动和经济活动过程中数据、文本、声音、图像的传输，如电子信箱、电子交易、网络谈判、电子合同、电子结算、网络购物、电子反馈、通过网络提供产品和服务，以及规范电子商务的信用认证和管理、合同、法律法规、清算和支付、税收等。电子商务涉及制造业、商业、银行业、证券业、法律服务、管理咨询、保险业、文化教育、艺术等多个行业。

二、电子商务的分类

电子商务按照不同的角度有多种分类。

（一）按照参与商务活动的主体划分

按照参与商务活动的主体，电子商务可以分为企业与企业之间的电子商务、企业与消费者之间的电子商务、企业与政府之间的电子商务、消费者与政府之间的电子商务。

1. 企业与企业之间的电子商务

企业与企业之间的电子商务（business to business，B2B），是电子商务中应用最广泛的形式，企业可以使用互联网或其他网络寻找合作伙伴，完成从订购到结算的全部交易行为，包括向供应商订货、签约、接受发票，和使用电子资金转移、信用证、银行托收等方式进行付款，以及在商贸过程中发生的其他问题，如索赔、商品发送管理和运输跟踪等。

2. 企业与消费者之间的电子商务

企业与消费者之间的电子商务（business to consumer，B2C），是消费者利用互联网直接参与经济活动的形式，类同于商业电子化的零售商务。目前，在互联网上有各种类型的虚拟商店和虚拟企业，为消费者提供各种与商品销售有关的服务，通过网上商店买卖的商品可以是实体化的，如书籍、鲜花、服装、食品、汽车、电视等；也可以是数字化的，如新闻、电子书、音乐、电影、数据库、软件及各类基于知识的商品；还有提供的各类服务，如安排旅游、在线医疗诊断和远程教育等。

3. 企业与政府之间的电子商务

企业与政府之间的电子商务（business to government，B2G），覆盖企业与政府机构之间的各项事务。如企业与政府之间进行的各种手续的报批；政府通过网络发布采购清单，企业以电子化方式响应；政府在网上以电子交换方式来完成对企业和电子交易的征税等，这成为政府机关政务公开的一种手段和方法。

4. 消费者与政府之间的电子商务

消费者与政府之间的电子商务（consumer to government，C2G），是政府对个人的电子商务活动。这类电子商务活动目前还未真正形成，随着企业与消费者、企业与政府的电子商务活动的发展，政府将来会为个人提供更为全面的电子方式服务，如社会福利金的支付等都将在网上进行。

（二）按照交易内容划分

按照交易内容，电子商务可以分为以下四类：

第一类是企业与企业通过网络实施的产品经营活动。

第二类是企业与企业通过网络实施的服务经营活动。

第三类是企业与个人消费者通过网络实施的产品经营活动。

第四类是企业与个人消费者通过网络实施的服务经营活动。

例如，新浪等门户网站能为企业或个人提供新闻、邮件、广告、短信、游戏等服务活动，通过第二类和第四类电子商务活动获得经济收入；阿里巴巴网站主要为企业提供产品销售和采购等商机信息服务，从事的是第二类电子商务活动；易贝（eBay）主要是为个人消费者提供拍卖等商机信息服务，从事的是第四类电子商务活动；亚马逊网站主要是为个人消费者提供图书、百货等产品，从事的是第三类电子商务活动；神州数码公司通过易桥网站为代理商提供IT产品，从事的是第一类电子商务活动；中国工商银行等金融机构的在线银行通过网络为企业和个人提供金融服务，从事的是第二、第四类电子商务活动。

（三）按照商业活动运作模式

按照商业活动运作模式，电子商务可以分为完全的电子商务和不完全的电子商务两类。

1. 完全的电子商务

完全的电子商务，是指在信息网络上通过电子商务的形式实现和完成供货与结算等完整交易过程的国际贸易交易活动。一些无形商品和服务，如计算机软件、娱乐产品（电影、游戏、音乐）的网上订购、付款、交付，以及图像、图书、报刊等全球规模的信息服务都属此类电子商务。完全的电子商务能使交易双方超越地理空间障碍进行电子交易，充分挖掘全球电子商务市场的潜力。

2. 不完全的电子商务

不完全的电子商务，是指不能完全依赖电子商务方式实现和完成供货与结算等完整交易过程的国际贸易活动。它需要依靠一些外部要素，如国际货物运输系统。一些非数码化的商品无法通过互联网供货，因而其交易过程还需要依赖电子商务以外的其他活动和方式。一些有形物的电子交易，也需要利用传统渠道，如邮政服务和快递送货。

三、电子商务的业务范畴

（一）广告宣传

企业可利用互联网发布各类商业信息，并利用网上主页在全球范围内做广告宣传。商家也可利用互联网的搜索引擎迅速找到所需要的商品和企业信息。

（二）咨询洽谈

电子商务可借助电子邮件、新闻组、实时的在线洽谈工具进行有关的咨询和商务洽谈，突破了时间和地域的限制，使得商务活动更加方便快捷。

（三）网上订购

电子商务可利用电子邮件或网上订购系统帮助消费者在线查询、购买需要的商品，并及时查看商品运送状态。

（四）网上支付

电子商务要成为完整的交易过程，网上支付是必不可少的环节，银行和商家通过网络实现系统对接，可以方便消费者直接采用电子手段支付货款，从而节省很多费用和人工成本。

（五）电子账户

网上支付系统必须有电子金融系统的支撑，即银行、保险公司等金融机构通过提供电子账户为消费者提供网上支付的操作功能。

（六）服务传递

消费者可以通过互联网、电子邮件等方式获得在线服务，例如电子图书、软件和有关信息服务。

（七）意见征询

企业等商业机构或政府机构都可以在网上设置留言、意见征询等功能，以便及时在网上收集和反馈客户意见。

（八）交易管理

交易管理涉及人、财、物等多个方面，以及企业与企业之间、企业与客户之间、企业与政府机构之间、企业内部各部门之间的沟通和协调，因此，通过建立交易管理应用系统，企业和政府实施有关的监控、管理和协调，能够节约人工成本，加速工作流程。

四、电子商务的特点

电子商务与传统的商务形式相比，具有以下特点：

第一，电子商务作为一种新型的交易方式，扩大了交易范围，将企业生产、商品流通以及消费者和政府带入了一个网络经济和数字化的新天地。在电子商务环境中，人们不再受地域限制，能以非常简捷的方式完成过去较为繁杂的商务活动，如通过网络银行进行全天候转账、查询信息等，同时使得企业对客户的服务质量大大提高。

第二，电子商务活动可以节省潜在开支，如电子邮件节省了通信邮费；而电子数据交换则大大节省了管理和人员环节的开销，增加了客户和供货方的联系，如电子商务系统网络站点的使用使得客户和供货方均能了解对方的最新数据。

第三，电子商务能够规范业务处理的工作流程，将人工操作和电子信息处理集成一个不可分割的整体，这样不仅提高了人力和物力的利用效率，也可以提高系统运行的严密性。

第四，电子商务活动本身是一种协调过程，它需要客户与公司内部、生产商、批发商、零售商之间的协调。在电子商务环境中，它更要求银行、配送中心、通信部门、技术服务等多个部门的通力协作，电子商务的全过程往往是一气呵成的。

第五，电子商务能够刺激企业间的联合和竞争。企业之间可以通过网络了解对手的产品性能、价格以及销售量等信息，从而促进企业改造技术，提高产品竞争力。

五、电子商务对国际贸易的影响

电子商务创造了一个以信息交换为媒介的网上虚拟市场，所形成的新的国际贸易运行机制，促进了以信息网络为纽带的世界市场一体化进程。在这种网络贸易的环境下，各国之间的经济贸易联系得以进一步加强，为进一步促进国际贸易创新奠定了基础。

（一）电子商务对国际贸易方式的创新

电子商务是一种以信息网络为载体的创新的国际贸易运作模式。在电子商务中，交易各方不是通过直接面谈或当面交换的方式达成国际贸易交易的，而是采用数字化电子方式进行数据交换和开展国际贸易。

电子商务的发展和应用将进一步促进国际贸易方式的创新，改革原来以纸面单据流转为主体的传统国际贸易的流程和交易方式，形成新的国际贸易运作方式。电子商务的存在大大简化了传统贸易企业的操作过程，实现了国际贸易管理的电子化、信息化、自动化、实时化和规模化，从而起到了提高国际贸易企业的管理效率，形成新的国际贸易流程管理模式，促进国际贸易方式创新的作用。

（二）电子商务对国际贸易营销的创新

电子商务引起了市场营销的创新，产生了新的市场营销形式——电子营销。电子营销是指电子商务在市场营销上的应用，即通过电子信息网络进行市场营销，这种以互联网为核心支撑的电子营销正在发展成为现代国际贸易营销的重要方式。与传统国际贸易营销相比，国际电子营销的主要特点有以下四方面：

1. 网络互动式模式

电子营销帮助企业同时考虑客户需求和企业利润，寻找能实现企业利益最大化和最能满足客户需求的营销策略。新的市场经营环境，要求企业必须把客户整合到整个营销过程中，并在整个营销过程中不断与客户交流。网络互动的特性使客户真正参与其中，地位和主动性都得到加强。

2. 网络整合营销

在电子营销中，企业与客户之间的关系非常紧密，形成了一对一的营销关系，这种营销框架被称为网络整合营销，它始终体现了以客户为出发点，以及企业和客户不断交互的特点，其营销过程是一种双向的链条。

3. 网络定制营销

企业和客户的关系通过互联网得到进一步改善，相互了解增多，销售信息变得更加个性化。一些大型跨国公司通过个性化需求订单不仅可以满足客户的不同需求，而且大大减少了库存。

4. 网络软营销

电子营销是一种软营销，即主动方是客户，一切以客户利益和需求为出发点，这体现了需求经济的实质。

（三）电子商务对国际贸易宏观管理的创新

电子商务的发展必然会给政府对国际贸易的监管带来新的挑战，但同时也会为国际贸易宏观管理方式的创新带来机会。如可以在网上招标出口商品配额，在网上申领发放许可证，运用电子商务进行海关管理和电子报关，运用电子商务进行进出口商品检查管理。通过网络进行与外贸有关的政府管理，可大大提高工作效率，减少其中的错误，降低管理成本，同时也有利于实现政府管理的信息化、网络化、数字化。

（四）电子商务对国际贸易分销渠道的革新

电子商务对分销渠道管理的革新主要表现在三个方面。

1. 提供了新的消费模式

由生产商、批发商、代理商和零售商共同组成的传统渠道是实体的，这种单向、静止的流通渠道以实物转移为纽带，将分销渠道的各个主体连接起来。随着电子商务的出现，一切都已经虚拟化，包括分销渠道，于是出现了虚拟的分销渠道（E-distribution）。网上零售、网上批发、网上拍卖、网上采购和网上配送等新的销售形式的出现使分销渠道多元化，分销渠道由窄变宽，由实变虚，由单向静止变双向互动。

2. 扩展了分销渠道的范围

由于互联网打破了地域和国界的限制，因此基于互联网的电子商务使全球范围内的沟通变得更加容易，这样，产品的销售渠道通过互联网就扩展到了更广阔的全球市场，而非局限于国内市场。电子商务使得分销渠道向全球扩张，这与传统的国际贸易的分销方式是不同的，更加高效、快捷，特别是信息产品的流通更加直接，几乎消除了距离上的障碍。地球上任何两地的两台计算机，只要连接互联网，就可以进行信息商品的点对点传送，并且在瞬间完成，真正实现了用时间消灭空间。

3. 带来了分销渠道的扁平化

传统的分销渠道是粗线条的，生产商、中间商和消费者之间的联系是间接的；而在网络经济时代，互联网提供了一个全新的沟通平台，形成了以网络服务商为中枢的扁平化组织结构。

六、外贸企业如何利用电子商务

（一）外贸企业如何利用电子商务寻找国外客户

由于我国中小企业数量多、规模小、竞争力差、没有足够的资金实力建设本企业的网站，因此选择有实力的面向中小企业的中介商务网，借助公用贸易电子商务网无疑是明智的做法，中小企业无需花费巨额的系统建设费就可以搭上网络经济的快车。目前，我国国内就有很多这样的互联网服务提供商，专门为中小企业提供信息服务，建立企业自助网站，为企业开展网络广告宣传、咨询服务，并提供在线交易的平台，甚至可以满足不同企业的个性化需求。外贸企业可以通过搜索网站、专业电子商务平台网站、官方网站和其他网站收集需求企业的商情和联系方式等，并通过网络对国际市场进行调查，发现商业机会。

（二）外贸企业如何利用电子商务手段宣传推广

（1）发布产品供应信息。在各类网站尤其是电子商务平台网站上发布企业的供应信息。

（2）发布网络广告。通过在各类网站尤其是电子商务平台网站上发布广告，宣传企业品牌和产品，或将企业的相关信息在有关网站尤其是国外网站上注册，可以增加被国外企业和机构检索到的机会。

（3）通过电子邮件进行联系，发布广告，推销产品。企业可通过电子邮箱与国外企业和组织进行联系，通过定期向有关邮箱投递广告和产品目录信息来向国外企业或个人推销产品。

（4）租借网站虚拟空间，建立网上商店或超级市场。通过租借网站，尤其是电子商务平台网站的虚拟空间，建立网上商店或超级市场，将商店或超级市场建立在一个统一的虚拟商业街或网上商厦中。

（5）建设自己管理的网站。企业可以建设有特色的网站，自主管理，推介产品甚至直接进行交易，但费用较高。

（三）外贸企业如何构建外贸业务信息管理系统

电子外贸业务的发展必须建立在企业良好的信息应用水平上，中国的电子商务之所以形成了目前"炒得热，谈得多，成得少"的局面，关键在于错误地理解了网络经营，以为只要有电子订单就能实现销售增长，更有甚者认为发发电子邮件就是进行电子商务。事实上，企业要真正实现外贸业务信息化，赢得贸易的信息竞争优势，必须从实际出发，因地制宜地制订一套适合本企业的电子商务方案，构建完善的外贸业务信息管理系统。即企业要在生产管理、客户管理、信息管理、信用管理等方面信息化，这体现在以下几方面：

1. 进行业务流程重组

通过企业资源计划系统（ERP）、供应链管理系统（SCM）、战略性企业管理系统（SEM）和管理信息系统（MIS）等，将原来的业务进行流程重组和计算机处理，以节省业务流程中的手工环节和重复环节，提高工作效率。

2. 建立客户关系管理（CRM）资料库

通过建立客户关系管理资料库识别和确定潜在的客户，制定产品和市场策略，方便营销人员随时获得有关产品生产、库存、订单处理等方面的信息，同时对客户资料和合同进行管理，在线审查客户资信、评估信用等级、业务能力等情况，并将客户的反馈信息储存在数据库中以便共享。

3. 合理设计在线调拨配送流程

外贸业务中的合同预算、单证管理、货运、仓储等不同职能部门或不同业务企业之间通过物流合作，能够提高货物流转的效率，降低货运成本。目前许多大型企业已经开始尝试与供货商、采购商和货运公司组成战略联盟，建立上下游产业一体化供应链，通过网络信息技术实现从原材料到用户的全过程管理。这些拥有核心业务的外贸公司可以在信任和合作的基础上共享业务资源，使彼此的管理范围互相渗透。但是如何控制和降低各种物流费用，仍然是外贸企业成本管理的重要问题。它必须考虑商品从进料到消费全过程的物流成本效率化，这关系到整个流通渠道和基础物流设施的建设。外贸企业要通过供应链管理，缩短存货周期，与外部客户、运输业者、供应商进行更有效的协调，积极与物流商探讨有关物流成本节约和配送线路及配送方式的选择。同时，要加强部门间的协调、合作与信息共享，重视内陆运输配车计划管理，提高装卸效率。如对于内陆货运可以考虑将有关商品名称、容积、重量等数据输入计算机，根据客户订单要求自动生成最佳装卸率。目前，很多国外企业通过采用终端联通车辆全球定位系统（GPS）有效地控制货物在途状况，了解空车信息，以便合理安排配送，降低物流成本。

4. 设立扁平化的企业组织结构

在信息化、网络化的企业里，专业的界限不再明晰，完成各项工作所需的信息可以及时从网上获得，这就意味着包括商品生产、库存、联系供应商、出货在内的一系列外贸业务都可以由某个授权小组甚至个人完成，从而有效地改变原来由不同职能部门各管一片，货物在各部门之间笨拙、缓慢移动的情形。信息化的外贸企业完全可以临时组织授权小组，通过网络传递、交付所需要的全部信息，将过去分散在各个职能部门的工作统一起来，让其自行决定工作方式，自我优化、自我创造、自我设计、自我组织地完成所有的市场工作。即使相关小组成员的实际工作地点分散，他们也可以通过网上虚拟办公室实现协调统一。

通过企业网络也可以实现企业组织结构的扁平化：①管理者可以在第一时间掌握存在的问题，通过数据库管理系统及时掌握事实真相，作出准确决策。②所有的成员和部门将直接面对市场，充分掌握、了解各类信息，部门与部门、专业与专业之间的沟通和了解至关重要。③各部门界限不再严格，管理者可以管理控制更多的下属，决策层更贴近执行层。通过计算机技术和互联网技术加强不同岗位间协作信息的快速沟通和传递，减少中间层次对信息的过滤和篡改，可以有效改善决策与行动之司的延迟，使整个组织更加柔性化，反应更灵敏。

此外，企业还可以利用局域网实现网上财务管理，实现事前计划、事中控制、事后分析的财务管理目标。

关键词

经销；代理；招标和投标；拍卖；寄售；展卖；对销贸易；来料加工；进料加工；境外加工贸易；期货交易

复习与思考

1. 国际贸易中，在采用(　　)方式时，卖方是先发货，后成交。

A. 独家经销　B. 招标投标　C. 拍卖　D. 寄售

2. 包销协议从实质上说是一份(　　)。

A. 买卖合同　B. 代理合同　C. 寄售合同　D. 拍卖合同

3. 独家经销业务中的供货商和经销商之间是一种(　　)。

A. 买卖关系　B. 信托关系　C. 互购关系　D. 委托代理关系

4. 在寄售协议下，货物的所有权在寄售地出售前属于(　　)。

A. 代理人　B. 寄售人　C. 代销人　D. 包销人

5. 拍卖的特点是(　　)。

A. 卖主之间的竞争　B. 买主之间的竞争

C. 买主与卖主之间的竞争　D. 拍卖行与拍卖行之间的竞争

6. 在国际招标投标业务的过程中，(　　)相当于交易磋商中的发盘性质。

A. 招标　B. 投标　C. 开标　D. 评标

7. 补偿贸易与易货和互购方式的主要区别在于(　　)。

A. 补偿贸易仅仅适用于机械设备的采购业务

B. 补偿贸易是以信贷作为基础的

C. 补偿贸易以对开信用证方式进行结算

D. 开展补偿贸易时要分别签订两个合同

8. 加工贸易从性质上讲是一种(　　)。

A. 资本输出　B. 商品出口　C. 技术出口　D. 劳务出口

9. 在下列贸易方式中，发生了原材料运进和成品运出，但并未发生所有权转移的是(　　)。

A. 易货贸易　B. 补偿贸易　C. 进料加工　D. 来料加工

10.（　　）对企业国际市场份额的重新划分，提高企业的国际市场适应能力和国际竞争能力有着重大的影响，代表着国际贸易未来的发展方向，是我国企业拓展国际市场的又一重要途径。

A. 网络贸易　　B. 电子信息　　C. 电子商务　　D. 经贸信息

二、判断题

1. 包销与独家代理的根本区别在于：前者是买卖关系，后者是委托代理关系。（　　）
2. 招标投标是一种竞卖方式，对买方比较有利。（　　）
3. 寄售方式中代销人需承担风险。（　　）
4. 国际货物拍卖是一种公开的竞卖方式。（　　）
5. 减价拍卖在业务中又称作密封递价拍卖。（　　）
6. 拍卖最常见的方式是由低到高的增价拍卖方式。（　　）
7. 加工贸易方式下，双方当事人之间均不存在买卖关系。（　　）
8. 开展加工贸易时，原料和成品的所有权均未发生转移。（　　）
9. 电子商务不能体现在商务活动的多个环节。（　　）
10. 电子商务中安全的研究范畴属于纯技术上的问题。（　　）

三、简答题

1. 什么是经销？它有何特点？
2. 什么是代理？它有哪些类型？
3. 什么是期货交易？期货交易与现货交易的区别是什么？
4. 来料加工与进料加工贸易的区别是什么？
5. 什么是拍卖？其过程如何？
6. 何谓招标、投标？其交易过程如何？
7. 电子商务的分类有哪些？
8. 电子商务对国际贸易有哪些影响？

案例分析

1. 我国某省实业有限公司拟向南亚某国出口一批轻工产品。由于该批货物在仓库搁置很久，属于积压物资，因此双方当事人通过多次协商，决定以寄售方式在国外销售。货物经由我公司运到目的地后，由于同类商品在当地市场竞争激烈，虽经代销商多方努力，货物销售情况仍非常不理想，最后只得再装运回国内。试分析该案例的经验教训。

2. 招标机构接受委托，以国际公开招标形式采购一批机电产品。招标文件要求投标人制作规格和价格两份投标文件，开标时，先开规格标；对符合条件者，再定期开价格标，确定中标者。共有15家企业投标。到了开标期先开规格标，经慎重筛选，初步选定9家企业，通知它们对规格标进行澄清，并要求将投标有效期延长两个月。在这9家企业中，有5家送来澄清函并同意延长有效期；另外4家提出若延长有效期，将提高报价10%或更多，否则将撤销投标。招标机构拒绝了后4家的要求。到了价格标的开标日期，对仅有的5家企业开标后，却发现5家企业报价均过高，超过招标机构预订标底30%以上。无奈，招标机构只得依法宣布此次招标作废，重新招标。试分析此次招标失败的原因以及应吸取的教训。

附录 常用外贸英语词汇表

Acceptance	接受
Actual quality	实际品质
Advising bank	通知行
Agent	代理
Agreement	协议
Agreement of consignment	寄售协议
Air transport documents	航空运单
Allowance	折扣
Applicant	申请人
Arbitration	仲裁
Auction	拍卖
Barter trade	易货贸易
Beneficiary's certificate for dispatch of documents	寄单证明
Beneficiary's certificate for dispatch of shipment sample	寄样证明
Beneficiary	受益人
Bill of exchange	汇票
Bill of lading，B/L	提单
Body	正文
Booking note，B/N	托运单
Brand name	牌名
British system	英制
Bushel	蒲式耳
Buyer's sample	买方样品
Buying offer	购货发盘或递盘
Capacity	容积
Cargo receipt	货物承运收据
Certificate of origin	原产地证明
Certificate of verification	核销单
Chartering and booking shipping space	租船订舱
Check	支票

Chinese Export Commodities Fair	中国出口商品交易会
Claim	索赔
Closing	约尾
Color sample	色样
Commercial invoice	商业发票
Commission agent	佣金代理
Commission	佣金
Compensation trade	补偿贸易
Conditioned weight	公量
Consignment	寄售
Counter sample	对等样品
Counter offer	还盘
Counter purchase	互购贸易
Counter trade	对销贸易
Courier receipt	快递收据
Date of expiry	有效期
Declare at the customs	报关
Discount	折扣
Distributorship agreement	经销协议
Distributorship	经销
Documentary collection	跟单托收
Documents against acceptance	承兑交单
Documents against payment	付款交单
Examining L/C	审核信用证
Exclusive distributorship	独家经销
Exclusive sales agreement	独家经销协议
Exclusive sales	包销
Export contract	出口合同
Export rebates	出口退税
Fair average quality	良好平均品质
Fair and sales	展卖
Firm offer	实盘
Force majeure	不可抗力
Futures	期货
General agent	总代理
Gross for net	以毛作净
Gross weight	毛重
Heading	约首

Hedging	套期保值
IEC	国际电工委员会
Import contract	进口合同
Indicative mark	指示性标志
Inquiry	询盘
Inspection application	报验
Inspection certificate	商检证书
Insurance policy	保险单
International competitive bidding	国际竞争性招标
International fair	国际集市
International system of units	国际单位制
Invitation to tender	招标
ISO	国际标准化组织
Late acceptance	逾期接受
Letter of credit，L/C	信用证
Letter of intent	意向书
Mate's receipt，M/R	大副收据
Measurement list	尺码单
Memorandum	备忘录
Metric system	公制
Modifying L/C	修改信用证
Money of account	计价货币
More or less clause	溢短装条款
Multimodal transport document，MTD	多式联运单据
Name of commodity	商品的名称（品名）
Negotiated bidding	谈判招标
Net price	净价
Net weight	净重
Neutral packing	中性包装
Offer	发盘
Packing document	包装单据
Packing list	装箱单
Pattern sample	款式样
Penalty clause	罚金条款
Place of expiry	到期地点
Post receipt	邮局收据
Preparing goods for shipment	备货
Principal	委托人

Processing trade abroad	境外加工贸易
Processing with imported materials	进料加工
Processing with supplied materials	来料加工
Promissory note	本票
Quality tolerance	品质公差
Quality of goods	商品的品质
Railway transport documents	铁路运单
Ream	令（计量单位）
Reminding L/C	催开信用证
Remittance	汇付
Sale by sample	凭样品买卖
Sales by trade mark or brand name	凭商标或牌名买卖
Sales by descriptions and illustrations	凭说明书或图样买卖
Sales by grade	凭等级买卖
Sales by name of origin, or sales by geographical indication	凭产地名称或地理标志买卖
Sales by specification	凭规格买卖
Sales by standard	凭标准买卖
Sample	样品
Sea waybill	海运单
Selective tender	选择性招标
Seller's sample	卖方样品
Selling offer	售货发盘
Shipping advice	装运通知
Shipping documents	运输单据
Shipping mark	运输标志
Shipping order, S/O	装货单
Sole agent; exclusive agent	独家代理
Submission of tender	投标
Trade mark	商标
Two stage bidding	两阶段招标
U. S. system	美制
Verification of export proceeds	出口收汇核销
Warning mark	警告性标志
Weight list	重量单

主要参考文献

1. 黎孝先．国际贸易实务［M］．北京：对外经济贸易大学出版社，2007.

2. 崔日明．国际贸易实务［M］．北京：机械工业出版社，2005.

3. 陈宪，韦金鸾，应诚敏．国际贸易理论与实务［M］．3版．北京：高等教育出版社，2004.

4. 仲鑫．国际贸易实务［M］．北京：北京师范大学出版社，2009.

5. 帅建林．国际贸易实务（英文版）［M］．北京：对外经济贸易大学出版社，2007.

6. 冷柏军．国际贸易术语［M］．北京：首都经济贸易大学出版社，2008.

7. 孙淑芳．进出口贸易操作实务［M］．北京：科学出版社，2010.

8. 吴百福，徐小薇．进出口贸易实务教程［M］．5版．上海：上海人民出版社，2007.

9. 侯学文．国际贸易实务［M］．北京：清华大学出版社，2009.

10. 冷柏军．国际贸易实务［M］．北京：高等教育出版社，2006.

11. 国际商会中国国家委员会．2000年国际贸易术语解释通则［M］．北京：中信出版社，2000.

12. 任丽萍，陈伟．国际贸易实务［M］．2版．北京：清华大学出版社，2010.

13. 倪军．新编国际贸易实务［M］．北京：电子工业出版社，2010.

14. 熊涓，李艳．国际贸易实务［M］．北京：科学出版社，2009.

15. 庞红，尹继红，沈瑞年［M］．国际结算．北京：中国人民大学出版社，2009.

16. 姚莉，王学龙．国际结算［M］．北京：中国金融出版社，2002.

17. 仲鑫．国际贸易实务：交易程序·磋商内容·案例分析［M］．北京：机械工业出版社，2005.

18. 程铭．国际贸易实务习题与解答［M］．上海：上海大学出版社，2008.

19. 陈岩．国际贸易理论与实务［M］．北京：清华大学出版社，2007.

20. 朱钟棣，郭羽诞，兰宜生．国际贸易学［M］．上海：上海财经大学出版社，2005.

21. 莫莎．国际贸易实务［M］．大连：东北财经大学出版社，2008.

22. 王双平．国际贸易实务［M］．上海：立信会计出版社，2008.

23. 俞丹桦．进口贸易实务：修订版［M］．北京：中国商务出版社，2009.

24. 李文臣．国际贸易实务［M］．北京：科学出版社，2008.

25. Aradhna Aggarwal，"Macro Economic Determinants of Antidumping：A Comparative Analysis of Developed and Developing Countries"［J］，*World Development*，Vol. 32.，No. 6，2004.

图书在版编目（CIP）数据

国际贸易实务 / 赵慧娥主编；张立英等副主编. --3 版. -- 北京：中国人民大学出版社，2023.7
普通高等学校应用型教材. 国际贸易
ISBN 978-7-300-31846-2

Ⅰ.①国… Ⅱ.①赵… ②张… Ⅲ.①国际贸易－贸易实务－高等学校－教材 Ⅳ.①F740.4

中国国家版本馆 CIP 数据核字（2023）第 122088 号

普通高等学校应用型教材·国际贸易
国际贸易实务（第三版）
主 编 赵慧娥
副主编 张立英 金明玉 岳 文 刘晓光
Guoji Maoyi Shiwu

出版发行	中国人民大学出版社		
社　　址	北京中关村大街 31 号	**邮政编码**	100080
电　　话	010－62511242（总编室）		010－62511770（质管部）
	010－82501766（邮购部）		010－62514148（门市部）
	010－62511173（发行公司）		010－62515275（盗版举报）
网　　址	http://www.crup.com.cn		
经　　销	新华书店		
印　　刷	天津中印联印务有限公司	**版　　次**	2011 年 8 月第 1 版
开　　本	787 mm×1092 mm　1/16		2023 年 7 月第 3 版
印　　张	17.25 插页 1	**印　　次**	2025 年 8 月第 2 次印刷
字　　数	393 000	**定　　价**	45.00 元

教学支持说明

1. 教辅资源获取方式

为秉承中国人民大学出版社对教材类产品一贯的教学支持，我们将向采纳本书作为教材的教师免费提供丰富的教辅资源。您可直接到中国人民大学出版社官网的教师服务中心注册下载——http://www.crup.com.cn/Teacher。

如遇到注册、搜索等技术问题，可咨询网页右下角在线 QQ 客服，周一到周五工作时间有专人负责处理。

注册成为我社教师会员后，您可长期根据您所属的课程类别申请纸质样书、电子样书和教辅资源，自行完成免费下载。您也可登录我社官网的“教师服务中心”，我们经常举办赠送纸质样书、赠送电子样书、线上直播、资源下载、全国各专业培训及会议信息共享等网上教材进校园活动，期待您的积极参与！

2. 高校教师可加入下述学科教师 QQ 交流群，获取更多教学服务

经济类教师交流群：781029042

财政金融教师交流群：182073309

国际贸易教师交流群：162921240

税收教师交流群：119667851

3. 购书联系方式

网上书店咨询电话：010－82501766

邮购咨询电话：010－62515351

团购咨询电话：010－62513136

中国人民大学出版社经济分社

地址：北京市海淀区中关村大街甲 59 号文化大厦 1506 室　100872

电话：010－62513572　010－62515803

传真：010－62514775

E-mail：jjfs@crup.com.cn